新时代乡村振兴路径研究书系

西昌学院 "两高" 人才项目计划 "大小凉山深度贫困彝区散居学龄前儿童教育现状研究与对策思考 —— 以凉山州美姑等三县 '一村一幼' 教育为例"（项目编号：LGLS201809）

乡村振兴与
乡村学前教育发展

易莉

沈良杰

张凤〇著

西南财经大学出版社
中国·成都

图书在版编目(CIP)数据

乡村振兴与乡村学前教育发展/易莉,沈良杰,张凤著.—成都:西南财经
大学出版社,2023.11
ISBN 978-7-5504-5748-5

Ⅰ.①乡…　Ⅱ.①易…②沈…③张…　Ⅲ.①乡村教育—学前教育—
研究—中国　Ⅳ.①G619.2

中国国家版本馆 CIP 数据核字(2023)第 071485 号

乡村振兴与乡村学前教育发展

XIANGCUN ZHENXING YU XIANGCUN XUEQIANJIAOYU FAZHAN

易莉　沈良杰　张凤　著

策划编辑:李邓超
责任编辑:王青杰
责任校对:王甜甜
封面设计:何东琳设计工作室　张姗姗
责任印制:朱曼丽

出版发行	西南财经大学出版社(四川省成都市光华村街55号)
网　　址	http://cbs.swufe.edu.cn
电子邮件	bookcj@swufe.edu.cn
邮政编码	610074
电　　话	028-87353785
照　　排	四川胜翔数码印务设计有限公司
印　　刷	郫县犀浦印刷厂
成品尺寸	170mm×240mm
印　　张	13.5
字　　数	252千字
版　　次	2023年11月第1版
印　　次	2023年11月第1次印刷
书　　号	ISBN 978-7-5504-5748-5
定　　价	88.00元

序

党的二十大报告指出，"全面推进乡村振兴，坚持农业农村优先发展"。习近平总书记高度重视乡村振兴，强调"民族要复兴，乡村必振兴"，号召"让乡村振兴成为全党全社会的共同行动"。乡村振兴，关键在人，人是乡村振兴的第一资源，要推动乡村振兴，就要把人力资本开发放在首要位置，而学前教育在整个教育体系中具有基础性作用。

在乡村振兴战略背景下，我国农村学前教育既面临机遇也面临挑战。

从机遇方面来看，第一，产业兴旺助推农村学前教育对优质资源的需求。随着农村经济的快速发展，家长承担学前教育费用的能力得到提升；经济的发展有助于政府加大对农村学前教育的财政支持力度。两方面的作用助推了农村学前教育资源配置的优化升级。第二，生态宜居助推农村学前教育对优质师资的需求是乡村振兴的目的。随着乡村经济的发展，外出务工的青壮年人才回流和外来人才流入，对农村学前教育的需求增加，同时对优质学前师资的需求增加。第三，乡风文明助推农村学前教育的文化自觉。乡村振兴战略要求"立足乡村文明，吸取城市文明及外来文化优秀成果，以此来繁荣农村文化，焕发乡风文明新气象"，这就要深度挖掘乡土文化，将乡土文化与农村学前教育内容相融合，建立学前教育内容与乡村生活、儿童经验之间的联系，从而构建与城市平等却不雷同的现代乡村特色教育体系。

从挑战方面来看，第一，家庭教育观念落后。仍有很多农民对教育的认识没有跟上经济发展的步伐，教育观念落后导致家庭教育缺失。第二，经费不足。虽然政府对教育的投入不断增加，但在不同地区之间仍表现出较大的差异，在很多农村地区，资源的缺乏影响了农村学前教育体制与机制的健全及正常运行。第三，机制不健全。目前，在党和国家的高度重视下，农村学前教育"入园难"等问题得到基本解决，但是"入园近、入好园"等需求没有得到充分满足。

四川省凉山彝族自治州作为我国最大的彝族聚居区，其发展经历"一步跨千年"，直接从奴隶社会进入社会主义社会，曾经是全国集中连片贫困区之一，特别是在凉山彝族自治州的彝族聚居县，其社会各方面发展相对落后于其他地区。其学前教育的发展基础相对薄弱，远远落后于其他农村地区，因此面临的挑战更为严峻。在乡村振兴的背景下，当地学前教育如何科学有效地发展才能缩小城乡差距，缩小与其他农村地区的差距，这就需要在把握好当前面临机遇的同时，科学有效地处理存在的困难，从而促进当地学前教育的发展，更好地实现乡村振兴的目标。为此，我们要按照党的二十大报告的部署和安排，总结凉山彝族自治州学前教育发展的经验，借鉴国内外学前教育发展的做法和经验，着力提升凉山彝族自治州学前教育发展的水平，缩小与其他地区的差距，全面提升当地学前教育发展质量，充分发挥其在农村经济建设和精神文明建设中的作用，推进乡村振兴目标的实现。

编者

2023 年 8 月

目　录

第一章　绪论

一、学前教育与地区发展

学前教育是国民教育和社会公共事业的重要组成部分，其不仅是基础教育的重要组成部分与基础，直接影响儿童身心全面健康发展、国民素质整体提升，而且直接关涉满足群众对美好生活向往的民生，更关乎经济社会发展、社会和谐稳定和未来发展的国计。

（一）学前教育对地区经济的影响

教育促进经济的发展是世界各国普遍研究并重视的问题。教育为当地经济发展不断提供适应现代化的生产和技术人才，包括工人、技术人员、管理人员以及科研人员。教育使人掌握科学技术，提高劳动者的素质，从而创造和改进生产工具，扩大劳动对象，提高劳动生产率，并在科学技术上有创新和发明，从而促进经济的振兴和科学的发展。因此，进行教育投资，开发人力资源，是我国经济发展的战略措施。社会经济的发展需要重视教育的作用。

学前教育是基础教育的重要组成部分，是我国学校教育和终身教育的奠基阶段。从小培养儿童良好的品德、积极的态度、广泛的兴趣和动手动脑的能力，将为人一生的充分发展奠定基础。20 世纪 60 年代以来，脑科学、心理学、教育学、社会学等学科的研究成果揭示了早期教育在人一生发展中的重要作用，以及它所产生的重大经济和社会效益。一些重要的研究成果显示，科学的学前教育不仅有利于开发婴幼儿的学习潜能，还能使处境不利的儿童较好地适应进入小学后的学习，降低辍学率，提高就业率，有利于消除社会贫困，促进经济发展。我国政府提出要消除贫困和普及九年义务教育，要实现这一目标必须要重视早期教育，尤其是广大农村、边远地区和少数民族地区儿童的教育。学前教育将成为提高义务教育效益、消除发展差异、消除贫困的社会系统工程中的一个重要环节①。

学前教育不仅参与社会新生一代人才的培养，间接地促进经济发展，而且可以减轻家长养育幼小子女的负担，使他们有更多的精力投入工作和学习，直接保护和解放劳动力，从而为当地社会经济发展服务。

（二）学前教育对政治的影响

学前教育从培养人和减轻家庭负担两方面为政治服务。

一方面，学前教育通过影响儿童的思想观念进一步影响政治，为一位普通公民的培养奠定基础从而影响政治。学前教育为培养一定社会政治人才打下基础。学前教育培养了社会的良好公民并且传播了政治意识，倡导主流政治价值观，通过培养人才来实现对政治的影响。进入现代社会，社会生活日益复杂，科技高度发展，势必要求培养的政治人才具有较高的文化和科技素质。学前教育为系统培养未来的政治人才打下坚实的基础，如中国传统启蒙教育中的"三字经""弟子规"等都具有培养人政治倾向的内容。学前教育的政治功能主要表现在促进政治民主化上。学前期儿童可塑性强，接受新东西较快，同时他们生活经验少，掌握的知识也少，自我学习的能力较差，其成长在很大程度上受教育环境以及成人期待和社会期待的影响。家长和老师可通过游戏及其他儿童喜爱的形式，使儿童掌握民主、合作、分享等规则，从而培养儿童的社会适应能力。

另一方面，学前教育影响着教育公平和教育均衡，有助于减轻家庭负担，关乎社会和谐。首先，从教育公平的角度看，学前教育可通过对"弱势儿童"的关注，给他们提供相应的照顾，从而在处境不利人群中消除贫困，促进社会民主的发展，维护社会的稳定。美国几项长达二三十年的学前教育的追踪研究，如"开端计划"的研究和"帕里学前教育方案"的研究均显示：以来自家庭经济状况差、父母文化水平低的社会处境不利的儿童为对象的补偿性学前教育，能成功地打破消极的贫穷循环圈（童年期的贫穷常常导致儿童学业失败，进而导致其成年期的贫穷，如失业、靠救济金生活等），使这些儿童在认知、语言、社会性等各方面发展得更好，进而完成高中学业并获得工作上的成功；能够自立而不是依靠社会福利，更有可能组建家庭并对婚姻生活忠实，从

---

① 黄人颂. 学前教育学［M］. 北京：人民教育出版社，2016：47-48.

而减少青少年犯罪、未成年怀孕等社会问题的出现，进而实现社会稳定与和谐①。这与凉山彝族自治州学前教育的状况具有相似点。在凉山彝族自治州，特别是偏远的农村地区，家长文化水平相对较低，在脱贫攻坚完成之前，大部分偏远山区都是贫困地区，儿童处于不利的环境中，通过学前教育能够改变当地儿童的处境。其次，从学前教育对家庭的影响来看，大量事实表明，孩子能否健康地成长和发展已成为决定家庭生活是否和谐幸福、影响家庭生活质量的一个关键性的因素。家庭又是社会的最基本的单位，每一个幼儿都连接着一个或几个家庭，因此学前教育影响着全社会，在许多国家成为政府关心国民的窗口。当前我国幼儿的入园率正在逐步提升，学前教育机构不仅承担着从时间上为家长参加工作和学习提供便利的任务，而且在家长普遍重视孩子发展和早期教育的今天，学前教育质量更成为家长关注的重点，直接关系着家长能否放心地工作、安心地学习。学前教育及其质量对家庭生活、国民经济发展和社会秩序的稳定等具有重要作用。高质量的学前教育计划不仅有助于提高参与其中的儿童及其家庭的生活水平，而且能为社会带来巨大的经济效益。学前教育的收益要大于其花费，在学前教育上的投入可以为国家日后节省庞大的社会教育费用和社会福利费用，也就是说，从长远看，学前教育能够产生巨大的社会经济效益。从这一角度看，学前教育对家庭具有重要影响，高质量的学前教育能为家庭带来更多的收益，而家庭的和谐又会促进整个社会的和谐。

（三）学前教育对当地文化的影响

学前教育在文化的发展中也具有重要的作用，它对文化的作用体现在三个方面。首先，学前教育具有保存和传递文化的作用。学前教育促进社会文化的保存和传递，促进社会文化的选择与丰富，促进社会文化的更新与创造。现代社会在信息化、全球化趋势日益明显的状况下，多元文化并存是一种事实状态。在这种多元文化中，如何引导儿童了解中国文化与外国文化、传统文化与现代文化，以及当地文化之间的关系，都十分重要。学前期，正是儿童处于文化意识的萌芽时期，这个阶段如何能够正确引导儿童热爱本民族的文化和传统文化，对其将来处理多元文化背景下的这些信息，具有奠基性的意义。其次，学前教育具有选择和传播文化的功能。学前教育需要有具体的内容来开展，选择教育内容的实质也就是选择文化的问题。学前教育阶段，主要是通过家庭和幼儿园培养儿童日常生活中的基本行为礼节、与人交往的方式等传统文化内

---

① 庞丽娟，胡娟，洪秀敏. 论学前教育的价值［J］. 学前教育研究，2003（1）：18-23.

容。教育者选择文化之后传递给儿童，儿童接受和内化文化，其言行举止又成为传统文化的直接传播载体。因此，学前教育具有选择和传播文化的功能。最后，学前教育具有创新文化的功能。学前教育在保存和传递文化的过程中，把已有的社会文化财富内化为受教育者个体的精神财富，较化为他们的知识、才能、思维能力、实践能力，使其具备创新文化的能力和个性，进而推动文化的发展和更新。当然，这个阶段的儿童对文化进行创新的表现并不明显，而是一个长期的逐步显现过程。另外，学前教育选择文化并将选择后的文化确定为教育内容，使经过选择的文化更加适应社会发展的要求，更加具有生命力。

（四）学前教育对儿童发展的影响

遗传、环境、个体实践及教育共同影响儿童的发展。与遗传和环境因素相比，教育在儿童身心发展中具有独特的作用。因为教育会根据一定社会的要求，用一定的内容和方法，有目的、有计划、系统地对儿童施加一定的影响。幼儿园教育活动是在人为设置的环境中进行的。这一环境有意识地提供的条件与活动对象，都是为达到教育目的和完成教育任务服务的。其最大的特点是弥漫着科学、文化和道德规范的气息，这是促进人的精神力量生长的最重要的社会因素。教育可以发扬优良的遗传素质，使遗传素质提供的某种可能性变为现实，并影响和改造不良的遗传素质。教育可以对环境加以取舍，发挥和利用环境中的有利因素，减少或消除不利因素，使儿童形成社会需要的品质和才能。幼儿教育机构与家庭配合，向学前儿童进行有目的、系统的教育，在学前儿童的个性发展中起着特殊的重要作用。对学前儿童来说，教育与环境是密不可分的。儿童在家庭和周围环境中与人们交往、耳濡目染，与周围事物互相作用，就是在学习和受教育，只是带有不同程度的自发性。儿童的认知能力、知识和技能、品德和习惯、个性都是通过教育和环境形成的。

首先，环境和教育对学前儿童的智力、个性和情感的发展有长期的影响。学前期是儿童神经系统迅速发展的时期。这一时期的教育对人的智力启蒙有重大的作用，可以说是发展智力潜能的必要条件。国内外一些研究者对学前教育在儿童发展中的重大作用进行了很多研究，如美国著名心理学家布鲁姆对近千名儿童从出生到成年的追踪研究，在他的研究中，提出了早期经验与智力发展的科学假设：5岁前是智力发展最为迅速的时期，与17岁所达到的普通智力水平相比，在4岁时就有约50%的智力，其余30%的智力是在4~8岁获得，最后20%的智力是在8~17岁时获得。在智力发展极为迅速的时期，环境对智力发展的影响最大。儿童入学后学业的成败很大程度上取决于早期经验。心理学家亨特对智力发展变化的研究结果指出：智力是可以训练和变化的，不是固定的；出生后最初4年的智力发展极为重要，对儿童以后智力的发展具有决定性影响。从学者们的研究中，大家都公认学前期是智力发展的重要时期。生态学家从对动物的研究中提出了敏感期，即有机体的潜在能力只有在某一特定时期中提供特定的刺激，才能得到最好的发展。敏感期一般出现在生命早期。此后，有的科学家对儿童进行研究认为4岁前是形状知觉的敏感期，以后逐渐减弱；口语学习的敏感期在8岁前。虽然"敏感期"问题还需进一步探索，但是学前儿童易于接受外部影响，有求知欲。丰富多彩的环境和适当的教育，对学前儿童智力启蒙和发展有重要意义。

环境和教育对学前儿童个性倾向也有重大影响。有的心理学家对第二次世界大战期间失去父母的数千名儿童进行研究，发现早年丧失父母的家庭环境，对儿童行为和个性的发展极为不利。人类学家的一些研究也证明，由于各个种族对儿童照料方式不同，从小受成人关心的儿童，长大后性格温和，能处理好人与人之间的关系。如果从小成人对他们不关心，只是给他们喂食，最容易接受外界刺激的影响，神经联系一经形成，就会留下深刻的印迹。早期经验为学前儿童个性的形成打下了最初的基础。虽然，早期经验对儿童的发展有重大作用，但也要看到儿童具有很大的可塑性，以后环境和教育对儿童的发展仍有重要的作用，能弥补或改变以前所形成的智力或个性的偏差。我国的一些调查研究也证明环境和教育在学前儿童智力和个性发展中的作用。有研究者对某地受过幼儿园教育的中小学生在智力和思想品德方面的表现进行调查，发现受过幼儿园教育的都较未受过幼儿园教育的学生表现更佳，如以三好学生和语数两科成绩所占的比例而言，在受调查的小学五年级414名学生中，受过幼儿园教育的学生中有61.3%为三好学生，有30.6%语文、数学两科成绩均在90分以上；而未受过幼儿园教育的学生中只有25%为三好学生，只有13.9%语文、数学两科成绩均在90分以上。在调查初三和高三学生时，也明显反映受过幼儿园教育的学生中三好学生的百分比要高于未受过幼儿园教育的学生[①]。又如，在一项对55个超常儿童的追踪研究中发现，超常儿童在素质上固然有一定优异之处，但主要是由于较好的早期教育和环境条件的影响，促使他们智力发展较好，并有坚强的意志品质。没有教育和环境这个条件，超常是难以出现的[②]。

其次，早期经验能改变脑的结构。在学前期，儿童大脑迅速发展，以脑重

① 马芝兰. 关于幼儿教育对中小学教育质量作用的调查 [J]. 教育研究，1983 (6)：15-18.
② 中国超常儿童追踪研究协作组. 智蕾初绽：超常儿童追踪研究 [M]. 西宁：青海人民出版社，1983：19.

而言，出生时为 350~400 克；6 个月重约 650 克；1 岁时重约 900 克，2 岁时重约 1 000 克，3 岁时重约 1 300 克，为成人脑重的十分之九。出生后，皮层细胞继续增长和分化，3 岁时大脑分化完成，神经纤维加长，分支加多，神经细胞的联系复杂起来。这一时期大脑迅速发展，为学前儿童接受、处理、加工储存信息提供了条件。在 18 世纪末，意大利解剖学家从解剖动物中发现，训练过的动物的小脑皱襞比没有受过训练的动物的小脑襞多。20 世纪 70 年代，美国学者罗森威格把同窝小白鼠分成三组，给予不同的喂养方式，4~10 周后，发现生活环境丰富，并有适当训练的一组小白鼠的大脑皮层较厚、较重，脑细胞的体积也较大，几种重要的酶的总活动量加大。而环境单调又无训练的一组小白鼠的大脑皮层情况则反之。除动物实验外，有人解剖营养不良而死去婴儿的大脑，发现他们的脑细胞数低于正常数。近 20 年来，随着神经科学技术的重大进展，如正电子发射计算机断层显像、功能性磁共振成像等技术使得研究者们能够直接观察人类学习后大脑发生的变化。神经科学通过人对动物的实验到对人的研究，发现在修正大脑结构、建立心理结构的过程中，经验起着重要作用。而学前教育在这一过程中能够有目的、系统地选择经验，传递经验。

最后，儿童的个体实践活动是其发展的决定性因素，教育能正确引导儿童的实践活动。儿童的成长不是完全被动的，是积极主动的过程，同样的环境对于不同的儿童也会产生不同的影响。从教育实践的角度来看，有效的教育必须以受教育者自身的活动为内因，才能使儿童顺利地发展。在学前教育阶段，教师能够根据儿童身心发展规律，创设各种有利的环境和条件，让儿童以主人的身份与外部环境进行相互作用，自由、独立地在各种活动中得到发展。儿童只有亲自参与活动，在活动中积累感性经验，才能保证其身体发育良好，精神丰富和完善，才能不断地构建自己丰富的内心世界和自尊自爱、自信自强的人格。在这一过程中离不开教育的重要作用。

二、凉山彝族自治州学前教育在乡村振兴中的作用

习近平总书记指出，实施乡村振兴战略是关系全面建设社会主义现代化国家的全局性、历史性任务。习近平总书记在 2018 年对实施乡村振兴战略作出了重要指示，强调要坚持乡村全面振兴。而教育在乡村振兴中具有基础性、引领性、全局性作用，实现巩固拓展教育脱贫攻坚成果同乡村振兴有效衔接，以振兴乡村教育赋能乡村振兴，是教育的职责和使命，是乡村振兴的题中应有之

义，可以助力乡村更好地实现经济振兴、产业振兴、文化振兴，让乡村更加美丽，让农民富裕富足。因此，实施乡村振兴战略要与教育振兴结合在一起，实现教育振兴与乡村产业振兴、文化振兴互动合作，从整体上托起乡村的未来。乡村教育振兴可助力乡村产业更旺。产业振兴是乡村振兴的重中之重，乡村产业振兴需要一大批更有知识、更加专业的人才。而教育可以为乡村产业振兴培养高质量的专业人才，促进农业高质量发展。学前教育在整个教育过程中处于最基础的地位，它在乡村振兴中对于人才振兴、产业振兴等方面都发挥着重要作用。

（一）在人才振兴中的作用

乡村振兴战略就是要实现乡村的现代化，而在这一过程中，人是最重要的因素。人才的培养靠教育，学前教育是整个教育过程的源头，在整个教育过程中起基础性作用。处于学前期教育阶段的儿童，是将来乡村振兴目标实现的人才保障。另外，由于各方面原因，我国农村还存在大量留守儿童，通过接受公平而有质量的学前教育能更好地发挥教育的补偿作用，从根源上切断贫困的代际传递。凉山彝族自治州的学前教育不论是从儿童个人发展来看，还是从乡村社会全面振兴来看，都积蓄了潜在的人力资源。学前期儿童通过接受良好的教育形成良好的习惯，形成学习的观念及各种能力素质，为乡村社会的发展提供持续的发展动力。

（二）在文化振兴中的作用

文化振兴是乡村振兴必须依靠的精神内核，是乡村振兴的核心与灵魂。而在我国的广大农村地区，学校是乡村文化传播与发展的中心。农村幼儿园是引领乡村文化，培育优良家风家规和乡村文明等方面的主要力量。学前儿童形成对当地优秀文化的认同内化在其文化理念中。农村幼儿园一方面通过弘扬当地优秀传统文化、普及先进科学知识，融合农村与城市文化，使乡村文化得以继承和发展，使当地人口文化素质得以提升。另一方面，农村幼儿园通过对幼儿的行为习惯、价值观念和理想信念的培养等间接地、潜移默化地实现对家长思想品性、文化素养和文明习惯的革新，从而有助于在促进乡村社区成员的文化自觉和提高文化自信的基础上实现乡村文化和现代文化的有机融合，客观上为乡村社会的文化振兴注入生机和活力。

（三）在产业振兴中的作用

乡村振兴的基础是产业振兴，产业振兴促进城市的生产要素向乡村回流聚集，从根本上解决农村人口空心化、产业空心化、组织空心化等多种问题。

2019 年发布的《国务院关于促进乡村产业振兴的指导意见》明确提出："产业兴旺是乡村振兴的重要基础，是解决农村一切问题的前提。"无论是农业的转型升级还是多元产业的融合发展本质上都是经济发展思路由粗放型发展方式向集约型发展方式的转变，最终都要靠人的观念意识、知识技能等全面素养的共同发展作为支撑和保障。我国现有农村人口普遍存在观念意识落后、知识技能不足等问题，亟须通过多种方式对其进行专门的产业技能和创业素养等培训。国家在脱贫攻坚战略的实施中有效实现了农民的观念革新和知识技能升级，但是很多农村地区由于子女较多且能够分担子女照护教育的公共服务体系未能有效建立，父母往往需要在照顾年幼子女方面花费较多的时间和精力，束缚了其从事创业或就业等活动。在这种背景下，大力发展农村学前教育，扩大农村学前教育公共服务供给，及时分担年轻父母照护教育幼儿的压力，能有效解除家长外出工作、培训的后顾之忧，解放农村青壮年劳动力的同时也有助于释放农村人力资源的活力，为乡村产业振兴提供强有力的人力资源保障。

近些年来，随着城镇化进程的加快，很多地方的乡村人口急剧减少、乡村社会发展面临各种障碍。除经济因素拉动的人口外流外，薄弱的乡村教育也是其中的重要因素。随着我国社会主要矛盾的转变，人们越来越意识到教育在个人发展中的重要作用，很多年轻父母更加重视子女所接受的早期学前教育质量，他们对子女教育有较高要求，能否获得满意的学前教育服务已经成为影响其迁移流动的重要因素，农村学前教育供给不足或供给有效性较低都可能进一步加剧人口的外流。长此以往，乡村产业振兴将因为年轻人口的大规模流出而成为无源之水、无本之木。相反，农村学前教育高质量的发展，将与医疗、卫生等共同构筑体系完备的乡村公共服务体系，共同发挥着稳定现有乡村人口和吸引外出人口返乡的作用，为乡村产业的全面振兴守住人口根基。

第二章　凉山彝族自治州学前教育发展概况

一、凉山彝族自治州学前教育整体概况

凉山彝族自治州作为我国最大的彝族聚居区，由于其自身的特殊性，整体教育发展起步晚，基础差，财政自给率低，教育发展水平远远落后于经济发达地区。尽管凉山彝族自治州经过多维度扶贫减贫措施，教育贫困方面已得到很大的改善，但凉山彝族自治州教育水平与发达地区的差异仍未消除。在其整个教育体系中，其学前教育发展起步晚，发展基础差。

四川省于 2015 年启动"一村一幼"计划，截至 2014 年年底，凉山彝族自治州 3~6 岁的学前适龄儿童有 305 600 人，而幼儿园只有 420 所，其中公办性质的幼儿园只有 45 所，约占 11%。由于幼儿园数量较少，全州幼儿入园率很低，3~6 岁的学前教育适龄儿童中入园人数仅为 155 029 人，占比 50.73%，比 2011 年全国学前教育毛入园率 62.3% 这一数据都还要低①。

2015 年以来，凉山彝族自治州对当地学前教育投入了大量的资源，截至 2022 年 11 月底，凉山彝族自治州有公办幼儿园 301 所，民办幼儿园 499 所。幼儿园数量有了明显增加，但当地的学前教育发展仍然存在很多问题。①公办幼儿园与民办幼儿园数量比例失衡。②无论是公办幼儿园还是民办幼儿园均存在办园规模小、办学条件差问题。很多偏远地区的幼儿园，在园幼儿人数少，办园规模小。在办学条件方面，大多数幼儿园校舍破旧、设备简陋，活动场地狭小。③经费投入不足，运转困难。由于财政困难和没有政策保障，财政除保

---

① 凉山州教育局 . 2014 年度凉山州教育局基础教育、中等职业教育综合统计报表 [Z] . 2014-12-31.

证在编幼儿教师工资外，保育员、代课教师等临聘人员工资及福利待遇均由幼儿园自行负担。加之多数幼儿园收费偏低，运转十分困难。④缺乏幼儿教师编制。由于没有幼儿教师编制计划，目前的幼儿园教师占用的是小学教师编制。⑤凉山彝族自治州学前教育毛入学率整体偏低，而在教育发展水平更为落后的布拖、昭觉等东五县，其学前教育毛入学率更是低于其他地区的水平。在这些地区还有很多幼儿面临无学可上的境地。

二、凉山彝族自治州贫困地区学前教育发展概况

从凉山彝族自治州整体来看，学前教育的发展基础比较薄弱，而凉山彝族自治州的布拖、昭觉、美姑等地的学前教育在凉山彝族自治州内的发展处于更加落后的水平。

以美姑县为例，该县幼儿教育开始于 1956 年，当年在县城关民族小学校附设幼儿班 1 个，招收 18 名幼儿入学，有 1 名教师任教养员。1981 年 6 月，美姑县人民政府恢复县属幼儿园、机关托儿所体制，实行归口管理，将原属县委组织部管理的机关幼儿园单设，成立了美姑县幼儿园。1999 年，全县有幼儿园 1 所，有 521 名幼儿入学。截至 2022 年年底，全县有幼儿园 11 所，其中公办幼儿园 4 所，民办幼儿园 7 所，幼儿园数量远远不能满足当地群众需求①。

昭觉县地处大凉山腹心地带，截至 2019 年年底，该县人口 33.23 万人，彝族人口占 98.4%，是全国第一大彝族聚居县。根据昭觉县教育体育和科学技术局关于《昭觉县学前教育工作开展情况》的统计，2019 年全县有公立幼儿园 4 所、私立幼儿园 4 所、"一村一幼"幼教点 270 个（291 个班级），共有学前教育学生 21 436 人，其中"一村一幼"幼教点学生 9 691 人，有幼儿园教职工 99 人、临聘辅导员 581 人。

从美姑、昭觉学前教育发展情况来看，凉山彝族自治州贫困地区的学前教育发展起步晚，发展基础薄弱。自 2015 年四川省启动"一村一幼"计划以来，学前教育取得了较大的发展，但由于其发展基础薄弱，凉山彝族自治州贫困地区学前教育的发展水平与其他地方相比仍然存在较大的差距。

凉山彝族自治州贫困地区在脱贫过程中，学前教育发展取得了较大的成绩。入园人数、教师人数等都有明显增加，但是仍然存在很多制约学前教育发

① 四川政务服务网. http://www.sczwfw.gov.cn/

展的困难，如教育投入远不能满足实际需求，学前教育的教学质量水平还亟待提升等。凉山彝族自治州的美姑、布拖、昭觉等彝区的学前教育发展条件差，不仅制约着当地人口素质的提高，而且也阻碍着当地实现乡村振兴目标的实现。

三、教育扶贫与学前教育扶贫的意义

凉山彝族自治州所辖的 17 个县（市），有 11 个县被列为国家扶贫开发工作重点县，凉山彝族自治州是国家层面的深度贫困地区"三区三州"中的一个，也是国家教育扶贫的重点区域。凉山州委、州政府全面落实中央大政方针和四川省委、省政府脱贫攻坚决策部署，按照治贫先治愚、扶贫先扶智的思路，紧紧聚焦"义务教育有保障""乡乡有标准化学校""村村有学前教育设施"等目标，大力推动各项教育扶贫政策落地落实，千方百计补齐教育短板，努力从源头上打破贫困"积累循环效应"。

（一）教育扶贫的意义

扶贫先扶智，"通过教育扶贫脱贫一批"是扶贫工作分类施策的内容之一。较之于发展生产、易地搬迁、生态补偿、社会保障兜底等形式，教育通过改变人的素质、提高人的能力而实现根本脱贫，既能阻断贫困代际传递又能带动家庭发展，因而意义更加重大、作用更加长远，是扶贫的根本，体现着教育的社会功能本质。

1. 教育扶贫是社会主义发展的本质要求

共同富裕是社会主义的本质要求和根本原则。通过脱贫攻坚，消除两极分化，实现共同富裕，维护社会公正，是矢志不渝走中国特色社会主义道路的必然选择。要实现社会的公平就必须要依靠一切办法改善民生，消除贫困，打好脱贫攻坚战，实现全社会共同富裕，这也是社会主义的重要任务。教育是提升人民群众可持续发展能力、巩固脱贫成果的内在动力，是实现共同富裕的长远之计。当前，我们要在消灭绝对贫困之后，引导和确保人民群众有独立的、可持续的减少相对贫困进而实现共同富裕的动力和能力。消除贫困、改善民生、实现共同富裕，是社会主义的本质要求。在党的坚强领导下，通过特色产业扶贫、易地搬迁脱贫、转移就业扶贫、资产收益扶贫、健康扶贫、生态扶贫等可以大面积地消灭绝对贫困，但是要巩固好、发展好脱贫成果，进而消除相对贫困，就要精准分析贫困人口的贫困成因、自我发展能力状况、返贫潜在风险等，尤其要通过发展教育逐步消除造成贫困阶层固化的贫困代际传递现象。教育扶贫虽然具有周期长、间接性、见效慢等特点，但其更具有根本性、先导性、持续性，贯穿人的职业生涯和生命周期的全过程，全面、稳定而持久。当前，面对长期存在的相对贫困问题，要通过政府主导的自上而下的制度化扶贫，尤其是精准落实教育优先发展战略和教育扶贫战略，让贫困地区的孩子享受优质教育，不仅可以改变贫困地区、贫困家庭人群的贫困文化心态，而且能带动贫困地区教育的快速发展，加快缩小校际、城乡及地区之间的教育差距，为相对贫困地区的接续发展提供源源不断的减贫致富的专业人才。还要通过构建多方主体共同参与的扶贫模式，充分发挥市场在教育资源配置中的作用，从整体上彻底改变贫困地区的落后面貌；通过教育扶贫使一代又一代人民群众提升战胜贫困的内生动力和实现共同富裕的自主能力，让贫困地区人民与全国人民一道逐步走向共同富裕。

教育扶贫就是要使贫困地区的学生，通过接受良好的教育，成为社会主义合格的建设者与接班人。通过教育扶贫提升贫困地区劳动力素质，缩小劳动力差距，最终实现共同富裕，达到社会主义发展的本质要求。

2. 教育扶贫是实现社会跨越发展的保障

历史唯物主义认为，人类社会的进步离不开物质资料的再生产和人类自身的再生产，因此，必须承认教育在人类社会发展中的基础性地位。

当前我国社会主义市场经济与科学技术不断发展，成为提高我国核心竞争力与综合实力的重要因素，在知识经济社会，人力资源不仅是推动我国经济发展的重要资源，也是提高我国核心竞争力与综合国力的关键因素。而教育是人才培养的重要阵地，要实现社会的发展，就必须要重视教育的作用，将其放在优先发展的地位，通过教育为社会的跨越式发展提供人才和智力支持。

特别是在民族地区，教育与人才开发的矛盾十分突出。一方面，社会和产业的发展亟须人才充分发挥作用；另一方面，很多毕业生却不能有效地介入当地社会和产业的发展。一方面，当地经济发展需要教育为其培养人才；另一方面，本土的教育资源没能充分发挥服务地方经济的功能。这些矛盾都需要通过科学有效地发展教育，使教育充分发挥其应有的功能，实现社会的发展。

3. 教育扶贫是阻断贫困传递的有效策略

2021 年 2 月 25 日，习近平总书记在全国脱贫攻坚总结表彰大会上的讲话中指出，我们紧紧扭住教育这个脱贫致富的根本之策，强调再穷不能穷教育、再穷不能穷孩子，不让孩子输在起跑线上，努力让每个孩子都有人生出彩的机会，尽力阻断贫困代际传递。

教育扶贫具有基础性、战略性和先导性，是扶贫治本之计。脱贫攻坚不仅要立足当前，还要着眼于长远；不仅要帮助贫困地区和贫困群众脱贫，还要阻断其返贫，使其逐渐走向富裕之路。贫困地区及贫困群众是脱贫攻坚的对象，更是脱贫致富的主体，因此，扶贫不仅要供给必备资金和资源，更要注重激发其内生动力，注重提高其自我发展能力。坚持"扶志""扶智"相结合，帮助和指导贫困地区和贫困群众转变思想观念，树立脱贫信心和志气，提升发展的素质与能力，才能彻底拔除穷根。教育扶贫是增强贫困地区和贫困群众内生动力、发展能力的关键举措，是阻断贫困代际传递的重要途径。同时，教育扶贫本身也要服务于贫困地区教育能力和水平的提升，为整体脱贫提供坚实的人才和科技支撑，提高贫困人口基本文化素质和贫困家庭劳动力技能，进而改善贫困地区的整体面貌，实现持久脱贫进而致富的终极目标。

4. 教育扶贫是提升扶贫脱贫质量的有效路径

教育不仅是一项权利，同时也是对人们可持续发展能力的投资。不可否认，依赖外部物力投资，在一定时期内，贫困家庭可以获得一定的经济收入增长，但是如果不重视人力投资，人力资本水平得不到提高，外部力量撤走之后，"返贫"现象极易发生，如此一来影响扶贫脱贫质量。

贫困是多元复杂因素造成的。摆脱贫困要抓住主要矛盾和薄弱环节，实施重点突破。除了必需的"输血"措施外，主要在于提志增智、志智并进。与兜底政策、移民搬迁和医疗救助等扶贫方式相比，教育在精准扶贫中肩负着特殊历史使命。精准教育扶贫就是要瞄准最薄弱领域和最贫困群体，一方面，让贫困家庭孩子们学有所教，能够享有更高质量的教育；另一方面，注重授之以渔，培养贫困群众意志信念和脱贫能力，发挥教育在脱贫攻坚中基础性、先导性和持久性的作用。在近年来的精准扶贫过程中发现，大部分贫困群众综合素质不高、文化水平偏低和生存技能缺乏是制约当地脱贫的主要因素，这些贫困人口被称为"素质型贫困人口"。扶贫脱贫的关键是贫困人口能力的提升，不仅包括生计能力，更重要的是发展能力的提升以及适应市场经济发展等综合素质和能力的全面提升，只有这样，扶贫脱贫才具有可持续性，脱贫的质量才会高，才会减少和减低"返贫"现象。联合国教科文组织研究表明，不同层次受教育者提高劳动生产率的水平不同，受教育水平与劳动生产率有正相关关系，受教育水平越高，劳动生产率越高。"积财千万，不如薄技在身"，"一技在手，终身受益"，教育在促进扶贫、防止返贫方面的作用是根本性的、可持续的。实施教育精准扶贫，可以有效地改善整体脱贫效果，提升扶贫效率，其作用是其他脱贫手段无法替代的。

因此，从长远来看，要从根本上消除贫困，离不开教育，要将教育作为摆脱贫困的治本之策，提升贫困地区及贫困人口的综合素质。

5. 教育扶贫是培育贫困人口内生动力的重要内容

扶贫应与"扶志""扶智"相结合。"扶志"就是要把贫困农民自己主动脱贫的志气"扶"起来，增强他们脱贫增收的主观能动性。"扶智"就是从农村普通教育、职业教育、农技推广等方面或是通过升学、转换职业等方式实现劳动力转移，或是培育有科技素质、有职业技能、有经营意识与能力的新农民。"扶志"与"扶智"都要依靠教育扶贫，教育扶贫不仅可以产生经济效益，而且可以产生精神力量。扶贫既要富口袋，更要富脑袋。贫困地区发展相对滞后，既有区位因素、生态原因和历史积淀，也有观念差距。从表面来看，贫穷是一个物质条件问题，但从根本上讲更是一个文化问题，包括进取心、眼界。教育其实也是一种文化存在，学校的育人过程是一个有组织有目的的文化过程，学校的存在、活动是科学知识、文化精神、理想信念、核心价值、国家意志的体现。学校是文化的栖息地，既是教育机构，也是文化普及和科技传播机构，还是一批有志改变命运理想者的精神家园。知识就是力量，教育助力人生，文化浸润民风。教育是一代代人的事业，是人类自身进化和个体发展的途径，是通向美好生活理想的桥梁。教育扶贫本质上就是人才科技文化理想扶贫，学校的健康发展其实是抵御农村文化荒芜、科学精神衰败的重要手段。在脱贫攻坚中加强贫困地区社会建设，丰富贫困地区文化活动，提高贫困地区群众的综合素质，振奋贫困地区群众的精神面貌，同样是教育的使命和责任。教育要把扶贫与扶智、扶业、扶志紧密地联系在一起，要使青少年脑海憧憬美好未来，内心澎湃奋进动力。

因此，为有效缓解脱贫攻坚过程中的难题，必须激发贫困主体的内生动力，形成可持续发展动力，发挥教育在扶贫开发中的关键性作用，把"外部推动"和"内生动力"有效结合，实现"输血"式扶贫向"造血"式扶贫的转变，这样才能真正增强扶贫脱贫的动力源泉。教育扶贫就是营造扶贫扶志扶智的环境，解决人的素质先脱贫，转变一些贫困人群的"等靠要"观念，引导贫困农民家庭主动发展致富。因此，国家明确了教育优先的战略定位，贫困地区的教育发展和教育扶贫是优先中的优先，得到了国家政策的大力支持，这也是教育扶贫的特殊优势。

（二）学前教育扶贫的意义

教育扶贫战略的实施需要战略实施的发力点与教育规律相符，需要考虑教育扶贫功能的可持续性及作用的长效性。由于各级各类教育发展的纵向关联性以及人自身发展的规律性，在教育扶贫战略综合发力时，教育还应呈现一定的"优先性"考量，呈现出相对精准的教育扶贫行动。不同国家的教育扶贫经验，以及教育学、心理学、认知科学等科学研究也证明：幼儿阶段的教育质量对于人自身的发展和人的社会作用力具有十分重要的影响。学前教育在整个教育过程中具有基础性的奠基作用。在凉山彝区这类贫困地区，学前教育阶段的儿童还面临着来自观念、知识技能、资源与资本、环境与组织等方面的现实挑战。如果这些儿童没有获得学前教育的机会，那么他们就难以获得促进义务教育阶段学习而需养成的学前教育基础，进而影响整个基础教育质量。而基础教育作为人发展的奠基性教育，如果不能夯实自身教育成效，则难以促进人的可持续学习能力的形成。陶行知先生说过，小学教育是建国之根本，幼稚教育尤为根本之根本。学前教育对儿童的终身发展起着极其重要的作用，这在国际上早已是共识。所以，承认儿童早期教育对儿童发展以及教育扶贫的价值，认清儿童早期教育扶贫的挑战，并形成应对策略，对于推进国家教育扶贫战略、提高教育扶贫攻坚的长久效力具有重要意义。习近平总书记强调，把贫困地区孩子培养出来，这才是根本的扶贫之策。对于经济落后的少数民族地区来讲，教育扶贫是最根本的精准扶贫。

作为国民教育的基础，学前教育的发展不但对儿童全面健康发展、国民素质提升有重要的奠基作用，而且是实现解放家庭生产力、促进地方经济发展的关键环节。

1. 学前教育阶段是教育扶贫的关键期

儿童早期阶段应形成对抗贫穷的知识、能力及人格特质，这一特点也是由人的生命主体的发展规律所决定的。生理学、教育学、心理学等诸多学科研究表明，人的身心发展具有顺序性、阶段性、不均衡性等基本规律。人发展的规律性决定了教育的规律性，进而影响教育扶贫的价值取向与实践选择。传授儿童对抗贫困的知识，帮助其养成拒绝接纳贫困的能力和人格品质，需从早期教育开始。原因在于：人的身心发展规律决定了儿童早期教育扶贫的关键地位。人的发展具有顺序性和阶段性，教育与教育扶贫应当循序而进。早期教育贫困得不到有效应对会对后续阶段的教育扶贫带来困难，更直接影响到人可持续发展的能力达成。儿童的身高、体重、神经系统等生理发展与注意、感知、思维、情感以及个性等心理发展都会呈现出早期发展的顺序性和阶段性特征，这些特征向教育提出了适应性要求。如果儿童早期阶段出现了身心发展贫困，如生理特点、注意力表现、记忆与思维品质指标以及智力水平等问题，必将带来早期教育贫困。早期教育贫困可能表现在幼儿入园率不高、幼儿适应系统教育的认知水平不足等方面。在人的发展和教育发展中，儿童早期与早期教育均呈现出基础性位序和奠基性意义，这使儿童早期教育扶贫成为教育扶贫战略实施的奠基期和关键期。因此，为了更好地通过早期教育实现反贫困的目标，各级各类部门应形成合力优先保障贫困地区学前教育发展质量，扶贫困地区学前教育之贫也就成为必要的事。人的发展具有不均衡性，教育与教育扶贫应当围绕"敏感期"适时而施。儿童的发展始于不断发育的大脑，从出生到 3 岁这一时期是大脑神经元大规模激增的时期，在这一阶段，环境刺激对大脑发育会产生长期影响。幼儿教育家蒙台梭利也指出婴儿存在着掌握语言的潜质，其精神生活的各个方面也都存在着类似的潜能。人的语言、秩序、感官、动作、智力等敏感性表现往往处于早期教育阶段。处于敏感期的儿童在学习过程中往往呈现出学得多、费时少、效果好的学习特点。所以，如果早期教育阶段能够针对相应"敏感期"适时而教，就能更好地实现以上方面的发展，也能有效地预防相应的教育贫困的发生。对于不利于儿童相应素养形成的早期环境和教育条件给予有效干预，能更好地实现学前教育扶贫效果，进而提升整体教育扶贫战略的落地成效。同时，目前有大量的研究证实，学前教育给贫困儿童的发展带来的积极影响是深远和持久的。学前教育和儿童发展具有因果联系。经济社会地位越低的家庭的儿童，如果接受的学前教育质量越高，所获得的学前教育的益处就越大。大样本数据结果显示，正规的、以社区为基础和以家庭为基础的早期教育对于儿童发展有显著效果。基于此，世界很多国家制定各种政策大力发展学前教育。

2. 学前教育效应及其反贫困价值彰显了学前教育扶贫的先决作用

一方面，学前教育具有长期效应，学前教育扶贫具有显著正功能。来自不同国家的学前教育效应研究几乎都证明学前教育对于个人发展以及社会的发展均具有长期效应。追踪长达 30 余年的"高瞻—佩里计划"（The High/Scope Perry Preschool Study）研究发现，优质的学前教育在提高儿童受教育年限和教育成就、增加国家税收、减少福利开支以及预防犯罪方面成效明显①。挪威的纵向研究表明，优质的学前教育对于儿童的教育成就、后续就业机会、减少社会福利依赖等都有长期积极效应。我国上海一项基于国际学生评估项目

---

① 庞丽娟，韩小雨. 中国学前教育立法：思考与进程 [J]. 北京师范大学学报：社会科学版，2010（5）：14-20.

（PISA）的调查数据分析研究表明，学前教育对学生 15 岁时学业成就有显著影响①。综上来看，学前教育是具有长期效应的。学前教育发展以及学前教育扶贫对于人或是"穷人"都具有"事半功倍"的效用。另一方面，儿童早期贫困代价高昂，应警惕早期教育扶贫失范所引发的负性影响。一般来说，贫困在生活中出现得越早，历时相应越长，对儿童的发展也就越不利。一项对 985 名婴儿及其家庭进行的追踪调查表明，婴儿期就开始长期承受贫困的 5 岁儿童的智商水平要比非贫困儿童低 9 分。美国关于儿童的早期纵向研究也表明，贫困儿童进入学校时在认知表现上的分数要比同龄人低 60%。而美国社会在未来将为这些儿童可能带来的高失业率、高犯罪率等承担巨大花销，收入损失甚至达到数十亿美元②。可见，儿童早期贫困直接影响儿童认知发展水平，间接影响学前教育的长效性。儿童早期贫困的代价高昂，需要通过早期教育来缓解、干预。早期教育作为反贫困的路径之一，不仅可以通过对儿童教育资源的直接供给实现儿童学前发展目标，也可以通过完善影响学前教育的诸多条件，如儿童保育、阅读条件、亲子与师幼互动组织等间接促进早期教育反贫困成效。因此，关注儿童贫困，尤其是防范早期阶段的贫困对于教育发展与教育扶贫具有直接意义③。

综上，由于学前教育所具有的基础性作用，所以在教育扶贫的过程中，学前教育扶贫是不可忽视的一个重要阶段。凉山彝族自治州在脱贫攻坚的过程中，对学前教育投入了大量的资源，使当地学前教育得到了迅速的发展。

四、四川省发展民族地区学前教育计划

教育通过为经济发展提供现实劳动力，促进科学技术的"物化"以及促进科学技术的创新以发挥其经济功能。在教育的投入与发展中，它不仅带来个人回报也带来社会回报，并且越是基础的教育，社会回报越高。学前教育在整个教育过程中处于最基础的阶段，因此，政府需要承担有限责任，即在现有条

---

① 陈纯槿，柳倩.学前教育对学生 15 岁时学业成就的影响：基于国际学生评估项目上海调查数据的准实验研究 [J].学前教育研究，2017（1）：3-12.

② 纽曼.学前教育改革与国家反贫困战略：美国的经验 [M].李敏谊，霍力岩，译.北京：教育科学出版社，2011：102-112.

③ 汤颖，邬志辉.贫困地区早期教育扶贫：地位、挑战与对策 [J].中国教育学刊，2019（1）：74-78.

件下为国民提供基本的教育服务。

四川省委、省政府针对凉山彝族自治州教育落后的状况也制订了相应的计划，致力于改变民族地区学前教育落后面貌。

为推进民族地区教育跨越式发展，夯实民族地区长治久安的社会基础，2010年中共四川省委办公厅和四川省人民政府办公厅印发了《四川省民族地区教育发展十年行动计划（2011—2020年）》（以下简称《行动计划》）。《行动计划》提出：坚持优先发展。教育优先发展是实现民族地区长治久安的根本保障。各级党委、政府必须长期坚持优先发展这一重大方针，把优先发展教育作为贯彻落实科学发展观的基本要求，切实保证经济社会发展规划优先安排教育发展，财政资金优先保障教育投入，公共资源优先满足教育发展需要。充分调动全社会力量关心和支持教育，完善社会力量出资兴办教育的体制和政策，不断加大社会对教育的投入。坚持教育公平。教育公平是实现社会和谐稳定的重要基础。坚持教育资源向民族地区特别是民族地区农村和边远贫困地区倾斜。在县域范围内，教育资源要向薄弱学校倾斜。加快缩小与教育发达地区差距，促进义务教育均衡发展。依法保障公民受教育权益，帮助、扶持困难群体子女入学。坚持统筹协调。民族地区教育及经济社会发展不平衡，要按照总体规划、因地制宜、分类指导、分步实施的原则，统筹、整合各种资源，合力推进不同区域和各级各类教育全面协调发展。《行动计划》还提出了明确的教育发展目标。到2020年整体实现跨越式发展，教育事业主要指标与国民受教育水平力争基本达到同期全省平均水平，建成富有活力、与民族地区经济社会发展水平相协调的现代教育体系。教育普及水平大幅提高。普及学前一年双语教育，基本普及学前两年教育，有条件的地方普及学前三年教育；巩固提高九年义务教育水平；普及高中阶段教育；高等教育大众化水平进一步提高，毛入学率力争达到同期全省平均水平。扫除青壮年文盲。公平教育体系全面形成。坚持教育的公益性和普惠性，充分保障农牧区广大人民群众依法享有接受良好教育的权利，形成覆盖城乡、惠及全民的公共教育服务体系，实现基本公共教育服务均等化，缩小与全国全省教育发达地区的差距。努力办好每一所学校，教好每一个学生，不让一个学生因家庭经济困难而失学。保障残疾人受教育权利。教育教学质量和学校管理水平显著提升。现代学校教育教学管理体系基本形成，教育质量和学校管理水平显著提升，优质教育资源总量不断扩大，人民群众接受高质量教育的需求得到基本满足，学生思想道德素质、科学文化素质和健康素质明显提高。计划中专门对学前教育的发展明确了保障措施，学前教育是民族地区教育跨越式发展的基础。重视和支持学前一年双语教育，加强国家通用语言文字教学。坚持政府主导，形成县城幼儿园、乡镇幼儿园、小学学前班、双语教育为特色的县、乡、村三级学前教育办学体系。大力发展公办幼儿园，扶持民办幼儿园。新建公办幼儿园基础建设可纳入中央和省实施的教育工程项目统一规划。合理规划校点，充分利用中小学布局调整富余的校舍和教师举办幼儿园（班）。建立完善幼儿园管理办法，规范收费标准，实行成本合理分担机制。落实幼儿教师地位和待遇，加强幼儿教师队伍建设，并强化学前教育发展的资金筹措，确保经费投入。计划的制订为凉山彝区学前教育的发展明确了目标，提供了保障。

2015 年，四川省在大小凉山彝区率先启动实施"一村一幼"计划，以建制村为单位，一个村设立一个幼儿教学点，根据实际情况也可"多村一幼"或"一村多幼"，组织开展以双语教育为主要内容的学前教育。从 2017 年起，"一村一幼"计划扩展到全省民族自治地方 51 个县（市）。"一村一幼"计划是四川省创新实施的重大教育扶贫工程，是民族地区少年儿童学习国家通用语言文字，化解基础教育阶段教学语言障碍，培养良好行为习惯奠基工程，"一村一幼"计划的实施有效地解决了彝区农村学前幼儿从母语向普通话过渡的障碍，帮助孩子们养成良好行为习惯，从源头上打破彝区"贫困积累循环效应"。学前教育是四川省民族地区教育体系中最突出的短板，特别是边远乡村学前教育资源十分匮乏，农牧民家庭幼儿难以接受学前教育，幼儿入园率普遍偏低。实施"一村一幼"计划，在行政村和自然村开办村级幼教点，快速有效地构建起了全面覆盖县、乡、村三级的学前教育公共服务体系，切实解决了民族地区农村幼儿想上学而没学上的问题。"一村一幼"计划的实施，促进了民族自治地方村级学前教育的大发展，幼儿毛入园率大幅提升。特别是凉山彝区学前教育发展迅猛，毛入园率大幅提升。民族地区群众送子女读书的积极性高涨，"我要读书"成为新风尚。

"一村一幼"计划带来的巨大变化

过彝族年的时候，在江苏打工的莫色阿合与妻子回到了家乡凉山州昭觉县四开乡洒瓦洛且博村。一年不见，莫色阿合发现 5 岁的小女儿莫色阿米发生了巨大的变化。"吃饭前，她跌跌撞撞地打来一盆水，对我说'爸爸洗手'，我感动得眼泪都快下来了。"莫色阿合说，"女儿在村里上幼儿园一年多，已经非常懂事了，不仅学会了关心爸爸妈妈，每天回来给我们讲幼儿园老师讲的故事，给我们唱歌、跳舞，还养成了很多好习惯，督促我们也要养成好习惯。"莫色阿合说，他自己都是外出打工后在城市里才养成饭前洗手习惯的。不洗手、不洗脸、席地而睡、人畜共居，曾经是凉山部分彝族群众长期的生活习惯。"一村一幼"计划将养成良好生活习惯作为重要目标，老师每天早晨的第一件事就是检查孩子们的个人卫生。如果有孩子没有洗手、洗脸、梳头，老师就教他们，同时要求每个孩子回家后敦促父母养成讲卫生的好习惯，通过"小手拉大手"的方式，把讲卫生、爱清洁的习惯带到家里去，推动养成好习惯、形成好风气。

2021 年 8 月，中共四川省委办公厅和四川省人民政府办公厅印发的《四川省民族地区教育发展十年行动计划（2021—2030 年）》提出，到 2030 年，实现民族地区教育事业发展主要指标接近全省平均水平，基本建成服务全民终身学习的现代教育体系，县域内义务教育优质均衡发展基本实现，学前教育和高中阶段教育全面普及，学校基本办学条件达到省定标准。

五、凉山彝族自治州政府发展学前教育思路

凉山彝族自治州政府在不同的阶段对学前教育的发展制定了不同的发展思路。2012 年，基于凉山彝族自治州整体学前教育发展落后的状况，凉山彝族自治州人民政府颁布了《凉山州人民政府关于进一步促进学前教育发展的实施意见（2012）》，对凉山州学前教育发展的目标、任务等做出了总体安排。

（一）确定发展目标

《凉山州人民政府关于进一步促进学前教育发展的实施意见（2012）》确定的总体目标：从 2011 年开始认真实施学前教育三年行动计划，到 2013 年，使学前教育入园率进一步提高，"入园难"问题得到缓解，学前教育一年毛入园率由 2010 年的 52.6%提高到 62.5%左右，学前教育两年毛入园率由 2010 年的 38.5%提高到 46.2%左右，学前教育三年毛入园率由 2010 年的 37.7%提高到 44%左右，在校幼儿总数达到 10 万人左右，在独立设置幼儿园的幼儿达到 6 万人左右；到 2015 年，基本普及学前一年教育，学前三年毛入园率达到 50%，在独立设置幼儿园的幼儿达到 9 万人左右；到 2020 年，基本普及学前三年教育，毛入园率达到 70%以上。

（二）明确主要任务

为确保到 2013 年实现全州学前教育毛入园率达到 44%和在校幼儿达到 10

万人的目标，全州规划 2011—2013 年新改扩建公办幼儿园 82 所，规划总投资 18 982 万元。

（三）制定进度安排

全州规划总体情况。2011—2013 年，全州规划新改扩建公办幼儿园 82 所，建设园舍面积 11 万平方米，建设户外活动场地 1.2 万平方米，购置图书 3.3 万册。规划投资 18 982 万元，其中园舍建设 17 865 万元，设施设备 641 万元，图书 36 万元，基础设施 440 万元。其中：2011 年规划新改扩建公办幼儿园 22 所，建设园舍面积 3 万平方米，建设户外活动场地 0.4 万平方米，购置图书 0.6 万册。规划投资 5 248 万元，其中园舍建设 4 939 万元，设施设备 172 万元，图书 7 万元，基础设施 130 万元。2012 年规划新改扩建公办幼儿园 30 所，建设园舍面积 4 万平方米，建设户外活动场地 0.4 万平方米，购置图书 1.4 万册。规划投资 7 130 万元，其中园舍建设 6 746 万元，设施设备 219 万元，图书 15 万元，基础设施 150 万元。2013 年规划新改扩建公办幼儿园 30 所，建设园舍面积 4 万平方米，建设户外活动场地 0.4 万平方米，购置图书 1.3 万册。规划投资 6 604 万元，其中园舍建设 6 180 万元，设施设备 250 万元，图书 14 万元，基础设施 160 万元。

规划省级项目情况。2011—2013 年，全州规划省级项目新改扩建公办幼儿园 55 所，建设园舍面积 7 万平方米，建设户外活动场地 0.8 万平方米，购置图书 2.2 万册。规划投资 12 065 万元，其中园舍建设 11 426 万元，设施设备 384 万元，图书 25 万元，基础设施 230 万元。其中：2011 年规划新改扩建公办幼儿园 12 所，建设园舍面积 1 万平方米，建设户外活动场地 0.1 万平方米，购置图书 0.4 万册。规划投资 2 540 万元，其中园舍建设 2 485 万元，设施设备 40 万元，图书 5 万元，基础设施 10 万元。2012 年规划新改扩建公办幼儿园 21 所，建设园舍面积 3 万平方米，建设户外活动场地 0.4 万平方米，购置图书 0.8 万册。规划投资 4 699 万元，其中园舍建设 4 406 万元，设施设备 174 万元，图书 9 万元，基础设施 110 万元。2013 年规划新改扩建公办幼儿园 22 所，建设园舍面积 3 万平方米，建设户外活动场地 0.3 万平方米，购置图书 1 万册。规划投资 4 826 万元，其中园舍建设 4 535 万元，设施设备 170 万元，图书 11 万元，基础设施 110 万元。

（四）划分资金来源

2011—2013 年，规划总投资 18 982 万元，建议中央及省级投入三分之一，州级投入三分之一，县市级投入三分之一。

（五）制定保障措施

组织保障。建立学前教育三年行动计划工作领导小组，加强对学前教育三年行动计划工作的组织领导，明确目标，落实责任，适时召开领导小组会议，研究解决工作中遇到的困难问题。

实行领导定点督查学前教育三年行动计划机制，加强对定点县市实施学前教育三年行动计划的检查指导，帮助定点县市推进学前教育三年行动计划各项工作。

制定凉山大力发展学前教育的实施意见，坚持政府主导，社会参与，公、民办并举的方针，鼓励民间资金兴办幼儿园。通过保证合理用地、减免税费等方式，支持社会力量办园。采取政府购买服务、减免租金、以奖代补、派驻公办教师等方式，从人力、物力、财力等方面支持现有民办幼儿园办出质量和水平。

多渠道加大学前教育投入。州、县政府要将学前教育经费列入财政预算。新增教育经费要向学前教育倾斜。财政性学前教育经费在同级财政性教育经费中要占合理比例。

（六）依托"学前学普"

语言问题是制约彝区学前儿童教育发展的根本，也是凉山彝区教育脱贫的根本所在。心理学的研究表明，4~6岁是儿童语言获得的关键时期，在学前教育阶段学习两种语言具有明显优势，不仅对儿童智力及认知有积极作用，还有利于儿童心理能力等方面的发展。所以，在这些地区推广普通话不仅能提高当地人口语言交流的能力，也符合幼儿身心发展特点。在我国，普通话是我们的通用语言，彝族贫困地区由于语言的障碍而无法与人顺畅地交流在很大程度上也制约着其脱贫的速度和效果，因此，国家把在少数民族地区推广普通话放在重要的位置。彝区教育的发展也必然要让学前儿童会听会说普通话。凉山州于2018年5月开始"学前学普"行动（以下简称"学前学普"行动）。该行动旨在帮助凉山州民族地区学龄前儿童在学前学会普通话，实现听懂、会说、敢说、会用普通话的目标。"学前学普"行动是阻断凉山贫困代际传递、打赢脱贫攻坚硬仗的重要举措，是凉山州脱贫的标志性特色指标，是对"一村一幼"计划的进一步规范、提高和拓展，同时还承载着为国家在民族地区推广"学前学普"行动探索路径的试点任务，对凉山的脱贫攻坚、转型跨越具有重大的现实意义与深远的战略意义。"学前学普"行动面向所有不会说普通话的学前适龄儿童分步实施，第一阶段集中精力在 11 个深度贫困县以及安宁河谷的民族乡镇"一村一幼"实施，行动实施范围的"一村一幼"幼教点共 2 724 个，覆盖幼儿 11.28 万人，通过 1 年左右时间的先行先试，总结经验后，第二阶段在全州范围全面推行。凉山彝区学前教育以"学前学普"行动为基础，围绕幼儿语言能力的培养及生活卫生习惯的养成，不断提高学前教育的教学质量，为幼儿将来的学习、发展奠定良好的基础。

为统筹城乡义务教育资源均衡配置，加快缩小区域、县域内城乡教育差距，促进基本公共教育服务均等化，推进凉山彝区教育又好又快发展。2014 年 6 月，凉山州启动《大凉山彝区教育振兴行动计划》。该行动计划对凉山州各地区学前教育的发展目标进行了明确规定，对各级各类教师队伍建设也提出了明确要求。在该行动计划的指导下，凉山彝区学前教育的发展水平得到明显提升。

凉山州作为少数民族自治州，其教育水平同中东部地区存在明显的差距，而学前教育更是短板中的短板。为解决此问题，凉山州决定到 2018 年，基本普及 3 年学前教育，毛入园率达 75% 以上。首批与国家开发银行签订教育扶贫贷款 24 亿元，将用于支持建设 450 所乡镇幼儿园建设以及学校基础设施建设，要求 10 个深度贫困县在 2015 年以每县不少于 10 个的规模开办"一村一幼"学前教育点。2015 年 10 月启动实施了"一村一幼"计划，通过改造村委会活动室、学校富余校舍、闲置村小以及租用民房、新建校舍等方式，在全州尚未覆盖学前教育资源的行政村和人口较多、居住集中的自然村设立村级幼儿教学点，采取"一村一幼""一村多幼""多村一幼"等多种形式，每个点设 1 个或多个混龄班，招收 3~6 周岁学前幼儿，每班配备 2 名学前教育辅导员负责保育教育工作，保障农村幼儿就近接受基本的学前教育，并将"学会普通话、养成好习惯、懂得感恩情"作为"一村一幼"的主要培养目标。在 2016 年实现村村全覆盖，全州将建成 5 000 个村级幼儿园。针对农村基层学龄前儿童汉语能力弱甚至完全不会汉语的问题，从 2016 年春季起，凉山州所有行政村将建立汉语辅导员制度，为每个行政村配备两名辅导员。随着"一村一幼"的实施，凉山深度贫困彝区迅速建立了一批乡村幼儿园，结束了深度贫困散居彝区农村没有学前教育的历史，为凉山深度贫困彝区从源头上打破贫困"积累循环效应"，从根本上阻断贫困代际传递，让彝区孩子在同一起跑线上共同奔跑，提供了有利条件。在大小凉山彝区开展学前双语教育"一村一幼"建设是推进民族地区教育扶贫，实施新农村建设的重大举措，对有效缓解民族地区农村幼儿园入园难、入园率低，学前教育严重滞后问题，特别是培养少数民族儿童良好的生活习惯，掌握基本的汉语沟通技能有非常重要的意义。

吉各阿衣是上游村人，15年来，她见证了上游幼教点从无到有、越来越好的历程。从幼教点只有1名高中生辅导员到4名双证（普通话证书和教师资格证）齐全的辅导员，从最初5名幼儿到现在32名幼儿，从2015年幼教点由一间村支部活动室改建而成到2020年幼儿活动室、午休室、教师办公室一应俱全……吉各阿衣很感慨："孩子们的普通话越说越好，村里的日子越来越好，彝族老乡越来越重视教育了。"

对于凉山彝族自治州学前教育的发展，各级政府都充分重视其在当地经济社会发展中的重要作用，将学前教育放到重要地位，出台各种政策措施促进凉山彝族自治州学前教育的发展。

虽然凉山彝族自治州学前教育基础差，但是经过教育扶贫，及各级政府制订的各类学前教育发展计划，在各方力量的共同努力下，近几年当地学前教育得到迅速发展。

第三章 乡村振兴战略实施前凉山彝族自治州学前教育的发展经验

学前教育作为一种准公共产品不仅能为国家培养人才奠定基础，促进社会发展，同时也能使家庭和个人从中受益。因此，学前教育的发展既需要政府发挥主导作用，也需要学校、社会各种力量及家庭发挥积极的作用，需要多方合作才能使学前教育更好地发展。凉山彝族自治州学前教育的发展充分利用多方合力，为学前教育提供各种资源，克服发展中的短板，使学前教育能在较短的时间内得到迅速发展。

一、国家关于民族地区学前教育发展的政策支持

自新中国成立以来，国家高度重视学前儿童的教育工作，出台了一系列法律法规及政策支持和保障学前教育的发展。1952 年颁布实施的《幼儿园暂行规程（草案）》对我国学前教育的发展具有里程碑意义。在 70 余年的发展中，在国家总体政策指导下，民族地区学前教育发展的政策不断颁布和实施，极大地促进了民族地区学前教育的发展。

（一）新中国成立以来我国民族地区学前教育政策统计

我国于 1952 年颁布实施《幼儿园暂行规程（草案）》，国家把学前教育的高质量发展和学前儿童的健康成长作为国家教育政策的重要目标。据统计，到 2019 年 6 月，我国总共发布了有关民族地区学前教育政策 65 项，涉及的内容主要包括学前教育发展及幼儿园规范管理相关政策文本。从民族地区学前教育政策的变化趋势来看，以 2008 年为分界点，在这之前相关政策发布的数量较少，且较为均衡。2008 年达到一个高峰点，在这一年就颁布了相关的政策 14 项。此后，颁布的相关政策的数量有所下降，2009—2018 年，平均每年出

台相关政策 3~4 项，但与 2008 年之前相比从数量上看仍然较多。从统计数据看，2008—2018 年，我国颁布的关于学前教育的政策相对较多，发展速度相对较快，这与国家教育总体政策发展一致，同时我国各少数民族地区颁布和实施的学前教育政策也在这一时期呈现出迅速增加的趋势①。

随着国家教育改革的不断深入，我国少数民族地区学前教育政策在不断调整中发展，从体制、经费、师资和质量等各方面逐步进行规范建设，2008 年以后，民族地区学前教育政策不仅数量上明显增加，而且实现了质的飞跃。

（二）我国民族地区学前教育政策的特点

无论是国家层面还是少数民族地区层面的学前教育政策既有共同的目标和价值取向，各级政策主体在制定和执行政策时也会体现出特殊性。这些政策呈现出整体发展与局部融合的特征，共同促进我国民族地区学前教育的发展。

1. 多方面推动民族地区学前教育发展

民族地区学前教育的发展既要有量的发展，也要有质的保证。质和量是学前教育发展中重要的两个方面。国家出台了相关政策加以保证，地方政策也以相关政策加以落实和推进。

例如，宁夏回族自治区在学前教育发展上实施了普特结合政策：一方面，大力发展普惠性学前教育，落实公办幼儿园的相关公用经费补助政策以协调质与量的同步发展。自 2016 年起，宁夏回族自治区财政厅、教育厅发布了《关于实施公办学前教育生均公用经费保障奖补机制的通知》《宁夏回族自治区财政支持学前教育发展专项资金管理办法（暂行）》等政策，支持扩大普惠性学前教育，保障幼儿园办学质量。近年又实施学前教育三年行动计划，明确"到 2020 年学前三年毛入园率达到 86%以上，普惠性幼儿园覆盖率达到 80%以上"。另一方面，依据该自治区实情扎实推进学前教育精准扶贫。例如，2017 年宁夏回族自治区财政厅、教育厅颁布实施了《关于做好学前教育建档立卡家庭经济困难儿童和残疾儿童"一免一补"资助工作的通知》，明确提出，"按照每生每年 1 500 元的标准免除保教费，每生每年 900 元的标准补助伙食费""对于跨市、县（区）就读的建档立卡家庭贫困户儿童和残疾儿童，家长需提供证明材料，在就读地享受资助"。这些政策措施，确保了残疾儿童、低保家庭儿童、孤儿、建档立卡贫困户幼儿等优先得到资助，尤其是对特

---

① 康翠萍，邓锐.民族地区学前教育政策回顾与新时代发展构想［J］.中南民族大学学报（人文社会科学版），2009（11）：72-76.

困家庭的学前儿童实行了一对一精准施助。宁夏回族自治区已形成公办与民办并举的学前教育办学模式。自治区政府为了促进民办幼儿园向优质优价的普惠性方向发展，在《宁夏回族自治区第三期学前教育行动计划（2018—2020年）》中，强调要"加强指导以支持民办幼儿园健康发展"，明确提出"完善普惠性民办幼儿园认定标准，继续做好普惠性民办幼儿园评定工作，稳步提高普惠性幼儿园覆盖率；县级政府采取购买服务、减免租金、以奖代补、派驻公办教师、培训教师、教研指导、选派业务指导员等方式，加大普惠性民办幼儿园支持力度"。这在很大程度上实现了民族地区学前教育模式的创新，充分体现了多措并举推动民族地区学前教育质与量的共同发展的特征。

2. 不断增加民族地区学前教育发展的经费支持

经费是教育发展的基础，国家颁布了大量的政策从资金上支持民族地区学前教育发展。具体有：《国务院关于当前发展学前教育的若干意见》（国发〔2010〕41号）、《中央财政支持学前教育发展资金管理办法》（财科教〔2017〕131号）、《教育部办公厅关于各地建立完善学前教育、普通高中和特殊教育经费投入机制情况的通报》（教财厅函〔2017〕25号）等政策。这些文件都强调要加大资金分配的力度和科学性，并且重点向边疆地区和少数民族地区以及贫困地区倾斜，通过提供专项转移支付安排加大对少数民族地区学前教育的经费资助，支持民族地区学前教育经费资助体制机制进行深化改革。

从民族地区自身的相关政策来看，各民族地区根据国家相关规定和自身实际也逐步加大了对学前教育发展的经费支持力度。比如，内蒙古自治区颁布实施的《内蒙古自治区财政厅教育厅关于实施学前教育资助制度的通知》（2011）中对资助项目、标准和要求都有细化指标。据统计，从2010—2015年内蒙古学前教育经费投入情况来看，无论是经费总投入，还是财政性经费投入都逐年增长，尤其是在2011年之后，学前教育的各项经费投入出现了大幅增长的局面。广西壮族自治区颁布实施的《广西壮族自治区物价局财政厅教育厅关于我区公办幼儿教育收费标准的通知》（桂价〔2010〕128号）和宁夏回族自治区颁布实施的《宁夏回族自治区财政支持学前教育发展专项资金管理办法（暂行）》（2018）都对本自治区的学前教育经费管理和加大投入做出了相关规定。从以上政策可以看出，加大学前教育经费的支持力度是学前教育政策发展中的一个重要特点。

3. 加强师资队伍建设

优秀的师资队伍是学前教育高质量发展的保障。国家关于学前教育发展的相关政策中，对学前教育师资队伍的建设也做出了明确的规定。国家颁布了

《全国幼儿园园长任职资格、职责和岗位要求（试行）》（教人〔1996〕10号）、《关于开展幼儿园园长岗位培训工作的意见》（教人〔1996〕11号），这些文件对幼儿园园长的选拔与培养做了明确规定，为民族地区学前教育质量的提升提供了方向性指导。

从各少数民族地区来看，各地区为加强师资队伍建设也制定了相应的政策，如《广西中小学（幼儿园）特级教师工作坊项目管理办法》（2016）、《"国培计划"—内蒙古自治区2013年农村牧区幼儿园骨干教师培训项目》（内教人函〔2013〕50号）、《新疆维吾尔自治区2019年幼师国培项目规划》等，这些文件强调对幼儿园园长、教研员、保教主任和骨干教师进行培训以提升教师队伍素质。

国家一方面不断颁布和实施发展民族地区学前教育的政策，另一方面也从政策层面明确了民族地区学前教育发展的资金保障和师资队伍建设目标。这些为民族地区学前教育的发展提供了方向性指导。

二、凉山彝族自治州政府发展学前教育的经验

2012年，凉山彝族自治州出台了《凉山州人民政府关于进一步促进学前教育发展的实施意见》（以下简称《实施意见》）。对凉山彝族自治州学前教育的整体发展做出的规划和安排，为当地学前教育的发展指明了方向，提供了保障。该《实施意见》对当地学前教育发展的指导作用主要体现在以下五方面：

（一）明确政府责任

凉山彝族自治州政府充分重视当地学前教育在整个教育事业发展中的基础作用，把发展学前教育作为发展当地教育事业的重要任务，把发展学前教育纳入当地政府工作重要日程。坚持学前教育发展的公益性和普惠性，努力构建覆盖城乡、布局合理的学前教育公共服务体系，提供有质量的学前教育。当地在发展学前教育的过程中坚持政府主导、社会参与、公办民办并举，落实各级政府责任，充分调动各方面积极性。州政府负责统筹规划学前教育发展，并制定相关政策。县市政府负责本行政区域内学前教育发展的组织实施工作，做好学前教育的布局调整、规划、公办幼儿园的建设和各类幼儿园的管理工作，并且明确了发展的目标，到2015年，普及学前一年教育，学前三年毛入园率达到

50%，到2020年，基本普及学前三年教育，学前三年毛入园率达到75%以上。

在经费投入上，《实施意见》中明确各级人民政府要将学前教育经费列入财政预算。新增教育经费向学前教育倾斜。财政性学前教育经费在同级财政性教育经费中要占合理比例，未来3年要有明显提高。从2011年起，州财政每年设立学前教育专项资金500万元，纳入州级预算，专项用于全州学前教育工作。全州各县市也要安排学前教育专项经费并列入财政预算。制定优惠政策，创新投入机制，积极鼓励社会力量办园和捐资助园。家庭合理分担学前教育成本。县市人民政府要加大投入，重点支持边远地区和民族聚居地区发展学前教育。规范学前教育经费的使用和管理。

当地政府对各级政府部门在学前教育中应承担的责任做了明确的划分。在学前教育的管理体制上，坚持实行地方负责、分级管理和有关部门分工负责的学前教育管理体制。各级地方政府是发展学前教育的责任主体。

充分协调各部门资源，保证当地学前教育的良好发展。教育行政部门负责贯彻学前教育方针政策，制定有关学前教育的规章制度和发展目标并组织实施，承担对学前教育机构的业务领导；制定和完善相关标准和管理办法，对幼儿园工作进行管理和指导。机构编制部门要根据国家有关要求，会同有关部门核定公办幼儿园教职工编制。发展改革部门要把学前教育纳入当地经济和社会发展规划，支持幼儿园建设发展。财政部门要加大学前教育投入，设立学前教育专项经费，制定支持学前教育发展的优惠政策。住房和城乡建设部门将教育用地纳入城镇总体规划。人力资源和社会保障部门要制定和落实幼儿园教职工人事（劳动）管理、工资待遇、社会保障的有关规定，保障幼儿园教职工合法权益；进一步完善幼儿园教师专业技术职称（职务）评聘政策。综合治理部门要将幼儿园及周边安全管理纳入综治工作范畴。公安部门要建立和落实幼儿园安全工作责任制，加强对幼儿园安全保卫工作的指导、监督，将幼儿园纳入治安保卫重点单位，落实各项安全防范措施；负责幼儿园周边治安、交通安全整治，确保幼儿园师生人身财产安全。卫生部门负责制定有关幼儿园卫生保健方面的规章制度，监督指导幼儿园食品与饮用水卫生、生长发育监测、疾病预防，落实国家免疫规划等方面的卫生保健工作。民政、工商、质量监督、安全生产监管等部门要根据职能分工，加强对幼儿园登记、特种设备（设施）使用等方面的指导和监督检查。

（二）协调各种资源发展学前教育

政府鼓励社会力量以多种形式创办幼儿园。第一，当地政府通过保证合理用地、减免税费等方式，支持社会力量办园。积极扶持民办幼儿园特别是面向大众、收费较低的普惠性民办幼儿园的发展。凉山彝族自治州政府明确各县市要制定政府购买服务、减免租金、以奖代补、派驻公办教师等具体办法，引导和支持民办幼儿园提供普惠性服务。第二，政府要求建设好城镇小区配套幼儿园。城镇小区应根据居住区规划和居住人口规模，按照国家有关规定配套建设幼儿园。新建小区配套幼儿园要与小区同步规划、同步建设、同步交付使用。小区配套幼儿园建设用地按国家有关规定予以保障。在房地产开发项目中按规定配建幼儿园的，各县市在编制供地方案时，必须将城乡建设部门规定的配建标准及开竣工时间等，作为土地出让的前置条件，并在出让合同中明确约定。城镇小区配套幼儿园作为公共教育资源由当地教育行政部门统筹安排，办成公办幼儿园或委托办成普惠性民办幼儿园。任何单位和个人不得改变小区配套幼儿园用途。第三，努力扩大农村学前教育资源。各县市要把发展学前教育作为社会主义新农村建设的重要内容，纳入大小凉山综合扶贫开发彝家新寨建设和移民新区建设，将幼儿园作为新农村公共服务设施统一规划，优先建设，加快发展。地方各级政府要加大对农村学前教育的投入，安排专门资金，重点建设农村幼儿园，缓解农村学前教育资源短缺的情况。根据需要，全州每个乡镇原则上应按照国家幼儿园建设标准，建设独立建制的公办乡镇中心幼儿园，暂不具备独立办幼儿园条件的地方，也可依托现有乡（镇）中小学举办附设幼儿园，逐步完善县、乡、村学前教育网络。第四，制定落实发展学前教育的优惠政策。水、电、气价格继续按照《国家发改委、教育部关于学校水电气价格有关问题的通知》（发改价格〔2007〕2463号）规定执行。各县市要结合新一轮土地规划修编，认真做好土地利用总体规划与城乡规划、教育改革发展规划的衔接工作。在制订土地利用年度计划和编制年度国有建设用地供应计划时，要优先安排学前教育设施用地，并严格按照计划供应规模和时序，及时安排用地。对非营利性学前教育设施用地可以划拨方式提供。在符合规划的前提下，鼓励利用闲置的办公、厂房等低效利用或空闲土地，经批准用于改建学前教育设施。乡（镇）村幼儿园建设，经依法批准可以使用农民集体所有的土地。

（三）指导学前教育师资队伍建设

师资是学前教育质量的保证，对当地学前教育的质量有重要的影响。当地政府高度重视师资建设。政府对学前教育师资队伍的建设提出了明确要求。第一，幼儿园按照国家要求配备师资。县级教育行政部门按照国家要求制定公办幼儿园编制，逐步配齐配足幼儿园教职工。支持鼓励幼儿教师到农村幼儿园从事学前教育工作。民办幼儿园应按照国家要求的师生比配备幼儿教师。为鼓励和支持社会力量办园，县级教育行政部门要统筹安排，可采取派驻公办幼儿教师等方式，支持民办幼儿园的初期发展。第二，对幼儿教师的任教资格有明确规定。《实施意见》规定：县级教育行政部门要按照国家颁布的幼儿教师专业标准，认定幼儿教师资格，并给予注册登记，为其业务培训、专业发展、专业技术职务（职称）任职资格评审、评优评先以及有序流动提供制度保障。加强幼儿园工作人员卫生健康管理。严格实行幼儿园园长和幼儿教师持证上岗制度，严把教师入口关。各县市根据实际需要，公开招聘具备幼儿教师资格和相应条件的毕业生充实到幼儿教师队伍。对未取得教师资格证书的现任幼儿教师，要限期取得教师资格。对中小学转岗到幼儿园工作的教师，要加强转岗培训，培训合格后才能从事幼儿教育工作。第三，落实幼儿教师地位和待遇保障师资队伍的稳定性。《实施意见》规定：对纳入事业单位管理的公办幼儿园教职工，执行国家统一的工资制度，完善绩效工资分配办法。对长期在农村基层和艰苦边远地区工作的公办幼儿教师，按国家规定实行工资倾斜政策。依法落实各类幼儿园教职工相关社会保障待遇。第四，完善学前教育师资培养培训体系。《实施意见》要求加大幼儿教师培养培训力度。建立幼儿园园长和教师培训体系，满足幼儿教师多样化的学习和发展需求。按照分级管理、分级培训的原则，采取省级培训园长、州培训骨干教师、县级全员培训三级联动的方式分级组织幼儿教师培训，到2015年完成在岗幼儿教师的分级全员专业培训。

凉山彝族自治州还制定了《村级幼教点辅导员聘用条件和程序》，由县（市）教育部门严把辅导员选聘入口关。在民族聚居县必须选聘双语辅导员，其中，学前教育专业必须占一定比例。同时，制定《"一村一幼"学前教育辅导员培训方案》，坚持先培训、后上岗，按照分类培训、分级实施原则，采取州级培训骨干、县级全员培训和集中面训、幼儿园实训相结合，大力开展辅导员培训，使辅导员基本掌握幼儿教育教学基本规范、幼儿一日活动流程和常规管理策略。截至2020年8月底，凉山彝族自治州教育局共组织了12期州级培训，1 585名骨干辅导员参加。

优良师资队伍的建设为凉山彝族自治州学前教育的发展奠定了坚实的基础。

（四）建立资金投入保障体系

凉山彝族自治州政府在《实施意见》中明确了完善学前教育投入机制。

学前教育实行县级投入为主，上级适当补助，鼓励民间投资，家庭合理分担的投入机制。各级人民政府要将学前教育经费列入财政预算。新增教育经费向学前教育倾斜。财政性学前教育经费在同级财政性教育经费中要占合理比例，未来3年要有明显提高。从2011年起，州财政每年设立学前教育专项资金500万元，纳入州级预算，专项用于全州学前教育工作。全州各县市也要安排学前教育专项经费并列入财政预算。制定优惠政策，创新投入机制，积极鼓励社会力量办园和捐资助园。家庭合理分担学前教育成本。同时，鼓励社会力量以多种形式举办幼儿园。通过保证合理用地、减免税费等方式，支持社会力量办园。积极扶持民办幼儿园特别是面向大众、收费较低的普惠性民办幼儿园的发展。各县市要制定政府购买服务、减免租金、以奖代补、派驻公办教师等具体办法，引导和支持民办幼儿园提供普惠性服务。

《实施意见》在对凉山彝族自治州发展学前教育的基础条件、现实背景和主要挑战进行分析研究的基础上，提出了总体目标、基本原则、主要任务和保障措施，是当地发展学前教育近10年发展的行动纲领。《实施意见》为全州学前教育确立奋斗目标，绘出当地学前教育发展路线图。

为确保学前教育发展规划的顺利实施和目标如期实现，凉山彝族自治州制定了三大保障体系。一是建立组织领导保障体系，保障"有人办事"。在组织建设中，建立学前教育工作领导小组，加强对学前教育的组织领导，研究解决工作中遇到的困难和问题。坚持实行地方负责、分级管理和有关部门分工负责的学前教育管理体制。明确各级地方政府是发展学前教育、解决"入园难"问题的责任主体；州政府负责统筹规划学前教育发展，并制定相关政策；县市政府负责本行政区域内学前教育发展的组织实施工作，做好学前教育的布局调整、规划、公办幼儿园的建设和各类幼儿园的管理工作。二是建立资金投入保障体系，保障"有钱办事"。加大公共财政投入，实行县级投入为主、上级适当补助、鼓励民间投资、家庭合理分担的投入机制。从2011年起，州财政每年设立学前教育专项资金500万元，纳入州级预算，专项用于全州学前教育工作；全州各县市也安排学前教育专项经费并列入财政预算。制定优惠政策，创新投入机制，积极鼓励社会力量办园和捐资助园。支持鼓励有条件的幼儿园和特殊教育学校开办残疾幼儿班和学前班。重点支持边远地区和民族聚居地区发展学前教育。凉山州实施学前教育3年保教费减免政策。从2016年春季学期起，减免公办幼儿园、小学附设学前班、"一村一幼"、"一乡一园"在园幼儿学前3年保教费，省级补助每生每年700元。从2017年春季学期起，凉山州对彝族聚居区10县、木里藏族自治县农村在园幼儿（含"一村一幼"）实行每人每天 3 元的生活补助，全年按 200 天给予计算。"一村一幼"开办以来，各级财政共投入资金 5.9 亿元。三是建立制度政策环境支撑体系，保障"有章理事"。健全教育部门主管、有关部门分工负责的工作机制和学前教育联席会议制度。教育行政部门负责贯彻学前教育方针政策，制定有关学前教育的规章制度和发展目标并组织实施，承担对学前教育机构的业务领导。制定和完善相关标准和管理办法，对幼儿园实行分类定级管理。加强幼儿园园长、教师的管理，制定幼儿园园长、教师培训计划，组织培养和培训幼儿师资。充实学前教育管理和教研力量，加强对幼儿园保育教育工作的指导。明确了发展改革、财政、住房和城乡建设、国土、人力资源和社会保障、卫生等部门职责，制定了落实发展学前教育的优惠政策。

《凉山州人民政府关于进一步促进学前教育发展的实施意见》

一、把发展学前教育摆在更加重要的位置

（一）充分认识发展学前教育的重要性和紧迫性。学前教育是终身学习的开端，是国民教育体系的重要组成部分，是重要的社会公益事业。改革开放特别是进入新世纪以来，凉山州学前教育取得长足发展，普及程度逐步提高，3~5 岁适龄儿童学前三年毛入园率达 16.84%，学前一年毛入园率达 55.94%。但是，学前教育仍是凉山州基础教育最薄弱环节，主要表现为教育资源短缺、投入不足，在园幼儿总量不足、入园率低，公益性幼儿园发展滞后，师资队伍不健全，体制机制不完善，城乡区域发展不平衡，"入园难"问题突出。

当前，人民群众对发展学前教育的愿望强烈，党中央、国务院、省委省政府对发展学前教育提出了更高要求。办好学前教育，关系千千万万儿童的健康成长，关系千家万户的切身利益，关系国家和民族的未来。各级政府要充分认识发展学前教育的重要性和紧迫性，将大力发展学前教育作为贯彻落实教育规划纲要的突破口，作为推动教育事业科学发展的重要任务，作为建设社会主义和谐社会的重大民生工程，纳入政府工作重要议事日程，抓紧抓好，努力开创学前教育发展新局面。

（二）学前教育发展的原则。必须坚持公益性和普惠性，努力构建覆盖城乡、布局合理的学前教育公共服务体系，保障适龄儿童接受基本的、有质量的学前教育；必须坚持政府主导、社会参与、公办民办并举，落实各级政府责任，充分调动各方面积极性；必须坚持改革创新，着力破除制约学前教育科学发展的体制机制障碍；必须坚持因地制宜，从实际出发，为幼儿和家长提供方便就近、灵活多样、多种层次的学前教育服务；必须坚持科学育儿，遵循幼儿身心发展规律，促进幼儿健康快乐成长。

（三）学前教育发展的主要目标。到 2015 年，普及学前一年教育，学前三年毛入园率达到 50%，其中，到 2013 年，学前三年毛入园率达到 30%；到 2020 年，基本普及学前三年教育，学前三年毛入园率达到 75%以上。重视残疾儿童学前教育。

二、多种形式扩大学前教育资源

（四）大力发展公办幼儿园。提供"广覆盖、保基本"的学前教育公共服务。各级政府要加大投入，通过实施四川省民族地区教育发展十年行动计划、建设美丽富饶文明和谐安宁河谷专项规划、大小凉山综合扶贫规划、学前教育三年行动计划等建设工程，新建、改建、扩建一批安全、适用的乡镇中心幼儿园。中小学布局调整后的富余教育资源和其他富余公共资源，优先改建成幼儿园。在幼儿人数较少的乡、村由当地小学建立附设幼儿园（班），为广大农村幼儿提供接受学前教育的机会。加强示范性幼儿园建设。鼓励优质公办幼儿园举办分园或合作办园，扩大办园规模，增加优质学前教育资源。支持农村集体举办幼儿园。完善各类公办幼儿园招生办法，按照为幼儿和家长提供方便就近服务的原则，努力满足适龄儿童入园需求。

（五）鼓励社会力量以多种形式举办幼儿园。通过保证合理用地、减免税费等方式，支持社会力量办园。积极扶持民办幼儿园特别是面向大众、收费较低的普惠性民办幼儿园发展。各县市要制定政府购买服务、减免租金、以奖代补、派驻公办教师等具体办法，引导和支持民办幼儿园提供普惠性服务。民办幼儿园在审批登记、分类定级、评估指导、教师培训、职称评定、资格认定、表彰奖励等方面与公办幼儿园具有同等地位。

（六）建设好城镇小区配套幼儿园。城镇小区没有配套幼儿园的，应根据居住区规划和居住人口规模，按照国家有关规定配套建设幼儿园。新建小区配套幼儿园要与小区同步规划、同步建设、同步交付使用。小区配套幼儿园建设用地按国家有关规定予以保障。在房地产开发项目中按规定配建幼儿园的，各县市在编制供地方案时，必须将城乡建设部门规定的配建标准及开竣工时间等，作为土地出让的前置条件，并在出让合同中明确约定。城镇小区配套幼儿园作为公共教育资源由当地教育行政部门统筹安排，办成公办幼儿园或委托办成普惠性民办幼儿园。任何单位和个人不得改变小区配套幼儿园用途。城镇小区配套幼儿园规划、建设、管理使用办法由各县市制定。城镇幼儿园建设要充分考虑进城务工人员随迁子女接受学前教育的需求。

（七）努力扩大农村学前教育资源。各县市要把发展学前教育作为社会主义新农村建设的重要内容，纳入大小凉山综合扶贫开发彝家新寨建设和移民新区建设，将幼儿园作为新农村公共服务设施统一规划，优先建设，加快发展。要充分考虑农村人口分布和流动趋势，合理布局，有效使用资源。地方各级政府要加大对农村学前教育的投入，安排专门资金，重点建设农村幼儿园，缓解农村学前教育资源短缺的问题。根据需要，全州每个乡镇原则上应按照国家幼儿园建设标准，建设独立建制的公办乡镇中心幼儿园，暂不具备独立办幼儿园条件的地方，也可依托现有乡（镇）中小学举办附设幼儿园。因地制宜办好村级幼儿园，各行政村可依据实际情况单独或联合举办幼儿园（班），乡镇中心幼儿园可举办分园或教学点，逐步完善县、乡、村学前教育网络。关爱农村留守儿童，创造更多条件，着力保障留守儿童入园。充分发挥乡镇中心幼儿园对本乡镇幼儿园的示范辐射和管理指导作用，提高农村幼儿园整体办园水平。

（八）积极发展学前双语教育。学前教育是民族地区教育跨越式发展的基础，必须采取有力措施加快发展。通过实施《四川省民族地区教育发展十年行动计划（2011—2020年）》，加大对民族地区学前教育的支持力度。各县市要根据实际开办汉语和彝语双语教育，让彝族学生在学前教育中学会汉语，为义务教育阶段的学习打下基础。

（九）制定落实发展学前教育的优惠政策。水、电、气价格继续按照《国家发改委、教育部关于学校水电气价格有关问题的通知》（发改价格〔2007〕2463号）规定执行。各县市要结合新一轮土地规划修编，认真做好土地利用总体规划与城乡规划、教育改革发展规划的衔接工作。在制定土地利用年度计划和编制年度国有建设用地供应计划时，要优先安排学前教育设施用地，并严格按照计划供应规模和时序，及时安排用地。对非营利性学前教育设施用地可以划拨方式提供。在符合规划的前提下，鼓励利用闲置的办公、厂房等低效利用或空闲土地，经批准用于改建学前教育设施。乡（镇）村幼儿园建设，经依法批准可以使用农民集体所有的土地，禁止借学前教育设施建设之名，以划拨方式取得土地后改变用途用于房地产开发。

三、多种途径加强幼儿教师队伍建设

（十）加快建设高素质幼儿教师队伍。努力造就一支师德高尚、数量足够、业务精良的幼儿教师队伍。根据国家要求，县级教育行政部门根据制定的公办幼儿园编制，逐步配齐配足幼儿园教职工，确保幼儿园教育工作的正常开展。支持鼓励幼儿教师到农村幼儿园从事学前教育工作。

民办幼儿园应按照国家要求的师生比配备幼儿教师。为鼓励和支持社会力量办园，县级教育行政部门要统筹安排，可采取派驻公办幼儿教师等灵活多样的方式，支持民办幼儿园的初期发展。公办幼儿教师派驻民办幼儿园工作期间，其人事、工资关系不变，具体管理办法由各县市教育、人力资源和社会保障部门研究制定。

（十一）健全幼儿教师资格准入制度和注册登记制度。县级教育行政部门要按照国家颁布的幼儿教师专业标准，认定幼儿教师资格，并给予注册登记，为其业务培训、专业发展、专业技术职务（职称）任职资格评审、评优评先以及有序流动提供制度保障。加强幼儿园工作人员卫生健康管理。严格实行幼儿园园长和幼儿教师持证上岗制度，严把教师入口关。各县市根据实际需要，公开招聘具备幼儿教师资格和相应条件的毕业生充实到幼儿教师队伍。对未取得教师资格证书的现任幼儿教师，要限期取得教师资格。对中小学转岗到幼儿园工作的教师，要加强转岗培训，培训合格后才能从事幼儿教育工作。

（十二）依法落实幼儿教师地位和待遇。切实维护幼儿教师权益，完善落实幼儿园教职工工资保障办法、专业技术职称（职务）评聘机制和社会保障政策。对纳入事业单位管理的公办幼儿园教职工，执行国家统一的工资制度，完善绩效工资分配办法。对长期在农村基层和艰苦边远地区工作的公办幼儿教师，按国家规定实行工资倾斜政策。依法落实各类幼儿园教职工相关社会保障待遇。幼儿园园长和教师纳入教师、教育工作者表彰范围。

（十三）完善学前教育师资培养培训体系。加大幼儿教师培养培训力度。建立幼儿园园长和教师培训体系，满足幼儿教师多样化的学习和发展需求。创新培训模式，为有志于从事学前教育的非师范专业毕业生提供培训。按照分级管理、分级培训的原则，采取园长送省级培训、州培训骨干教师、县级全员培训三级联动的方式分级组织幼儿教师培训。到2015年完成在岗幼儿教师的分级全员专业培训。

四、多种渠道增加学前教育投入

（十四）完善学前教育投入机制。学前教育实行县级投入为主，上级适当补助，鼓励民间投资，家庭合理分担的投入机制。各级人民政府要将学前教育经费列入财政预算。新增教育经费向学前教育倾斜。财政性学前教育经费在同级财政性教育经费中要占合理比例，未来3年要有明显提高。从2011年起，州财政每年设立学前教育专项资金500万元，纳入州级预算，专项用于全州学前教育工作。全州各县市也要安排学前教育专项经费并列入财政预算。制定优惠政策，创新投入机制，积极鼓励社会力量办园和捐资助园。家庭合理分担学前教育成本。建立学前教育资助制度，资助家庭经济困难儿童、孤儿和残疾儿童接受普惠性学前教育。发展残疾儿童学前康复教育。支持鼓励有条件的幼儿园和特殊教育学校开办残疾幼儿班和学前班。西昌、冕宁、盐源、会理、会东等县市，要充分利用特殊教育资源，拓展残疾儿童学前教育。县市人民政府要加大投入，重点支持边远地区和民族聚居地区发展学前教育。规范学前教育经费的使用和管理。

（十五）大力改善幼儿园保教条件。按照四川省幼儿园装备标准，促进各类幼儿园配备基本的保教设施、玩教具、幼儿读物等，逐步实现幼儿园教育技术装备标准化。

五、强化幼儿园管理

（十六）规范学前教育管理。按照国家、省有关幼儿园举办场地、设施设备、教职工配备、保育教育、日常管理等方面的办园基本要求和标准，对各种类型的幼儿园实行分类管理、分类指导。县级教育行政部门负责审批各类幼儿园，建立幼儿园信息管理系统，对幼儿园实行动态监管。严格执行幼儿园准入制度，完善和落实幼儿园年检制度，年检不合格的限期整改。新举办的幼儿园须取得办园许可证，属民办非营利性的到民政部门登记，属民办营利性的依法到工商行政管理部门登记后方可开办。未取得办园许可证和未办理登记注册手续，任何单位和个人不得举办幼儿园。凡由于审批把关不严，向不合格幼儿园颁发办园许可证的要严肃追究审批单位责任。审批主管部门要加强对社会各类幼儿培训机构和早期教育指导机构的监督管理。

分类治理、妥善解决无证办园问题。县市人民政府要组织力量，对辖区内目前存在的无证办园进行全面排查，加强指导，督促整改。整改期间，要保证幼儿正常接受学前教育。经整改达到相应标准的，颁发办园许可证。整改后仍未达到保障幼儿安全、健康等基本要求的，当地政府要依法予以取缔，并妥善分流和安置幼儿。

（十七）规范幼儿园收费管理。各县市公办幼儿园要严格执行省发改委、省教育厅、省财政厅《关于转发国家发改委教育部财政部关于印发〈幼儿园收费管理暂行办法〉的通知》的要求，公办幼儿园要按照"工资全保、公用适量、收费补充"的思路，建立经费保障基本制度，规范学前教育收费。加强民办幼儿园收费管理，完善备案程序，加强分类指导。城镇新建小区配套幼儿园委托办成普惠性民办幼儿园的，参照同类公办幼儿园制定合理的收费标准。加强收费监管，严格实行收费许可证制度，建立和完善幼儿园收费公示制度，接受社会监督。有关部门要加强对幼儿园收费行为和经费使用情况的监督，对违规乱收费或平调、截留、挪用幼儿园收费的行为，给予严肃处理。

（十八）全面加强幼儿园安全工作。各级政府及其职能部门、幼儿园要牢固树立"安全第一"的意识,按照"谁主管、谁负责","谁开办、谁负责"的原则,高度重视幼儿园安全保障工作。要加大经费投入,加强物防、技防等安全设施建设,按规定配备保安人员,健全各项安全管理制度和安全责任制,落实各项措施,严防事故发生。各县市在办理幼儿园办园许可证时,要将安全办园情况作为核准的首要条件。在学前教育场所设置审批时,应当征求当地综治、公安、安监、消防等部门的意见,不符合安全办学条件的,一律不予审批。幼儿园要加强内部安全管理,经常性开展隐患排查和整治工作,切实做好楼道安全、特种设备(设施)安全、食品卫生安全、疾病防控、治安防范、消防安全、接送车辆和幼儿交接等管理工作。幼儿园的用品、用具(玩教具、絮用纤维制品)的质量应符合国家相关标准。相关部门按职能分工,采取多种措施,指导建立全覆盖的幼儿园安全防护体系,加强监督指导,为幼儿园创造良好的安全环境。要建立责任追究制度,将幼儿园安全工作纳入社会治安综合治理目标考核。幼儿园所在街道、社区和村民委员会要共同做好幼儿园安全管理工作。

六、不断提高保教质量

(十九)坚持科学保教。加强对幼儿园保教工作的指导。幼儿园要认真贯彻落实国家和省州有关加强幼儿园科学管理、提高保教质量的各项规定,遵循幼儿身心发展规律,面向全体幼儿,关注个体差异,坚持以游戏为基本活动,保教结合,寓教于乐,促进幼儿健康快乐成长。探索适合儿童的教育,开展有益儿童身心发展的活动。幼儿园应根据省级教育行政部门制定的幼儿园(学前班)教师指导用书和幼儿图书、玩教具和材料推荐使用办法,选用教师指导用书和幼儿图书、玩教具。加强对幼儿园玩教具、幼儿图书的配备与指导,为儿童创设丰富多彩的教育环境,防止和纠正幼儿园教育"小学化"倾向。促进幼儿园教育和家庭教育紧密结合,共同为幼儿的健康成长创造良好环境。

(二十)建立完善保教质量评估监管体系。加强对幼儿园保教质量的监督、检查,定期公布幼儿园保教质量评估结果。充分发挥示范性幼儿园在科学保教中的示范、带头作用。

(二十一)健全学前教育教研指导网络。加强学前教育教研员队伍建设,积极开展学前教育教研指导。完善教研员研修制度,不断提高教研员研究能力和服务水平,发挥专业引领指导作用。定期组织学前教育保教改革交流活动。推广学前教育优秀的教研成果。幼儿园要积极开展教研工作,重点解决保教工作中的实际问题,提高教师业务素质,不断提高保教质量。

七、切实加强组织领导

（二十二）加强领导，完善管理体制。坚持实行地方负责、分级管理和有关部门分工负责的学前教育管理体制。各级地方政府是发展学前教育、解决"入园难"问题的责任主体。

州政府负责统筹规划学前教育发展，并制定相关政策。县市政府负责本行政区域内学前教育发展的组织实施工作，做好学前教育的布局调整、规划、公办幼儿园的建设和各类幼儿园的管理工作。

各级政府都有维护幼儿园的治安、安全和合法权益，动员和组织家长参与早期教育活动，指导家庭幼儿教育的责任。

（二十三）抓紧实施学前教育三年行动计划。从2011年开始实施学前教育三年行动计划，新建、改扩建82所公办幼儿园，2011年，全州新建、改扩建公办幼儿园22所；2012年，新建、改扩建公办幼儿园30所；2013年，新建、改扩建公办幼儿园30所。

（二十四）明确部门职责，完善工作机制。健全教育部门主管、有关部门分工负责的工作机制，形成推动学前教育发展的合力。州、县市政府建立由政府领导、有关部门参加的学前教育联席会议制度。

教育行政部门是学前教育的主管部门，负责贯彻学前教育方针政策，制定有关学前教育的规章制度和发展目标并组织实施，承担对学前教育机构的业务领导；制定和完善相关标准和管理办法，对幼儿园实行分类定级管理；加强幼儿园园长、教师的管理，制定幼儿园园长、教师培训计划，组织培养和培训幼儿师资；充实学前教育管理和教研力量，加强对幼儿园保育教育工作的指导。

机构编制部门要根据国家有关要求，会同有关部门核定公办幼儿园教职工编制。

发展改革部门要把学前教育纳入当地经济和社会发展规划，支持幼儿园建设发展，继续实施农村学前教育推进工程试点项目和藏区双语幼儿园建设项目。

财政部门要加大学前教育投入，设立学前教育专项经费，制定支持学前教育发展的优惠政策。

住房城乡建设部门要根据《城乡规划法》的相关规定，将教育用地纳入城镇总体规划；根据国家居住小区的相关规划建设规范，将学前教育用地纳入当地城镇控制性规划或村庄规划，保证学前教育用地；未按规定安排配套幼儿园建设的小区规划不予审批；对于经批准的规划所确定的学前教育设施和教育用地，要严格维护其严肃性，不得随意改变用地性质。

国土资源部门要制定幼儿园建设用地的优惠政策，按照国家有关规定落实城镇小区配套幼儿园和新农村配套幼儿园的建设用地。

人力资源社会保障部门要制定和落实幼儿园教职工人事（劳动）管理、工资待遇、社会保障的有关规定，保障幼儿园教职工合法权益；进一步完善幼儿园教师专业技术职称（职务）评聘政策。

综治部门要将幼儿园及周边安全管理纳入综治工作范畴，会同公安机关加强对幼儿园的综治工作检查，排查隐患，督促整改；建立由综治部门牵头，教育、公安、卫生等部门参加的综治联席会议制度；建立健全督导考核和责任追究制度；严格落实责任倒查制度。

公安部门要建立和落实幼儿园安全工作责任制，加强对幼儿园安全保卫工作的指导、监督，将幼儿园纳入治安保卫重点单位，落实各项安全防范措施；负责幼儿园周边治安、交通安全整治，会同教育等部门、加强对幼儿园校车、校车驾驶员的审核和管理；依法严厉打击各类涉园违法犯罪活动，确保幼儿园师生人身财产安全。

卫生部门负责制定有关幼儿园卫生保健方面的规章制度，监督指导幼儿园食品与饮用水卫生、生长发育监测、疾病预防，落实国家免疫规划等方面的卫生保健工作。

民政、工商、质量监督、安全生产监管等部门要根据职能分工，加强对幼儿园登记、特种设备（设施）使用等方面的指导和监督检查。

妇联、民政等部门要积极开展对家庭教育的宣传指导，抓好关爱失依儿童、留守儿童、单亲家庭等特殊儿童群体的关爱行动，进一步推进家庭教育工作深入发展。

残联要积极开展对残疾儿童早期教育的宣传指导。

充分发挥城乡基层自治组织的作用，建立城市社区居民委员会、农村村民委员会和家长共同参与幼儿园管理和监督的机制。

（二十五）加强督促检查。将学前教育发展情况纳入政府目标考核重要内容，建立健全督促检查、考核奖惩和问责机制，地方政府主要负责人是第一责任人。建立学前教育督导检查制度。各级教育督导部门要把学前教育作为督导重点，加强对地方政府责任落实、教师队伍建设、经费投入、安全管理、规范办园等方面的督导检查。县市级教育督导部门原则上每年应对所辖区内的幼儿园进行一次专项督导检查；州级教育督导部门原则上在三年内应对所辖县市学前教育进行一次专项督导检查。督导评估结果向社会公示，并逐级上报上级教育行政部门和教育督导部门备查。各级政府和教育主管部门要组织宣传和推广先进经验，营造全社会关心支持学前教育的良好氛围。

（五）以"学前学普"作为学前教育发展突破点

首先，推广普通话是脱贫攻坚的重要手段。"扶贫先扶智，扶智先通语"，推广普通话是凉山州脱贫攻坚的重要手段。语言是重要的交流工具，普通话是我国各民族的通用语言，听懂、能说普通话是贫困群体提高自身素质，参与市场劳动，摆脱贫困的重要前提。国家在实施《推普脱贫攻坚行动计划（2018—2020年）》时，要求着力提高贫困地区青壮年劳动力普通话交流能力，要求到2020年，贫困家庭新增劳动力人口应全部具有国家通用语言文字沟通交流能力，为摆脱贫困打好语言基础。为切实发挥国家通用语言在脱贫攻坚中的基础性作用，加大教育脱贫攻坚力度，阻断贫困代际传递，2018年5月，国务院扶贫办、教育部在凉山彝族自治州启动了"学前学普"行动试点工作，通过帮助学前儿童学会普通话，打牢今后学习和与外界沟通的语言基础，促进孩子健康成长。"学前学普"行动是凉山教育扶贫的先导工程、脱贫攻坚的希望工程、民族发展的奠基工程。"学前学普"行动是阻断贫困代际传递、打赢脱贫攻坚硬仗的重要举措，是凉山彝族自治州脱贫攻坚的特色指标，同时也承担着为国家在民族地区推广"学前学普"行动探索路径的试点任务。

其次，推广普通话的重点在少数民族聚居区。凉山彝族自治州作为全国最大的彝族聚居区，当地少数民族人口比例较大，如布拖县高达97.2%，昭觉县高达98.4%①。这些地区由于地理位置偏远，与外界交流机会少，很多彝族群众仅能使用彝语进行交流，既听不懂也不会讲普通话，与人沟通交流困难，制约了当地人技能的学习。这种状况成了当地脱贫的一道障碍。因此，应将少数民族地区，特别是凉山彝族自治州偏远落后的地区作为推广普通话的重点地区。本次"学前学普"行动试点阶段覆盖11个深度贫困县幼教点。

最后，推广普通话应从儿童抓起。第一，幼儿是语言发展的关键期，在此阶段学习普通话效率最高。第二，幼儿期学习普通话有利于后续教育的接续。幼儿期不能掌握普通话，在小学、中学的学习中将会因为语言障碍影响学习效果，影响学生学习积极性。第三，学前学习普通话有利于形成普通话思维。学前学会普通话能使幼儿掌握交际工具，在潜移默化中形成民族团结和国家统一的强烈意识。第四，幼儿学习普通话与保护少数民族语言并不矛盾。在幼儿学

---

① 赵俊超，张云华. 学前推广普通话是民族地区发展的战略举措 [J]. 开放导报，2019（8）：45-47.

习普通话的过程中，只会多具备一门工具和生存技能，并不会丧失民族母语能力。从多方面来看，儿童期都是学习普通话的最佳时期。

凉山彝族自治州自身环境相对闭塞，以及作为少数民族自治州，教育发展相对滞后，当地少数民族儿童不会说普通话不仅影响其顺利接受教育，也影响当地群众对外交流的能力。发展教育是从根本上解决贫困的途径，学前教育是教育发展的基础，而在学前教育的发展中，推广普通话又是其中的关键。因此，在凉山彝族自治州学前教育发展中，政府将"学前学普"作为学前教育发展的关键，"学前学普"在凉山彝族自治州脱贫攻坚工作中，以及在当地学前教育的发展中都是重要的工作。

三、凉山彝族自治州各地发展学前教育的经验

凉山彝族自治州内各县的学前教育发展的基础不同，实际情况也存在一定的差异。在凉山彝族自治州人民政府《实施意见》指导的基础上，凉山彝族自治州各县针对其学前教育发展的特点，分别采取了针对当地实际情况的发展学前教育的措施。

（一）昭觉县发展学前教育的经验

针对昭觉县学前教育落后的现状，当地政府发挥政府的主导作用联合各个部门采取多种方式为学前教育的发展提供多方面保障。昭觉县在发展学前教育方面主要有以下经验：

第一，增加学前教育供给。为解决当地农村低年级学生没有汉语基础导致"读望天书"的问题，自 2013 年起该县探索推行"1 年学前教育加 9 年义务教育"的模式，从 2015 年开始，又通过整合村社小学校舍资源、借用村活动室、租用民房等方式开办"一村一幼"、新建"一乡一园"扩大学前教育的规模。2019 年学前三年毛入园率达 89.76%，普惠性学前教育覆盖率 100%，一年级接受过学前教育的学生比例达到 100%。在园幼儿按 700 元/年的标准免除保育保教费，农村幼儿按 3 元/天的标准提供午餐补助。在学前教育教学上，该县采取"彝汉双语"教学的模式，通过教会学前儿童简单的汉语表达交流、养成良好的行为习惯、培养初步的纪律意识和规则意识，帮助农村彝族孩子实现语言和健康文明生活方式的过渡，为幼儿顺利开始一年级学习、提高教育教学质量、推动教育脱贫攻坚奠定坚实基础。

第二，加强各方面规范管理。为提升幼教辅导员保育保教能力，2015 年以来，昭觉县开展了 10 期"一村一幼"辅导员师德师风、行为礼仪规范、幼儿园安全工作、普通话、口语、游戏、幼儿歌曲、美术活动、实训等方面的培训，累计完成培训 2 426 人次。为规范管理，昭觉县制定了辅导员职责、教学常规管理、午餐配备、饮食卫生、交通安全、资产管理等各项规章制度，并由各乡镇中心校负责幼教点常规管理。按照 2 000 元/月的标准及时足额发放了辅导员劳务报酬。各"一村一幼"幼教点根据自身实际情况，有 84 个幼教点采取食堂供餐模式，有 186 个幼教点采取企业供餐模式。这种方式有效保障了幼儿餐食的卫生和质量。

第三，政府主导加强普通话教育的推进。自 2018 年 5 月启动"学前学普"工作以来，当地政府高度重视，成立了以县长为组长，分管副县长为副组长，县政府办、县委宣传部、县目督办、财政局、教科局、县扶贫移民局、县语委等相关部门负责人为成员的工作领导小组，确保"学前学普"工作有序推进。积极响应国家号召大力推进"学前学普"活动，并举办了"凉山州学前学会普通话"项目启动仪式。当地根据凉山州学前学会普通话行动实施方案精神，结合当地实际，制定了《昭觉县学前学会普通话行动工作实施方案（2018—2020 年）》，县教科局主要负责幼教辅导员和学生的组织管理、协调等工作；县扶贫和移民局将学前学会普通话行动纳入脱贫攻坚考核的重要内容；县委宣传部负责正确引导舆论方向，加强舆论监管，及时正面宣传学前学会普通话行动的推进情况和实施成效；县语委参与教学监管及效果评估；乡镇党委政府、村"两委"及乡镇中心校负责本地实施推进工作，驻村工作队安排专人负责工作推动。2018 年 9 月，昭觉县与好未来集团学而思网校开展了学而思网校—昭觉县"AI 老师智慧教育"战略合作启动仪式，学而思网校免费为该县提供深度定制的价值 200 万元的"AI 老师普通话教学"软件，从 2018 年 9 月 5 日开始在教学点 123 个班级和 1 个幼教点使用。彝汉双语"AI 老师普通话"教学系统电脑版，到上学期开学，在解放沟乡的火普村、四开乡的洛且吾村、城北乡的普提村、庆恒乡马处村等 51 个幼教点用于日常教学活动，直接覆盖幼儿 1 920 人，使当地幼儿普通话水平得以提升。

昭觉县还制定了《昭觉县"学前学会普通话"行动推进暨辅导员培训实施计划》《昭觉县学前学会普通话行动村级幼教点辅导员集中培训管理制度》，并在解放乡火普村、三河乡三河村、四开乡洒瓦洛且博村、城北乡普提村 4 个幼教点启动试点"学前学普"项目，与北京师范大学继续教育与教师培训学院联合举办了"学前学普"行动推进暨村级幼教点辅导员培训，培训"一村一幼"辅导员 1 162 名,全面提升幼教点辅导员业务水平。

当地政府加强对辅导员队伍的管理。对聘用的辅导员采取对岗申报,考试由幼儿专业知识和普通话测试相结合的方式进行,对于缺口的辅导员,及时聘用"一村一幼"临时辅导员,并按照《凉山州学前教育村级幼儿教学点管理办法及规章制度》切实加强对幼教点及辅导员的管理,对不合格的辅导员进行清理辞退。

通过当地学前教育工作的开展,幼儿的简单汉语表达交流能力明显提升,养成了良好的行为习惯、培养了初步的纪律意识和规则意识,实现了语言的进步和健康文明生活方式的形成,为其顺利开始一年级学习、提高教育教学质量、推动教育脱贫攻坚奠定了坚实基础。2017—2018 学年度上期统测成绩与2013—2014 学年度上期(全县尚未全面实施学前教育前)统测成绩相比,一年级语文成绩提升了 16.03 分、数学提升了 20.22 分。这一系列工作的开展,让群众实实在在感受到了就读过学前教育后带来的变化,群众送子女上学的积极性更是得到了空前的高涨,城区学校、农村乡镇中心校学生容量都达到了超负荷运转状态,在一定程度上既解决了学生的入学巩固问题,也让边远贫困山区民族学生的综合素质得到稳步提升,教育教学质量逐年提高,为民族地区下一代素质提升提供了强有力的支撑和保障。

(二)布拖县发展学前教育的经验

布拖县彝族人口占比大,很多幼儿普通话水平低,既影响进一步的学习,也制约着当地人口素质的进一步提高。针对当地的实际特点,布拖县在发展学前教育方面采取了以下措施:

第一,做好学前教育发展规划。对当地学龄前儿童进行一次全面摸底排查,建好数据库,强化动态管理。对已有幼儿园及其硬件设施、办学规模、师资队伍等开展集中调研,认真分析现状,抓紧编制出台布拖县学前教育发展总体规划。在幼儿园布局规划方面,当地在"一村一幼"的基础上,对一些居住分散的村采取一村多点的布局,提升儿童入园的便利度;在班级设置方面,针对当地儿童上学年龄参差不齐、普通话程度高低不一的情况,幼儿园制定差异化的教学进度,方便各类学生能顺利衔接小学教育课程。

第二,加大经费投入,夯实基础。从 2015 年开始,县财政每年安排不少于 200 万元的经费支持农村学前教育发展,逐步扩大学前教育办学规模。2015年,还规划建设 5 所公办幼儿园或校中园、2 所民办幼儿园,开办 58 个教学班,招录 2 200 人。当地通过扩大学前教育办学规模让当地更多幼儿能享受幼儿教育资源。

第三，整合各方资源，创新办学。鼓励和支持社会资本参与发展学前教育，在土地使用、资质审批、购买服务等方面给予大力支持。积极争取社会慈善机构支持，继续开展好整乡普及学前教育试点工作，完善"政府—慈善机构"合作模式。比如，在幼儿营养餐这点上，当地政府通过整合多方资源，保障了学前儿童营养。布拖县积极对接多方力量，打造"政府+社会机构+农民"的学前教育机制。首先，联动社会力量，提高餐费标准。当地教育局积极对接社会公益基金，与中国社会福利基金会形成帮扶合作，在原来3元的标准下，有将近一半幼儿园获得额外1元资助，基本保障一肉一菜一主食标准，从原先无热食餐变为有热食餐，大大解决了孩子们冬天用餐困难的问题。其次，区域化联动，降低运营成本。当地按照区域位置特点建立中心食堂，给邻近幼儿园统一配送饭菜，大大降低了基础设施、人力资本等投入成本。最后，整合资源，保障基本营养。对于一些未获得基金会1元营养补助的幼儿园，当地充分发挥能动性，将有条件的幼儿园与小学合在一起用餐。

第四，完善用人机制，建强队伍。树立"不求所有、但求所用"的理念，通过四川省人社厅、西昌学院、会理县等的对口帮扶，以异地讲学、交流考察、科研活动、兼职挂职、聘请顾问等"借才借智"形式引进人才、培养人才。例如，北京师范大学继续教育与教师培训学员的教授们为布拖县的320名"一村一幼"辅导员进行培训，川西北石油医院到布拖开展"学前学普"辅导员健康教育专题讲座。在布拖县学前教育发展过程中，强师资，壮队伍，奠基础，提升辅导员水平，是一个重要的经验。

第五，以"学前学普"作为学前教育发展的突破口。2018年，原国务院扶贫办、教育部在凉山州启动实施"学前学普"行动试点，以"听懂、会说、敢说、会用"普通话为总体目标，当地政府对所有幼儿园从设施设备、师资力量、工作管理以及督查考核等方面全面推进。"学前学普"行动开始之前，布拖县和凉山州许多农村地区面临的情形一样，很大一部分学前儿童在接受义务教育之前不会用普通话进行沟通交流，这就导致他们在进入义务教育阶段后，上课听不懂、学习跟不上、学习效率低、学习效果不理想，升学就业都受到影响。学前教育成为布拖脱贫攻坚"短板中的短板"，也成为布拖贫困代际传递的根本原因之一。为全面加快全县"学前学普"行动的推动速度，根据《凉山州"学前学会普通话"行动实施方案（2018—2020年）》，从2019年9月起，按照"调研摸底、制定方案、全面实施、总结优化、长效推进"的工作步骤，布拖在全县范围内全面启动"学前学普"行动全覆盖工作。布拖还对"学前学普"在全县幼儿园、幼教点的实施工作进行总结和提炼，形成具有易复制、可推广的布拖特色的"学前学普"行动经验、模式和行动长效工作机制。全面实现全县所有幼儿园、幼教点在"学前学普"行动管理模式、课程方案、教学模式以及辅导员、幼儿教师教学能力、教学效果的监测评估与考核等方面形成稳定的长效工作机制。截至2021年年底，学前儿童普通话合格率达80%以上，幼升小学生成绩提升幅度平均单科超过10分。据飞普村中心校长介绍，在推行普通话之前，学生一般要到小学三年级才能完全听懂汉语，现在入学一年级就能听懂；没有经过学普教育的孩子一年级成绩平均在20~30分，接受学普教育的学生成绩能达到70分左右①。

（三）美姑县发展学前教育的经验

美姑县作为凉山州的彝族聚居县之一，学前教育发展的基础薄弱，针对当地实际，美姑县在发展学前教育方面主要有以下经验：

第一，确定学前教育的地位。在教育发展中，美姑确立了"抓两头，带中间"的总体思路，"两头"就是学前教育和高中教育，将学前教育放在比义务教育更重要的位置上，投入大量资源促进学前教育发展。

第二，制定相关文件规范学前教育发展。自2015年10月全面启动"一村一幼"工作以来，美姑县相继出台了《美姑县学前教育村级幼儿教学点管理办法（试行）》《美姑县"一村一幼"管理方案（试行）》《美姑县一村一幼4~6岁学前教育主题活动设计（试用）》《美姑县"一村一幼"幼儿一日生活安排》等文件，对教学点的教育教学、卫生安全等管理措施，教学的主题活动及要求进行了具体细化。通过使用村活动室、租用民房、整合闲置校舍资源等方式，加快"一村一幼"幼教点建设。当地通过颁布相关文件，对当地学前教育的发展和实施进行了规范，保障了学前教育的良性发展。

第三，动员多方力量参与学前教育发展。学校教育应该从校内向校外延伸拓展，把学校、家庭、社会三者紧密联系起来，互相渗透、互相促进，形成统一的教育网络。美姑逐步形成了"政府主导、社会参与、家庭配合"全民参与教育的局面。当地政府不仅承担了其在学前教育发展中的应有的责任，同时还积极动员社会力量参与学前教育的发展，从资金、师资培训等各方面加强学前教育的发展，并动员家长力量配合学前教育工作的开展，取得了教育多方合

---

① 董潇，冯丹萌，鲁雨，等. 少数民族脱贫地区学前教育机制探索：基于四川布拖县的调研[J]. 农村工作通讯，2021（15）：51-52.

力共同作用的效果，使当地学前教育的发展得到了更好的保障。

第四，优化资源，为学前教育发展提供保障。首先，美姑在发展学前教育过程中努力改善办学条件。2010年，县委、县政府将原计划用于修建县委办公大楼的土地划拨给县教育局作为学前教育建设用地，并在财政极其困难的情况下，投入资金800万元，新建了美姑县城关第一幼儿园。同时，该县与珠海市达成协议，投入资金400万元新建城关第二幼儿园。美姑县争取在各片区中心校所在地至少建成一所独立园舍的公办中心幼儿园。其次，该县多方筹措资金，整合彝家新寨建设等资金，着力开展学前教育。美姑县在大力推进彝家新寨建设的同时，推进公共服务延伸覆盖，建设集教育培训、便民服务等于一体的"1+N"多功能村民活动中心，并以此为载体，开展学前以及小学教育。美姑县以县为主统筹整合各类扶贫资金，不断加大经费投入，重点保障幼教点建设和幼儿园设施设备、辅导员和幼儿教师培训、教育教学活动。加快学前教育基础设施建设，根据实际招收学生人数，及时查漏补缺，参照"凉山州'一村一幼'幼教点基本设施设备参考目录"标准，补全每个班需配备的桌椅、睡床、储物柜、饮水机、消毒柜、黑板、图书架、玩具柜、电视机、DVD播放机等设施设备。

第五，大力推进"学前学普"。该县为解决幼儿"听懂、会说、敢说、会用"普通话的目标，大力开展汉语教育科研工作和开展教育，极大地促进了彝族学生汉语（普通话）表达能力的提升，解决了学生的语言障碍关，为教育教学质量的全面提升打下了坚实的基础。在当地政府的高度重视下，第一时间编制《美姑县"学前学会学普通话"行动全覆盖工作实施方案》，指出要实现具有正常学习能力的3~6岁学龄前儿童，在接受义务教育前能够使用普通话进行沟通交流，形成普通话思维习惯，达到听懂、会说、敢说、会用普通话的目标。在行动推进半年内，所有幼教点幼儿实现300句日常用语全部听得懂，50%的幼儿实现普通话基本交流对话。一年半内，幼儿可进行300句日常用语会话。两年内，实现常见的动植物等的图片识别和普通话描述，沟通交流无障碍。当地政府还成立了县学前学会普通话行动实施工作领导小组，由相关部门负责人组成成员，全面统筹学前学会普通话行动实施工作。

（四）金阳县发展学前教育的经验

金阳县学前教育发展基础差，当地政府根据实际情况在发展学前教育方面主要采取了以下措施：

第一，发挥政府的宏观安排作用。金阳县将学前教育"一村一幼"纳入经济社会发展规划和公共服务体系，以超常规的力度、措施，强化县级统筹，优化配置学前教育资源、师资力量，满足全县各族人民对学前教育的需求。充分发挥政府在教育发展中的主导作用。

第二，注重整合闲置公共资源，解决校舍难题。遵循因地制宜原则，充分整合利用富余公共资源，通过改造村小闲置校舍、村委会活动室、民俗活动场所、租用民房等，在尚未覆盖学前教育资源的行政村和人口较多、居住集中的自然村设立幼教点。每个村设立一个点，每个点开设 1 个或多个混龄班。截至 2019 年 3 月底，该县共有 226 个幼教点，299 个教学班，覆盖了 176 个行政村，实现了"一村一幼"全覆盖，着力解决了彝族聚居区农村学前幼儿从母语向普通话过渡的障碍，帮助孩子们养成了良好的行为习惯，从源头上打破"贫困积累循环效应"，从根本上阻断贫困代际传递。

第三，优化辅导员队伍建设。当地政府出台村级幼教点辅导员选聘实施方案，对每一位村幼辅导员按照学历、年龄、学业水平等进行重新考核聘用。解聘考核不合格的辅导员，同时新聘或续聘合格辅导员以不断提高辅导员队伍业务水平。同时，当地政府组织辅导员参加各类业务培训活动，帮助辅导员不断提高专业水平，通过各种方式优化了辅导员队伍。

第四，注重教材建设。金阳县成立"一村一幼"辅导员用书编委会，加强普通话辅导和相关保育工作，重点解决学前幼儿的"语言关"问题，为其进入义务教育阶段学习打下基础。该县以《3~6 周岁儿童学习与发展指南》为指导，组织幼儿教育专家为幼教点编写具有当地传承文化特点、体现社会主义核心价值观的图书和音像教材，并免费提供给幼教点使用。教材的编写既满足了幼儿普通话学习的需要，又充分结合当地特色资源，在使用中更贴近幼儿生活，改善了教材使用的效果。

第五，规范管理。金阳县教科局出台了《进一步加强"一村一幼"管理的通知》等一系列文件，进一步明确职责，规范对各幼教点的管理，着力改善幼儿行为习惯，突出抓好每日"三洗"工作，让幼儿养成讲卫生、爱学习的好习惯，家校携手共育促进儿童健康成长。相关文件对学前教育的发展做出了具体要求，使当地学前教育的发展更加规范化。

第六，扎实推进学前学会普通话工作。当地成立"金阳县学前学会普通话行动实施工作领导小组"，安排指导全县"学前学普"各项工作，确保"学普"工作顺利实施。加强培训力度。2018 年 6 月以来，依托北京师范大学、成都师范学院、四川省机关事务管理局，共计培训辅导员 1 406 人次，实现全员轮训。教师进修校成立学前教育名师工作坊，由教学经验丰富的老师任坊主，开展"学普"教研工作。在春江乡幺米沱村幼教点辅导员老师开展教学活动时，老师每提一个问题，孩子们都争着回答、表演，辅导员还和孩子们开展互动游戏、儿歌律动、手指游戏活动，孩子们用普通话交流、唱歌，还边唱边跳，十分自信。"叔叔阿姨早上好！"走进桃坪乡溜堵村幼教点，孩子们异口同声地打招呼，非常热情。生动活泼的漫画图案把教室装点得五彩缤纷。刚满 6 岁的马医敏用流利的普通话做自我介绍："我叫马医敏，今年 6 岁，我家有 7 口人，爸爸、妈妈、爷爷、奶奶还有我和弟弟妹妹……"辅导员介绍，马医敏所在的班有 23 个学生，只有 5 个是汉族学生。刚来的时候彝族学生们普遍一句汉语都听不懂，通过"学前学普"，现在已经能将普通话用在日常交流和学习当中了。据当地相关工作人员介绍，如今幼儿园里的学生已经能够用普通话进行正常的交流，甚至当地村干部到他们家了解情况时，他们还能充当"翻译"。"在语言方面，这些孩子和城里的孩子已经没有区别。"通过学前学普工作的推进，当地幼儿突破了语言关，为进一步学习奠定了基础。

（五）雷波县发展学前教育的经验

针对雷波县学前教育的实际情况，雷波县在发展学前教育方面主要有以下经验：

第一，党政重视，规划先行。该县成立了以县委书记、县长为双组长的教育发展工作领导小组，每年专题研究解决教育发展重大问题。按照"校点调少、规模调大、队伍调优、质量调高"的思路，调整学校布局。雷波县在学前教育布局上按照相对集中原则，立足现有幼儿园、幼教点情况，结合当地山高坡陡、人居分散的实际，统筹考虑精准脱贫、移民搬迁等因素，兼顾居住边远、分散的群众对学前教育的需求，以"一乡一园""一村一幼"为目标，覆盖集中居住的"大多数"；以"一幼多点"为布局，兼顾分散居住的"极少数"，大力建设普通话教学阵地，实行集中教育、集中学习、集中交流，提升"学前学普"成效。自 2016 年以来，幼教点基本配备电视、玩具等教学设施，部分配备床上用品，办园条件得到极大改善，农村学前教育设施全部达标。

雷波县政府对学前教育的重视，还体现在以政策制度规范学前教育的发展。当地制定出台《雷波县学前教育发展规划》等一系列文件，明确了教育发展的总体思路。

第二，加大投入，保障资金，下决心夯实教育发展基础。教育经费优先保障，教育用地优先协调，教育困难优先解决。千方百计筹措资金办教育，持续改善学校办学条件。积极协调各种社会力量筹措办学资金。三峡集团捐助

1 700 万元用于"学前学普"补短板、人才引进及培训项目；佛山市顺德区资助 499 万元用于购置学前教育设施；广东佛山东西部协作捐助 740 余万元作为学普经费；宜宾市翠屏区捐助 20 万元，用于低昂地幼教点环境创设，另捐助 30 万元为杉树堡乡五里幼儿园购置幼教设施设备；经中央纪委协调，中国发展研究基金会投入 130 万元改造"一村一幼"厨房 60 个，让在园幼儿吃上热饭、喝上热汤、饮上热水，另投入 60 余万元购买幼儿睡床。

第三，协调资源，促进发展。雷波县协调省教育厅帮扶雷波县，为雷波县量身定制帮扶计划，强力推进教育信息化，建成"三通两平台"，教育装备标准化建设全面完成，利用"互联网+"的思维和技术，开展远程同步教学，邀请名师线上直播，为学习者提供智慧、高效的教育服务。四川省教育厅机关处室"一对一"与雷波县各类学校建立结对共建机制，切实解决学校发展中的实际问题，并派出含机关及直属事业单位人员和全省教育系统的大量的优秀干部、教师赴雷波县开展综合帮扶，每年协调 8 所高校安排 100 余名学生到雷波县顶岗支教。协调中国发展研究基金会在雷波县实施"阳光起点计划"项目，其中包括"慧育中国·山村入户早教计划""儿童营养改善""一村一幼质量提升"三个子项目。慧育中国项目启动以来，共募集捐赠资金约 1 300 万元，项目覆盖全县 141 个行政村适龄儿童 2 881 人，累计惠及适龄儿童 3 913 人。协调北京师范大学、四川省教育厅、广东佛山市、宜宾市翠屏区、西南民族大学、四川省教育科学研究院、四川管理职业学院等省内外教育教学专家分 67 批次 1 168 余人到雷波县开展教育帮扶工作，对当地教师开展有针对性的培训。雷波县发挥广东省佛山市顺德区、四川省宜宾市翠屏区等帮扶地区的人才、资金、资源优势，合力推进"学前学普"工作。

第四，强化队伍建设，建立完善教师补充、培养、培训、支教、帮扶、激励各类长效机制，推进目标考核阶段化、内部管理精细化、良性竞争全员化。补充合格教师，同时充分发挥帮扶教师的"传帮带"作用，帮助当地教师迅速成长。综合帮扶志愿服务队，由 26 名援彝教师牵头开展县内跨区域教研工作。加强培养教学人才。在"学前学普"项目中，以"发音标准、吐词清晰、表述准确"为标准，打造"能说会道"的教师和辅导员队伍。强化师资培训，采取"请进来"与"走出去"两种方式，利用假期开展各类培训，出台政策鼓励教师、辅导员考取普通话等级证书，及时清退不合格辅导员，确保辅导员教学语言水平达标。截至 2021 年年底，全县公立幼儿园教师普通话水平均在二级甲等以上，幼教点辅导员基本实现用普通话交流和教学，辅导员普通话通过率已达92%①。

第五，持续用力抓好"学前学普"工作。自"学前学普"行动启动以来，共投入资金 1.1 亿余元，开办幼教点 299 个，招聘辅导员 878 名，普通话达标率 80.7%，学前儿童实现了从听不懂普通话、害怕交流到能听懂、会说、敢说、会用普通话的转变。

通过各种措施发展当地学前教育，截至 2020 年年底，雷波全县共有幼儿园 24 所，"一村一幼"幼教点 306 个、436 个班、871 名辅导员，在园幼儿 18 411 人。为实现"一村一幼"全覆盖，该县还投入 1.1 亿元资金建成"一乡一园"38 所，投入学前学普专项资金 526.31 万元，171 个退出村学前教育设施全部达标，全县学前教育入园率达到 90.1%。

以上各县通过各种措施和手段发展当地学前教育取得了一定的成绩。虽然各县根据自身实际采取了具体的学前教育发展措施，但从它们的经验中也发现一些共同点。

第一，政府充分发挥主导作用。从以上各县的经验中都体现了政府对当地学前教育发展的总体规划及政府在学前教育发展中提供相应的资源。2020 年发布的《中华人民共和国学前教育法草案（征求意见稿）》中明确了政府在学前教育发展中的责任。第一章第七条明确提出：国家普及学前教育，构建覆盖城乡、布局合理、公益普惠的学前教育公共服务体系。国务院和地方各级人民政府应当依法履行职责，合理配置资源，缩小城乡之间、区域之间学前教育发展差距，为学前儿童接受学前教育提供条件和支持。国家采取措施，支持革命老区、民族地区、边疆地区和贫困地区发展学前教育。《中华人民共和国学前教育法草案（征求意见稿）》进一步明确了各级地方政府在当地学前教育发展中应承担的责任，同时也为地方政府发展学前教育工作的开展提供了保障。以上各县在发展学前教育过程中，政府充分发挥其宏观调控的作用，对当地学前教育进行总体规划，并出台相应的政策保障和规范学前教育的发展，使当地学前教育的发展不仅有明确的目标指引，而且有相应的制度保障。

第二，有效协调各类资源。教育的发展需要资金、设备、场地、师资等各类资源。在资源投入方面虽然政府起主要作用，但政府资源配置能力有限，需要调动社会各方面力量共同参与学前教育的发展。上述地区在脱贫攻坚完成之前本是贫困地区，政府财力有限，对资源的投入难以满足当地学前教育的发展需要，学前教育发展的各类资源相对匮乏，发展阻碍较大。为解决资源不足的

---

① 阿汝洛日."学前学普"从"破题"到"深耕"[J]. 中国民族教育，2021（5）：30-32.

问题，以上各县的共同经验就是充分调动多种力量参与学前教育的发展，不仅借助社会组织，如各类慈善组织、企业等为学前教育筹集资金，而且借助帮扶单位或是其他高校为学前教育的师资队伍建设提供有力支持。从硬件、软件等多方面加强对学前教育的资源投入，通过协调各种组织优化各类资源，为当地学前教育解决了资源匮乏的困难。

第三，重视"学前学普"的推进。语言是影响儿童将来学习效果的重要技能，也是贫困地区人们与外界交流沟通的重要工具，从幼儿抓起，让当地幼儿"听懂、会说、敢说、会用"普通话，是促进个体持续以及使当地人口脱贫的根本。因此，凉山彝族聚居区当地政府都将"学前学普"作为发展当地学前教育的突破口。

第四，重视师资队伍的建设。在学前教育发展中，师资队伍的建设至关重要。但目前，凉山彝族聚居区学前教育师资队伍建设无论是数量、结构还是质量等还存在很多问题，这就需要对学前教育师资队伍建设提出可行性的改进策略，以促进当地幼儿教师专业发展，从而助推当地学前教育质量的提高。凉山彝族聚居区政府也充分认识到师资队伍建设在学前教育发展中的重要作用，都各自制定了相应的措施以提高当地师资水平，从师资选聘、激励政策及师资培训等多方面着力建立一支高水平、稳定的学前教育师资队伍，保证学前教育的良好发展。

四、凉山彝族自治州学前教育发展经验的特点

在凉山彝族自治州教育脱贫的过程中，凉山彝族自治州贫困地区学前教育的发展主要依托"学前学普"行动的开展，在开展的过程中其经验也体现出了当地的特点。

（一）明确目标

"学前学普"行动不仅是语言学习项目，而且是语言助力脱贫的关键。在制定行动目标时，必须基于民族地区学前儿童语言学习环境并遵循幼儿语言发展规律，符合国家关于学习推广国家通用语言文字的标准，达到顺利衔接义务教育学习的要求，解决进入小学后听不懂、不会说、学习跟不上、失学辍学等问题。基于此，凉山彝族自治州学普办在充分调研和反复论证的基础上，研究确定"听懂、会说、敢说、会用"普通话的行动目标，兼顾"讲卫生、懂礼

貌、爱学习"的工作目标,明确的目标引导贫困地区学前教育有计划地发展。不论是当地政府还是其他参与企业,都将儿童克服"语言关"作为当地学前教育发展的突破口,以"学前学普"项目的开展从根源上提升当地学前教育的健康持续发展。

(二) 找准短板

凉山彝族自治州一方面找准学前教育发展的短板。当地学前教育发展基础差,要实现学前教育的良好发展必须找准制约其发展的根本。深度贫困的地区,当地幼儿学习最大的难题就是语言问题。因此,凉山彝族自治州在促进学前教育发展的过程中,把幼儿学会普通话作为首先要解决的难题,以"学前学普"行动来推动学前教育的发展。

另一方面,找准制约具体行动实施的短板。"学前学普"推进的过程中面临组织推进、资源协调、师资不足等问题,在具体实施中,层层成立工作领导小组和工作机构,逐级建立沟通汇报机制,从师资力量、教育教学、儿童入园等方面建章立制强化管理。突出宣传教育导向,营造全社会支持"学前学普"行动的浓厚氛围,形成了有效的组织推动;加大基础建设投入,实现幼教点通电、通水、通网络全覆盖,配齐教学器材,"学前学普"信息管理平台和学普APP运行良好,教学动态信息实时发布、教学资源实时共享,实现了要素互动;强化师资力量,选聘大中专生担任辅导员。强化师资培训,分类分级开展培训活动。强化技能提升,全面推行沉浸式教学、"对对答"互动等模式,组织开展辅导员技能竞赛活动,实现了教学互动;严格督查检查,严格比对运用,严格效果评定,常态化开展业务指导督查、抓落实督导专项督查,定期开展综合督查,这些工作的开展有效解决了彝区学前教育发展中的困难。

(三) 精确评价

考核评估对凉山彝族自治州学前教育发展中形成"可借鉴、可复制、可推广"的模式至关重要。以"学前学普"行动为例,通过试点,逐步探索总结出符合当地实际的考核评估体系,制定了涵盖四个序列(学生、辅导员、县市党委政府和学普办)的考核评估制度、办法和标准,建立了三级(州、县、校)三方(中国扶贫志愿促进会、技术保障单位、凉山彝族自治州)测评机制,组建了由高校和中职学前教育教师、语言文字机构专业人员、一线幼儿园骨干教师等组成的专家评估队伍,摸索总结出了游戏、交流、观察、随访、查阅、对比等多种学前儿童测评方式,集中回答了"考什么""怎么考"

"谁来考"等核心问题，确保考核结果真实可信，学生受益、学校认可。精确的考评是凉山彝族自治州学前教育教学质量的保证。

凉山彝族自治州学前教育发展经验的以上特点使其在实践中不仅具有可操作性，同时也具有可复制性，可为其他地区学前教育的发展提供一定的借鉴。

五、社会参与学前教育发展的案例

在我国教育扶贫的实践中，目前采用的扶贫方式主要有三种：一是通过增加贫困地区教育事业的人、财、物等资源的投入进行输血式的教育扶贫；二是通过提高贫困地区人口的文化水平进行造血式扶贫；三是协调政府、社会、高校各主体发挥自身优势进行的协同式扶贫。凉山彝族自治州贫困地区的教育扶贫除了依靠政府力量，还积极协调各种社会力量参与其中，为其学前教育的发展提供物质和人力支持，全方位助力当地学前教育发展。

（一）企业参与案例

凉山彝族自治州贫困地区学前教育的发展离不开社会企业的支持。以北京华言公司和北京三好公司为典型的社会企业在凉山彝族自治州贫困地区学前教育的发展中起到了积极的作用。这些社会企业主要以支持其"学前学普"项目为中心，开展对学前教育的支持。

北京华言文化发展有限公司作为凉山彝族自治州贫困地区"学前学普"行动的技术保障单位，在凉山州"学前学普"行动中的具体做法有：

（1）规范教学管理，常设"浸润式"环境。该公司基于民族地区幼儿普通话基础情况，根据《幼儿园教育指导纲要》的要求，创设全方位、立体化的"浸润式"语言学习环境，让孩子们在一日生活各个环节中逐步达到流畅表达和运用普通话的目标。

（2）注重培训帮扶，打造示范标杆。着力打造出一套"幼儿园（幼教点）教学质量全方位提升方案"，采取线下、线上相结合的方式进行常态化培训，每次培训有记录、有考核、有反思和评价。组织开展丰富多样的线上线下活动，推动师资整体水平迅速提升，形成学习共同体。

该公司在北京、凉山等地聘请上百位专家顾问，定期或不定期举办各种交流、培训活动，对幼教点的环境创设、游戏设计及教师教学开展等方面给予现实的帮助，以促进当地幼儿园工作质量的提升。

（3）利用信息工具，智能高效管理。该公司设计开发出"学前学普"信息化平台。该平台实现了教师在线备课、智慧教学、线上培训、完成实时巡课、线上普通话测评等功能。通过信息工具的使用，当地幼儿教师能从多方面获取信息，为教学提供支持，从而促进教师专业水平的提升。

（4）自主研发教学资源。该公司组织国内相关领域的专家，为幼教点量身定制并研发出一套基于民族文化、发扬中华传统文化的语言培养与习惯养成为主要目标的教学资源，并配备多种辅助资源工具、教学及学习资源。

在充分调研当地学前教育现状与水平的基础上，专门建构"1234"螺旋式上升的科学教学体系，提高幼儿普通话理解和内化能力。

北京三好互动教育科技有限公司自 2018 年凉山州学普行动正式启动以来，围绕快速实现凉山彝族自治州适龄儿童"听懂、会说、敢说、会用"普通话的工作目标，坚持"目标导向、问题导向"的工作要求，协调北京、上海等地的知名学前教育和幼儿园资源，并联合凉山彝族自治州本地教学力量，展开具体的工作。

在该公司的本次项目中，共动员和组织专兼职人员 300 余人参与其中，在凉山彝族自治州的 6 个县服务了 1 000 多所幼儿园。在具体实施中，按照教学保障、师资培训以及教学督导三个方面展开工作。

1. 教学保障

（1）智力保障。

公司项目组汇集了北京知名幼儿园等学前教育语言学、民族文化等领域及本地相关专家 30 余人成立了专家组，先后多次开展了关于学前学普的各类教学研讨会。确立并实施"沉浸式情境教学法"和"对对答"游戏互动教学法等教学理念与方式，保障实施工作的科学性、合理性和方向性，在项目推进过程中开展阶段性总结座谈，梳理经验和工作模型提炼。

（2）教学资源包保障。

该公司在长期致力于服务凉山学前学普的过程中，形成了较为科学完整的教学保障体系，包括教师资源材料、幼儿绘本、督导工具材料等，并且教研组结合实践对这些教学资料做了初、中、高三级的分层修订工作，为老师们的规范和标准化教学与管理提供了有力支持。

2. 师资培训

（1）培训分集中面授、非集中资料学习及考核、远程在线和巡点指导等多种形式，对服务区域的教师实施了多轮次、多层次的培训。

（2）培训内容围绕教学法、标准化教学流程等，帮助幼儿园教师学习教学活动中每个环节的特点，从而有效开展教学与管理活动。培训中通过对优秀教师进行表彰，树立榜样，提升幼儿教师的工作热情。

3. 教学督导

在帮扶中，该机构组织专家定期对幼儿园工作进行督导。同时，为明确各学校的职责，辅导员与督导员分工协作，形成有效合力，建立了"责任清单"工作机制并严格执行，要求中心校的负责人定期下点督导，及时发现园（点）的问题，及时解决。在督导中，为强化督导工作，还通过视频验收的方式，实现了实时了解和跟进每个园（点）的师资教学执行情况，有效地提升了老师们按要求教学的综合能力，也有助于及时掌握幼教点每个阶段的变化。

北京华言公司和北京三好公司对凉山彝族自治州贫困地区学前教育的帮扶的共同点都在于，以自身所具有的技术和资源优势帮助贫困地区学前教育质量的提升，并且这些企业同当地政府一样，以突破语言关作为学前教育发展的关键，以"学前学普"项目为中心，着力通过"学前学普"效果的提升帮助当地学前教育更好地发展。他们重视贫困地区学前教育师资队伍建设，以各种形式的培训方式提升教师教学水平。

（二）学校参与案例

对凉山彝族自治州贫困地区学前教育的帮扶，除了社会企业，其他学校（包括高校）也通过多种方式为凉山彝族自治州贫困地区学前教育的发展提供支持。

其他地区的幼儿园与凉山彝族自治州贫困地区的幼教点结成帮扶对子，帮助当地幼儿园从教学到日常管理质量和水平的提升。四川省直机关红星幼儿园与雷波县甲谷村幼教点结成帮扶对子，根据甲谷村幼教点实际情况开展针对性帮扶，帮助其科学做好幼儿园环境创设工作，在此基础上，下一步还将通过网络教学、合作培训等方式，提高幼教点的办学质量。凉山州第一机关幼儿园为布拖县洛子村一村一幼校园文化进行了指导帮扶打造，为村幼捐赠现金和教玩用品。凉山州第二机关幼儿园为沙洛乡"一村一幼"老师进行培训，为村幼捐赠教玩用品[①]。

为贯彻中央、四川省委省政府关于脱贫攻坚的工作安排部署，实施了高校师范生到凉山顶岗实习支教计划，这一计划由四川省的 14 所有师范专业的省属高校参与，从 2019 年秋季开始连续实施 3 年。支教的师范生中既包括专科

---

① 《凉山州教育局 2018 年"双联"和干部驻村帮扶工作情况报告》。

生也包括本科生。凉山彝族自治州贫困地区学前教育的师资问题一直是制约其发展的关键，通过支教计划，高校中学前教育专业的学生将专业的知识带到凉山彝族自治州贫困地区的幼儿园，同时这些支教的学生在支教过程中与贫困地区幼儿园教师的互动中，也不断将专业的教育理念和专业知识传递给当地学前教育教师，使当地教师的教育理念和水平得到一定的提升。

北京师范大学、西南民族大学、四川管理职业学院等省内外高校多次组织教育教学专家分批次到贫困地区开展教育帮扶工作，一方面对当地教师开展有针对性的培训，另一方面通过在当地学校的"传帮带"帮助当地教师提升专业水平。雷波县将综合帮扶的援彝教师中具有相关经验的23名老师聘任为所在学校的挂职副校长或校长助理，充分发挥他们在学校管理等方面的传帮带作用，着力打造一支带不走的高水平教师队伍。组建由26名援彝教师组成的综合帮扶志愿服务队，开展县内跨区域教研工作，提升全县整体教学质量。为提升"一村一幼"辅导员水平，四川省多所有学前教育专业的高校，如内江师范学院、西昌学院、西华师范大学等高校对贫困地区"一村一幼"辅导员进行集中培训，着力提高其业务能力和普通话水平。

各类学校对贫困地区学前教育的支持主要是利用自身教学上的资源优势，通过对贫困地区的教师进行培训和帮扶，促进当地师资队伍水平的提高。

（三）社会公益组织参与案例

布拖县在发展学前教育过程中不断完善"政府慈善机构"合作模式。比如，在幼儿营养餐上，当地政府通过整合多方资源，保障了学前儿童营养。布拖县积极对接社会公益基金，与中国社会福利基金会形成帮扶合作，在原来3元的标准下，有将近一半幼儿园获得额外1元资助，基本保障一肉一菜一主食标准，从原先无热食餐变为有热食餐，大大解决了孩子们冬天用餐的困难。中国社会福利基金会不仅对布拖县幼儿园提供午餐资助，还对昭觉、美姑等县贫困地区学校提供午餐补助或是厨房配套设施。

布拖县还引进互满爱人与人国际运动联合会每年100万元资金，开展普及学前一年教育试点工作，资助20个班800余名学龄前儿童；引进瑞士银行慈善基金会每年40万元资金，开展普及学前两年教育试点工作，资助6个班251余名学龄前儿童。

社会公益组织对贫困地区学前教育的支持主要是利用其自身的资源优势，从资金上对彝区学前教育的发展进行帮助。

凉山彝族自治州贫困地区充分发挥当地政府的宏观安排作用，积极动员社会各种力量共同参与当地学前教育的发展，为当地学前教育的发展明确了目标，聚集了资源，从各方面对学前教育进行了帮扶，促使当地学前教育得到迅速发展。

第四章 乡村振兴战略实施前凉山彝族自治州学前教育发展成效及重要意义

一、乡村振兴战略实施前凉山彝族自治州学前教育发展成效

在乡村振兴战略实施前,凉山彝族自治州通过实施各种学前教育发展计划及教育精准扶贫政策,其学前教育在政府政策、资金等支持下,各地结合当地实际积极制定各种措施大力发展学前教育,在短短的时间内,学前教育各方面都得到了迅速的发展。

(一)幼儿园数量明显增加

"一村一幼"是在凉山彝族自治州特殊背景下提出的一种解决贫困地区乡村儿童学前教育入园难问题,并从根本上解决民族地区教育精准扶贫难题的有效措施之一。"一村一幼"计划在一定程度上缓解了贫困地区幼儿入园难、入园贵的困境,促进了贫困地区学前教育机会均等化和幼儿身心全面发展。

在实施学前教育三年行动计划之前的 2010 年,凉山彝族自治州学前教育一年入园率仅 52.6%,两年和三年的入园率更低,分别为 38.5% 和 38.7%。2011 年开始实施"学前教育三年行动计划"后,全州学前教育入园率有所提高:一年、两年和三年入园率分别为 62.5%、46.2% 和 44%,但发展相对缓慢。2014 年 6 月,四川省启动"大小凉山彝区教育振兴行动计划",计划每年新增投入 3.46 亿元扶持大小凉山教育发展,大力改善办学条件、扩大中小学寄宿制规模、发展学前教育和高中阶段教育。2015 年 9 月,在四川省政府的

大力支持下，凉山彝族自治州也开始大规模启动"一村一幼"建设，截至2016年12月25日，全州"一村一幼"工作已建成3 060个教学点，设立3 878个教学班，共收幼儿112 658人。自2015年9月凉山彝族自治州启动"一村一幼"建设，到2016年12月底全州"一村一幼"建设取得了显著成绩，2015年全州在园幼儿和边远乡村"一村一幼"幼儿总数222 939人，三年毛入园率73.7%；2016年"一村一幼"幼儿总数243 412人，三年毛入园率83.4%。全州在园幼儿和边远乡村"一村一幼"幼儿总数2016年比2015年增加20 437人，三年毛入园率增加9.7%，这对提高全州学前教育入园率起到了重要作用①。虽然以上数据反映的是全州学前教育的整体情况，但在现实中，凉山州非贫困地区学前教育的发展水平比贫困地区相对较高，无论是其幼儿园数量和学前教育的入园率都明显高于贫困地区，实施"学前教育三年行动计划""大小凉山彝区教育振兴行动计划"以及"一村一幼"计划后，幼教点数量和入园率的明显提升更能反映凉山彝族自治州贫困地区学前教育的显著变化。

（二）幼儿普通话水平明显提升

语言是儿童发展的重要基础，也是贫困地区人口实现脱贫的基本技能，对个人及社会发展都具有基础性的重要作用。从凉山彝族自治州贫困地区学前教育发展经验来看，不论是政府还是社会组织，都将"学前学普"作为学前教育发展的重点，作为当地学前教育发展的突破点。通过"学前学普"项目的推进，贫困地区幼儿普通话水平明显提高。入园半年的儿童已能听懂基本的日常用语和用简单的普通话与人交流，入园一年以上的儿童基本实现"听懂、会说、敢说、会用"的目标，多数儿童已能主动用普通话与人对话，良好的行为习惯也在慢慢养成。

测评结果显示，入园一年以上的儿童基本实现了"听懂、会说、敢说、会用"的目标，2019年6月，11万余在园儿童普通话达标自查合格率为73.5%，当年进入小学的儿童合格率达99%；2021年6月，27万余在园儿童普通话自查合格率为96%，将进入小学的儿童合格率达99%以上，与2020年9月相比，学前儿童的普通话合格率提升了47%，将进入小学的儿童合格率提升了32%。

---

① 张凤，边仕英. 凉山"一村一幼"实施中的问题分析与对策建议 [J]. 西昌学院学报（社会科学版）2018 (6)：106-107.

（三）学普儿童进入义务教育阶段后发展态势良好

对从试点阶段进入义务教育阶段学习的儿童进行跟踪研究发现，相比没有接受学前教育的儿童，接受过"学前学普"行动教育的儿童上课更加专注，主动与人交流更加积极，学业成绩整体较好，综合素质相比较高。2021年6月，教育部语言文字应用研究所联合湖南省语言文字培训中心等单位，对凉山州"学前学普"行动试点工作进行了测评。将试点惠及的小学一、二年级学生的平均成绩，与开展试点前的小学一、二年级学生的平均成绩对比发现：试点惠及的小学生语文、数学两科的平均成绩均有所提高，及格率有一定提升，试点惠及儿童的平均分、及格率提高幅度相对较大。虽然表4-1和表4-2中的数据是对凉山州的统计，但凉山州其他非贫困地区汉族学生相对较多，非贫困地区所处地理位置相对优越，经济社会教育等各方面发展相对较好，当地不论是汉族学生还是彝族学生本身的普通话水平相对较高，而贫困地区学生在试点前普通话水平相对较弱，表中数据是整个凉山彝族自治州的总体水平，凉山彝族自治州贫困地区学生普通话提高的幅度应高于表中数据。

表4-1 凉山彝族自治州小学一年级学生质量监测

科目	项目	2017—2018年试点前学生	2020—2021年试点惠及学生	提高幅度/%	增长率/%
语文	平均分/分	38.6	59.24	20.64	53.47
	及格率/%	29.44	54.39	24.95	84.75
数学	平均分/分	47.43	69.09	21.66	45.67
	及格率/%	45	68.48	23.48	52.18

表4-2 凉山彝族自治州小学二年级学生质量监测

科目	项目	2017—2018年试点前学生	2020—2021年试点惠及学生	提高幅度/%	增长率/%
语文	平均分/分	42.29	52.7	9.41	21.74
	及格率/%	37.44	55.88	18.44	49.25
数学	平均分/分	52.71	72.52	19.81	37.58
	及格率/%	49.8	72.42	22.62	45.42

数据来源："学前学会普通话"行动（试点）总结评估材料汇总。

（四）管理及教学更加规范

在"一村一幼"及"学前学普"实施过程中，一方面，通过统一制定幼儿园（幼教点）管理制度和普通话教育教学规范标准，借助信息管理平台和学普小程序，从教学时间、教学流程、辅导员行为规范、教育教学管理、儿童入园考勤、儿童在园时间、教学计划、教学资源的使用等方面加强监督管理，幼儿园（幼教点）管理和教育教学更加规范有序。另一方面，在学前教育发展过程中，重视教材建设，以高质量的教材规范彝族聚居区幼儿园教学行为和内容。凉山彝族自治州成立"一村一幼"辅导员用书编委会，组织州内学前教育专家、幼儿园园长、骨干教师编写春季学期和秋季学期的《凉山州"一村一幼"辅导员用书》，分汉文版和彝文版，并配有挂图、视频，为开展学前双语教育提供了民族特色浓郁、操作性较强的本土教材；还组织编写了彝汉双语《"一村一幼"乖娃娃标准》，突出知识性、趣味性、实用性、操作性，符合凉山实际、富有时代气息，以规范的双语教材引导儿童开展双语会话训练，培育健康文明良好习惯。另外，在学前教育发展过程中不断出台各种政策制度，规范了幼儿教师、辅导员的教育教学行为。

（五）幼儿教师（辅导员）能力稳步提升

在发展学前教育过程中，政府及各类社会力量都重视提高教师素质。一是注重岗前培训，强化辅导员基本素质。对新聘用的辅导员进行岗前集中培训，规范行为习惯，进行职责培训，明确管理要求。从基本能力、体态仪表、教学要求等方面进行详细指导和规范要求。二是注重提升辅导员专业素养。针对当地辅导员综合素质参差不齐、学历层次高低不一的状况，州、县两级教育行政部门开展了以提升专业素养为目的的辅导员全员培训工作，通过集中培训、到其他地区幼儿园跟岗学习、乡镇幼儿园派员指导等方式对辅导员进行了全覆盖培训。仅 2018 年，州、县两级共集中培训幼教辅导员 11 261 人次①。三是注重技能培养，夯实辅导员专业基本功。结合全州"学前学普"工作，开展了"学前学普"行动首届村级幼教点辅导员技能竞赛活动，以竞赛推进培训，提升辅导员专业素养，搭建辅导员成长平台，推动"学前学普"行动。通过普通话诵读视频、教育征文、教学视频州、县评选活动，促进辅导员教育基本技能再上台阶。

---

① 2019 年凉山州"一村一幼"师资力量相关情况报告。

通过分级分类分层多次培训和教学实践应用，以及技术保障单位贯彻全程业务指导的加强和大量教学资源的投放，帮助幼儿教师（辅导员）更加明确教学目标、教学计划、教学流程、教学内容，教学能力明显提升，保教质量全面提高。

（六）"学前学普"行动受到社会各方欢迎

通过"学前学普"项目的实施，孩子入园（点）后让多方切实受益，使"学前学普"行动受到社会各方热烈拥护和广泛赞誉。一是学前儿童进入幼教点就读后，父母照看小孩与发展生产的矛盾得到有效解决，广大群众生产劳动时间得到有效保证；二是孩子入园（点）后学习普通话、养成良好习惯和综合素养的提升，让广大群众主动送儿童到幼教点学习的积极性高涨，真正实现了从"被动学"到"主动学"的转变；三是学前学会普通话后进入小学听得懂课，学业不再因语言沟通障碍而落后，小学老师教学更加轻松，教学效果明显改善；四是学前学普行动全覆盖后，提供了1万多个幼儿教师和辅导员岗位，加上营养餐、督导管理、后勤服务等从业人员，全州解决就业人员近2万人。该项目的实施得到社会各方的肯定。

案例1

李华（化名，"一村一幼"辅导员）：2017年11月，我来到昭觉县洒拉地坡乡姐把哪打村当"一村一幼"辅导员，从来没有接触过幼儿的我，说真的，心里面又怕又急，怕自己教不好孩子们，也怕孩子太小会哭闹，同时也着急不知如何去教孩子们。面对这些困难我没有打退堂鼓，而是鼓起了勇气走上了讲台。那些天我晚上的时候都会用手机搜索幼儿园教学视频和内容，学习应该如何去教小朋友，应该如何融入她们的生活，就这样我成功地和孩子们玩在了一起，由于教学条件有限，我带的是混龄班，包括3~6岁的孩子，这样的班级差距就太大了，大一点的孩子就胆大爱说话而小一点的就不爱说话，不仅如此，在我用普通话教学的时候，孩子们都听不懂我说的是啥，这才是更让人头痛的事情，由于孩子们从小就说的彝语，父母也是一句汉语都不懂的，这样的语言环境下孩子们学习汉语就像学习外语一样，于是我采用了学鸭式教学，从最基本的爸爸、妈妈、爷爷、奶奶开始，我说一句她们跟读一句，这个过程中遇到了很多困难，但还是一路走了下来，经过五六个月的时间孩子们已经具备了基本的对话能力，能够认识并说出简单的事物，看到孩子们在幼儿园里面的成长和收获，我感到无比自豪。

对于我们"一村一幼"这个队伍，各级领导都非常关心且重视，他们为我们开展了很多培训课程。对于我这个门外汉来说培训是我一直都渴望的事，因为通过培训我可以从中学习到很多教学方法。2018年7月，我参加了由北京师范大学组织的"学前学普"的培训，参加培训的还有其他县的辅导员，虽然培训时间只有短短4天，但对于我来说收获真的很大，在培训过程中我看到了其他县辅导员的精彩教学方法和生动的肢体动作，让我不由得心生敬佩，同时在这次的培训中我认识到了我们应该如何去教孩子们，采用哪种方式最有效，如教学过程应该是包括听一听、读一读、说一说的，不仅如此，北京师范大学的老师们还为我们提供了各式各样的挂图和带有音频的U盘，为我们制订了课程计划，这可真是解决了我们的大问题，我们再也不用为教学内容而烦恼了。

2018年9月新生入学，我和搭档带的是小班，可想而知开学第一个星期每一天都会有好几个孩子哭闹，吵着要回家，经过了一个月左右孩子们的情绪才稳定下来，我们还是一如既往地用北京师范大学提供的内容来教学，可是孩子们太小注意力无法集中，导致教学效果不明显，还有就是孩子们不愿意说，这可真是让人着急，随后我们请教了各级领导和专家，通过玩游戏、户外活动等来解决这些问题。有一天有个小朋友突然站在我面前用稚嫩的声音说：老师，我想上厕所。这样一句简单的话语深深地戳中了我的内心，我知道说这句话需要的时间很短，可学的过程很漫长，说出来的勇气更可贵，我微笑地表扬了这个勇敢的孩子，并且拿他做榜样让其他孩子向他学习，果不其然效果很理想，慢慢地孩子们变得更加开朗大方，这让我很欣慰。在短短的时间里，我们的幼教点也发生了很多变化，从孩子们不会说、不敢说到如今的朗朗上口，从黑不溜秋、鼻涕直流到现在的干干净净，我们的幼教点也迎来过中央、省级、县级的领导，相对来说，领导对于我们的工作是给予了肯定的，领导的表扬并没有让我骄傲自满，而是让我更加努去学习发挥自己的作用，我知道学好普通话对于我们大凉山的孩子来说很重要，所以在往后的时间里我将尽我所能，将我的爱毫无保留地奉献给我的孩子们，让我的幼教之路走得更远。

案例 2

吉克曲一（化名，学生）：吉克曲一是昭觉县四开乡幼儿园的一名学生，她今年6岁，就读大班。性格开朗的她平常就喜欢唱歌、跳舞、讲故事。作为她班主任的陈老师曾说道："吉克曲一这个孩子如果有更好的环境和条件，一定会成长为非常优秀的人才。"

吉克曲一的家位于昭觉县四开乡瓦里乃托村莫坡社，家里面共有5口人，除父母外还有一个哥哥和一个妹妹。她的妈妈告诉我们"吉克曲一很小就渴望读书，家里面虽然没有很好的经济条件，但是依旧想把孩子送到当地最好的幼儿园读书"。她的家离学校有一定的路程，但是渴望上幼儿园的她每一天都是早早地就到学校了。陈老师说"第一次见到吉米五牛的时候她才四岁，刚刚进入幼儿园读小班，普通话都还不是很会说，语言也不是很流利，但是性格很开朗，班级老师在经过一学年的指导后，吉克曲一小朋友已经有了不一样的改变，学会了很多的手指游戏，会唱歌、跳舞，最主要的是她能用普通话和老师交流，现在读大班的她不仅是班级里的小老师，会教其他小朋友跳舞，给他们讲故事，更是老师们的小帮手了。"

2019年10月30日，吉克曲一代表四开乡到昭觉县参加"昭觉县首届学前学普幼儿讲故事比赛"。她的指导教师潘老师说："选中吉克曲一的时候只是想着她的普通话很标准，但是后来发现这一名幼儿不仅有着标准的普通话，还是一个富有创造力的小朋友。我们在训练的时候，她能够和我一起分享意见，提出自己的想法。临出发前，她还来告诉我，我们两个一定能拿奖回来。我们到昭觉县城时，她显得格外激动，她说这是她第一次见到红绿灯、第一次坐上了电梯、第一次住上了这么好的酒店。她对每一样事物都充满了好奇心。她还告诉我，她一定要好好读书，今后一定要去更大的城市看一看。第二天在比赛中，吉克曲一因为当天发挥不佳，下台时还落泪了，告诉我'不好意思潘老师，我们可能不能拿奖了。'当时我就在想这是一个多么成熟并有上进心的孩子啊。在颁奖时吉克曲一听见自己获得一等奖的时候，她开心地跳了起来。"回到幼儿园后，她兴奋地跑到园长办公室激动地告诉园长"园长妈妈，我得了一等奖，我获得了好多好玩的东西呀，我把我的奖品都分享给我的哥哥和我的妹妹，我还给我哥哥分享了一个足球，他可开心了。"

现在的吉克曲一在我们幼儿园可是一个小红人，见到她的每一个小朋友都亲切地和她打招呼，有时她还教育那些卫生较差、普通话较差的小朋友，告诉他们要听老师的话，每天都要勤洗脸、勤洗手，不要乱丢垃圾，在学校里面都要学习讲普通话。当然吉克曲一只是我们幼儿园众多优秀孩子中的其中一个，因为还有众多孩子的潜力等着我们去发现。

案例3

卢雨晨（化名，学生）：卢雨晨小朋友从小生活在山区，与父母同伴交流都用彝语。卢雨晨本身性格内向，普通话表达能力很差，不爱说话，平时也只跟几个彝族小朋友玩耍，交流的时候也用的是彝语。

在一次认识十二生肖的活动中，当其他小朋友都能认出老师出示的生肖图，并能大声说出动物名字的时候，她一直沉默，对老师提出的问题没有任何回应。一开始老师以为她只是没有认真听，于是点了她的名字："卢雨晨小朋友，请你来回答一下老师的问题好吗？"这时候老师才发现她只能认识十二生肖中的猪、鸡、狗，除此之外的其他小动物她都不认识。经过这件事以后，在日常活动中老师便更加关注她，为了提高她的普通话能力，老师告诉她以后在幼儿园必须使用普通话交流，不能使用其他语言。

一天午睡的时候，她突然就哭了起来，小脸憋得通红，老师过去看才发现她已经尿床，老师问她要上厕所为什么不跟老师讲？但是她仍然一句话不说，头也低着。这时候旁边的小朋友说："老师，她不敢说。"这时候老师才明白原来一直要求她说普通话，导致她不敢说话了。所以，要想提高孩子的普通话表达能力，不能强迫孩子去学去说普通话，学习语言是一个漫长的过程，需要日积月累慢慢提升。于是老师便对这个小女生展开了进一步的了解。原来卢雨晨小朋友来自一个彝族原生家庭，在来幼儿园之前从来没有接触过普通话，家里的爸爸妈妈和其他长辈之间沟通用的都是彝语，根本没有太多接触普通话的机会。

跟搭班老师沟通后老师们便对她进行了最基础的改变：

从最简单的发音和简单的日常生活用语及对话开始对她进行教学指导，如"上厕所""早上好""筷子"等，先说词语；每日体温"三检"时，鼓励她主动说自己的名字和序号；利用同伴带动，将其座位安排在积极活跃、爱表达的幼儿周围；家园合作，请家长配合在家尽量和孩子用四川话交流；多创造交流的机会，鼓励幼儿大胆发言。

另外，老师们在平时的一日生活、集教活动、区角活动时对其也有针对性：

学习普通话和培养幼儿良好的语言习惯相结合。用词造句表达准确，句子完整，语气温和有礼貌，尽可能有问必答，不用和少用反问句，语言文明，不说脏话。学会用普通话表达自己，表达自己的需求，表达自己的情感，表达自己的想法。

学习普通话应当成为丰富少数民族幼儿精神、生活的重要途径。正如卢雨晨小朋友在认识十二生肖时，只认识常见的猪、鸡、狗等，而对于陌生的动物却不了解。所以，丰富幼儿的认知、经验，帮助幼儿扩宽视野，培养一个社会的、全面的儿童，是学习普通话的最大期许。

学习普通话要做到听懂、会说、会用。首先，"浸润式"教学，坚持师幼、幼幼之间都使用普通话，创设温馨、轻松的环境，让幼儿在听、说，耳濡目染，潜移默化的方式中学习普通话；其次，教师要有良好的语言素养，自身表述清楚才能为幼儿做好示范，积累一定数量的、高质量的诗歌、散文、故事、童话等儿童文学作品，烂熟于心，丰富教师自身的词汇和表达；最后，重视语言的运用，开展不同的谈话活动，老师耐心地倾听幼儿的表述并愉快地与他们交流，引导幼儿把说得不完整的句子说完整，把发得不标准的字音发标准，并积极主动为幼儿创造语言交往的条件，使幼儿愿意说、敢说普通话。

现在卢雨晨小朋友已经能基本使用普通话跟同伴和老师进行交流，真正成了一个能听懂会说敢说会用普通话，自信且笑容迷人的小女孩了。民族地区的幼儿要想提高普通话的口语表达能力并非一朝一夕就能完成的，提高幼儿普通话口语表达能力的方式有很多，让老师坚持关注幼儿，让普通话为幼儿的成长架起一座绚丽的桥梁！

二、凉山彝族自治州学前教育发展的重要意义

教育扶贫是斩断"穷根"的利器，凉山彝族自治州学前教育的发展不仅有助于从源头上阻断贫困的代际传递，而且在现实中，学前教育的发展对当地儿童语言水平的提高及当地辍控保学的落实都具有重要的现实意义。

（一）从源头阻断贫困代际传递

凉山彝族自治州贫困地区村级幼儿园严重缺乏、农村幼儿园入园率低，学前教育严重滞后。贫困地区农村儿童大部分没有经过学前教育的汉语教学和训练，在小学一年级基本上听不懂汉语，跟不上教学进度，大部分学生甚至到了二、三年级还在解决语言问题，由此导致一批又一批甚至一代又一代的贫困地区彝族儿童所接受的义务教育水平低、质量不高，与汉区儿童存在较大差距，进而导致贫困地区儿童在快速发展的社会中难以立足，甚至难有成就。因而，抓好学前教育、打好少数彝族儿童的基础教育，尽力在学前三年甚至学前一年跨过"语言关"，同时实现文明生活习惯的初步养成，才能更好地提高义务教育水平和质量，让更多的贫困地区儿童可以继续升入初高中，甚至可以继续接受高等教育，从而有效地阻断贫困的代际传递。

凉山彝族自治州在落实脱贫攻坚具体工作中，各个部门坚定自觉地将

"学前学普"行动与脱贫总体工作紧密结合，在"学前学普"活动的推动中，尤其是在贫困地区的"一村一幼""一乡一园"计划的大力实施，大力投入资金、资源，不断提升幼儿教师、辅导员的业务能力，快速有效地构建了覆盖县、乡、村三级的学前教育公共服务体系，破解了民族地区学前教育发展的"瓶颈"，以求从源头上打破"贫困积累循环效应"，切断贫困代际传递。

（二）幼儿普通话水平明显提升

凉山彝族自治州贫困地区在发展学前教育过程中，将"学前学普"作为学前教育发展的突破口，各地区加强对幼儿的语言教育。通过该项目的实施，测评结果显示，入园一年以上的儿童基本实现了"听懂、会说、敢说、会用"的目标。2019年6月，11万余在园儿童普通话达标自查合格率为73.5%，当年进入小学的儿童合格率达99%；2021年6月，27万余在园儿童普通话自查合格率为96%，将进入小学的儿童合格率达99%以上，与2020年9月相比，学前儿童的普通话合格率提升了47%，将进入小学的儿童合格率提升了32%。

（三）控辍保学得到有效落实

幼儿掌握了普通话，能更好地适应小学学习生活，学普儿童进入小学后发展态势良好，上课听不懂导致成绩不好、厌学辍学问题得到有效解决。2021年1月，全州小学一年级语文、数学质量监测数据显示，参加过"学前学普"和未参加的对比明显，语文、数学平均成绩高20分以上，合格率高30个百分点。学普前与学普后成绩对比明显，2021年1月小学一年级语文、数学的平均分较2018年学普前净增20分以上，提升率达60个百分点；及格率净增20个百分点以上，提升率达100个百分点。同时跟踪发现，参加过"学前学普"行动的儿童上课更加专注，学习生活习惯更加良好，综合素质相对较高。"学前学普"行动有效促进了控辍保学，家长送大孩子重返课堂、送小孩子学普通话蔚然成风。

（四）有效推动移风易俗

凉山彝族自治州的彝族受少数民族风俗习惯、当地经济状况、地理环境和人居环境、家庭生活环境与生活方式等诸多因素的影响，不良卫生习惯和传统生活陋习普遍存在，学前儿童也存在许多不良的卫生习惯。幼教点的辅导员于是采取了一些教育措施。特别是贫困地区幼教点的卫生设备比较欠缺，辅导员在教育孩子时方法单一、主动参与性不强，也不能与照管人进行有效沟通和互动，使培养卫生习惯的工作无法深入，贫困地区学前儿童卫生习惯的培养成为"一村一幼"教育中的重点、难点问题。改变孩子的卫生习惯可以提高孩子的整体发展，帮助一个孩子可以影响一个家庭，一个家庭的转变可以带动一个家族的改变，而一个家族的改变可以带动整个民族的进步。

全州通过开展"学前学普"行动，贫困地区小孩养成了好习惯，学会了感恩；通过"小手拉大手"，倡导树立孩子们教家长说普通话、打扫卫生的新风尚，呈现了"移风易俗树文明新风"的新景象，广大群众积极参与"三建四改五洗"和"四好"村、"五好"文明家庭创建，现代文明生活方式深入人心。

（五）有效提升脱贫攻坚成效

凉山彝族自治州开展的"学前学普"行动为8 000多名辅导员和2万多名营养餐等从业人员提供了就近就地就业岗位，优先解决了一大批符合条件的贫困户就业问题。孩子入园后，有效解决了家长照看小孩与发展生产的矛盾，以妇女为主的种养经济等快速发展，劳务就业不断扩大，2020年以来全州外出务工达130.2万人，全年劳务收入达230亿元。广大群众切身感受到了"学前学普"带来的实惠和好处，幸福感、满意度明显提升。

第五章 凉山彝族自治州学前教育发展存在的困难及原因分析

一、凉山彝族自治州学前教育发展存在的困难

本书对凉山彝族自治州贫困地区"一村一幼"精准扶贫工作在凉山彝族自治州这一特殊环境下如何开展进行探讨，聚焦特定区域幼儿这一群特殊对象人群，并且深入研究建设过程中存在的问题与隐患、困境与出路等，希望探索出一条适合本地区实际情况的特色学前教育发展道路。所以本书在阐述前期贫困地区"一村一幼"精准扶贫工程取得良好成效的同时，还需要深入研究如幼儿园办园条件差、幼儿教师师资水平差、生存环境差、师资队伍不稳定等问题，这些问题也制约着贫困地区学前教育的持续发展。

凉山彝族自治州贫困地区作为深度特困地区之一，受限于历史和自然条件等原因，长期以来，学前教育投入严重不足，基础极为薄弱，学生体量大，沉积问题多。尽管前期"学前学普"行动成效明显，但因经费投入严重不足、体制机制完善不够、编制人员保障不强，长期巩固提升和可持续仍然面临诸多短板和障碍。

（一）常态化推进的模式还不够成熟

为期三年的凉山州"学前学普"行动，虽然探索了路径、积累了经验、做出了示范，但在后续较长一段时间内，常态化推进的顶层设计相对滞后，机制制度还不健全，尤其是工作模式、政策完善、标准修订、经费保障等方面。这些方面虽然经过了前期的探索有了一定经验，但由于时间短还需进一步深度研究，工作模式还需进一步优化创新，经验做法还需进一步总结提炼。

常态化推进管理模式脱离实际是我国民族地区农村学前教育发展过程中的

共性问题。由于我国乡村贫困地区具有本土的复杂性、自身各方面的局限性、扶贫脱贫过程的攻坚性和稳定性、脱贫后防返贫的艰巨性等特点，乡村贫困地区学前教育精准扶贫与发展高质量的乡村学前教育成为精准扶贫攻坚战中最为艰难、最有挑战的一环。各民族地区拥有自己的民族特色，是多样性和特殊性的集合体。幼儿园不能脱离本土实际，移植照搬其他地方的管理模式很难适应本地发展需求，沿用自身旧有的管理模式和常规制度又存在较大问题。因此在制定常态化推进管理模式时，应注意其可行性和科学性，贴合本地该园幼儿实际，在借鉴优秀管理案例的基础上进行创新，制定科学合理的相关管理模式制度。

常态化推进管理模式中的园所规划设计缺少特色和基础设施布局不合理是民族地区农村学前教育发展前期难以回避的问题，需要相关部门及幼儿园自身结合民族特色、本土实际，从顶层设计到基础建设层层推进逐步完善。针对以上问题需要科学布局乡镇幼儿园，充分考虑凉山州地域辽阔、高海拔、村落分布不均等地理条件，合理规划幼儿园以及幼教点的分布情况，保障该区域的教师学生教育教学资源。统筹规划村级幼儿园布局和建设规模，可考虑以乡镇为区域规划建设符合本地特色的村级幼儿园。

（二）教育资源投入缺乏

凉山彝族自治州贫困地区地理环境恶劣，坡陡谷深，尽管通过优化园点布局，新（改）建"一乡一园""一村一幼"等途径，增加了班数（额）和学位，但仍然无法满足所有3~6岁适龄学前儿童全部入园的需求。同时，基本教学设备补充、维修、更新相对滞后，学普信息化教学设备普遍缺乏，厨房、儿童午睡室、辅导员宿舍不配套，尤其是为儿童提供热餐和午睡场所等问题突出，学前教育资源不足的现实依然客观存在，短期内破解乏力。

以昭觉县为例，在调查中发现其目前仍面临办学经费不足的问题，经费的短缺导致幼教点场所不规范，厕所、食堂、活动场地、饮水等基础设施不配套，教具玩具短缺等问题得不到有效解决，一定程度上影响了保育保教工作的正常开展。另外，受地理环境条件的限制，部分偏远的村幼教点没有网络信号，无法进行网络培训。在调研中，2021年昭觉县"一村一幼"临聘辅导员工资为每月2 000元，且未购买"五险一金"，与地方公职人员相比待遇相对较差，导致辅导员队伍极不稳定，影响了保育保教工作的正常开展。

（三）师资能力有待提高

尽管通过多元培训、技能强化、对口帮扶等多种措施不断提升了辅导员和幼儿教师的保教能力，但辅导员整体和部分聘用教师业务水平不高、保教能力差等问题仍然存在。截至2021年年底，在辅导员队伍中具备专科及以上学历，拥有普通话二级乙等，具有学前教育专业背景的教师占比仍然较低。加之，村幼教点辅导员劳务报酬总体较低，凉山彝族自治州贫困地区交通不便、经济不发达等各种因素，边远山区幼教点招人难、稳定难等问题尤为突出。师资的缺乏制约着当地学前教育教学质量的提高。

教师是学前教育发展的重要推动力，尤其在民族地区农村幼儿园中，教师的素质是决定教育质量的关键因素。国培、省培等项目是四川省对民族地区农村学前教育进行精准扶贫的重要举措，也是各高校对口帮扶的有效形式，对提高受培教师的专业知识水平、专业能力成效显著。此外，四川省持续开展的"一村一幼"项目，各高校开展的顶岗实习、送教下乡等也是教育精准扶贫的重要推手。赵晨等基于对"一村一园"项目的成效评估结果表明要继续通过这些项目加大对农村地区学前教育的投入，增强师资力量，推动学前教育质量的提升。相关部门及组织应深度调研了解乡村幼儿园教师的专业发展需求和实际问题，有针对性地对其进行培训和指导，充分利用国培、省培等教育资源，最大限度地促进幼儿教师的发展。

按照"一村一幼"的发展需求，稳定现有辅导保育教师数量，逐步配齐幼教点辅导保育教师人数，拓宽学前教育专业教师来源途径，落实和完善教师补充长效机制。幼教点辅导保育教师人数不能满足需要时，要创新教师补充机制，采取政府购买服务中小学富余教师培训转岗、社会公开招聘等多种方式补充所缺人数，对于拥有学前教育学位或是相关工作经验的从业人员要优先考虑，其次就是本地或本乡村有相关从业经历的人员。增加幼教点辅导保育人数总量，切实解决师资队伍匮乏问题，充实学前教育教师队伍。对于目前从业市场中存在大量低学历、缺乏专业学前教育知识的从业人员这个问题，需要构建多渠道多层次的教师培训教学体系，完善幼儿保育辅导教师的整体培养培训机制。重视并加强师资培训，创新培养模式，提升整体培养能力是关键，积极开展组织培训学习。逐步提高保教队伍综合素质和能力，不断提高辅导保育教师业务水平，提升学前教育教学质量和水平，在实践中学习、指导、培训提升幼教点辅导保育教师专业素养和专业技能，加强教育管理能力，提高乡村学前教育质量。另外，在人事管理中还需要建立教师激励政策和考核制度，考核合格方可正式上岗，以确保教育教学质量。全面推行政府购买服务方式，同工同酬，增加幼教点辅导保育教师队伍总量，激发教师干事创业内生动力，认真落实教师生活补贴、高海拔补贴等政策，健全幼教点辅导保育教师工资长效机制，督促各县市落实教师目标绩效考核奖。

（四）教育质量有待提升

《幼儿园教育指导纲要》提出幼儿教育应以游戏为基本活动，充分肯定了游戏的教育价值，并确定游戏是幼儿园的基本教学方式的地位。科学的幼儿教育就应该以游戏及活动为主要形式。

这些地区很多幼儿园由于一方面缺乏科学的幼儿教育理念的支撑，另一方面受到家长观念的影响，因此很多幼儿园在教学中重科学知识的传递而轻游戏、活动的开展，以"排排坐"的授课方式代替以游戏、活动为主的教学形式，以教授识字、拼音等内容代替五大领域的活动内容。

在教学内容上，凉山彝族自治州深度贫困区的幼儿园最迫切的是要提高广大幼儿学习汉语，能听懂会说的能力，能使用普通话与人沟通和交流，以及培养幼儿良好的生活卫生习惯。因此教学内容应该与上述目的密切相关，然而在现实中，很多幼儿园教学中没有充分融入上述内容反而大量教授小学知识如拼音、识字、计算等内容。

在教学方法上，这些地区的幼儿教师学历偏低，大多没有学前教育专业背景，缺乏幼儿教育规律的科学认识，不能认识到游戏和活动在幼儿教学活动中的重要性。他们在教学中常借鉴小学阶段的方式，以教师讲授为主，按"排排坐"的班级授课制组织教学。这种教学方式不仅剥夺了幼儿自由探索的机会，降低了幼儿的学习兴趣，也不利于幼儿对知识的掌握，甚至对幼儿将来的学习造成消极影响。

幼儿教育应该是以促进其生长发育、发展个性，促进智力及创造力、想象力为目的，更应重视幼儿能力的发展。但凉山彝族自治州深度贫困区的很多幼儿园却无视幼儿能力发展，以幼儿掌握知识作为评价教学活动的标准。以凉山彝族自治州幼儿美术教育为例，幼儿教师通常是让幼儿对实体进行模仿进行美术教学，在教学中以儿童模仿的相似度作为评价依据，这反映出其重视活动目标而忽略活动过程；重视知识传授，忽视幼儿审美感知能力的培养；重视对活动作品的评价，而忽略活动过程中针对个体表现的发展性指导等特点。这种教学违背幼儿身心发展特点，限制了美术教育的育人功能和塑造完美人格功能的发挥。

（五）教学方式有待改进

在调查中发现，由于这些地区的教师缺乏学前教育的科学知识及教学经验，因此，教学组织显得比较混乱，整个过程缺乏组织性和科学性。在调查中了解到，有的幼教点的教师不知道该如何组织幼儿的教学活动，他们简单地认为，幼儿到校后，教师只需要看管好幼儿，负责幼儿的安全就行了。因此，幼儿到园后，就安排年龄大的幼儿带领年龄小的幼儿玩耍，教师既不设计也不指导，幼儿在学校的一日活动完全是自发的，缺乏计划性和系统性，整个教学活动过程中没有组织，更谈不上教学活动组织的科学性。

有的幼儿园虽然组织幼儿开展了教学活动，但教学的组织缺乏科学性的指导。幼儿园的教学应该是在生活、游戏、劳动等环境中通过教师有目的、有计划地引导幼儿学习从而获得知识的活动。因此，幼儿园的教学不同于小学的上课或集体教学，而应该是将这些知识渗透在一日生活的各个领域之中；教学过程也不应是课程设计的翻版和再现，而应该是课程的重新建构；游戏是幼儿园教学的基本途径，而不是说幼儿教学就等于游戏；并且在教学中应充分体现出直观性的原则，借助实物、模型、图片等材料让幼儿直观感受，引发幼儿学习兴趣。但是在调查中发现，这些地区的很多幼儿园，教学中没有将知识渗透在一日活动中的意识，活动或游戏仅仅是形式上的开展，而没有将知识充分渗透到活动中。在教学中，部分幼儿教师无视幼儿思维发展特点，忽略直观性原则，不能充分借助实物或模型进行教学。

教学中针对这些特殊地区幼儿的教材针对性不强。凉山彝族自治州深度贫困地区学前教育起步晚，在发展中经验不足。因此，在教学中常常借鉴非民族地区的经验，包括教学内容的选择上也常常以非民族地区的教学内容作为标准。其他地区的教学内容或教材反映的是汉族文化、城市文化、城市现象，但彝族聚居区儿童从小在本民族的文化生活环境中，他们甚至没有接触过城市文化，对城市文化或现象非常陌生，因此对教材中的很多内容感到陌生。教学内容与他们的现实生活相差甚远，儿童学习困难，学习兴趣不大，不适合当地幼儿的实际需要。目前，针对凉山彝族自治州的实际状况，政府组织编写了《凉山州"一村一幼"辅导员用书》和彝汉双语《"一村一幼"乖娃娃标准》，但在幼儿教学中这类教材远不能满足彝区幼儿学习的需求，这些教材功能的发挥受限。

凉山彝族自治州有丰富的特色文化资源，如彝族的音乐舞蹈、独具特色的民族节日以及其自身的风俗习惯等。但由于这些地区教师专业素质的限制，大部分教师没有将本地文化融入幼儿园教学和日常活动中的意识，再加之很多教师对本地区的民族文化也缺乏深入系统的了解。因此，无法将本地优秀的文化资源加以开发，设计适合当地特点及幼儿身心发展特点的特色课程资源。教学内容的针对性不强，教育与当地文化脱离。

环境创设的作用未得到体现。《幼儿园教育指导纲要》指出：环境是重要的教育资源，应通过创设和有效地利用环境影响幼儿。根据这一精神，在实际的教育教学活动中，应积极地挖掘各种教育资源，力求创设与教育相适应的环境，最大化发挥教育价值。然而当地大部分教师缺乏环境创设的意识，缺乏主动利用当地特色资源创设幼儿教育环境的主动性。实践中，这些地区的环境创设并未体现出其应有的层次性、目的性、参与性等特点。有的幼儿园在活动区域设计时，投放材料随意，将不同的材料摆放在一起，并未进行分区，造成幼儿对不同游戏所需的角色区分模糊。而有的幼儿园虽然对活动区域进行了分区，但教师也只是随意地分区，并不清楚分区的科学依据。这些导致幼儿园教学活动的随意性突出，幼儿园环境并未体现出教育性的价值。

（六）幼儿学习成效还不够稳固

凉山彝族自治州学前教育基础薄弱。在贫困地区，这些地区也是彝族聚居区，一方面，缺乏普通话语言环境，地处高山或偏远地区的部分幼教点儿童家长特别是年龄较大的家长听不懂、不会说普通话的现象还比较普遍，即使学生在学校里能坚持使用普通话交流，但一离开学校的普通话语言环境，与家长或其他人交流时又回到使用本民族语言的状态，幼儿缺乏普通话交流的环境，从而使幼儿学习普通话的效果受到影响。"学前学普"成效巩固面临极大的困难。加之，2020年春季学期受新冠病毒感染疫情影响，全州近三分之一的学前儿童未返园点复学，复学的园点在园学习时间只有一个月，学前儿童普通话学习时间和质量难以得到保障，部分儿童普通话水平回潮明显。另一方面，幼儿虽然在学校形成了良好的生活、卫生行为习惯，但由于很多家长生活中不太注重良好行为习惯的养成，幼儿离开学校环境后，这些方面的学习效果也受到家长的不良影响。

（七）协作机制还有待完善

凉山彝族自治州学前教育的发展需要各个部门的协调联动。以"学前学普"行动的开展为例，自2018年起，广东佛山通过东西扶贫协作对口帮扶，给予了凉山彝族自治州特别是原11个贫困县"学前学普"行动的大力支持，累计投入6 500万余元，保障了州、县学普办工作的正常运转以及学普项目的顺利推进。目前，国家对东西部协作帮扶做了调整，凉山州与浙江省宁波市已进行了初步对接，但还未形成常态化的帮扶政策，支持资金规模也未明确，今年和以后的学普工作运转经费保障来源尚不明确，各部门的协调联动机制未完全形成，势必影响"学前学普"项目的后续常态有效开展。此外，在推进学前教育工作制定发展规划，统筹资金，完善实施方案；统筹项目实施，组织督导检查；开展教师及辅导员培训；编印学前双语教学大纲；督促、指导保育教育工作等各项工作之间也缺乏有机联系，每项任务由不同部分和机构负责开展，机构之间的工作联系不紧密，工作衔接性差。本来是一项统一完整的工作被拆分后必然影响最终的效果。

目前，凉山彝族自治州贫困地区学前教育发展采取特殊的"县建乡办村管"模式，在执行过程中，对于各个县或市区不同幼教点的区分归属不够明确。各幼教点管理主体所在地的村支部、村民委员会落实幼教点场地，校舍维修改造，幼教点资产及经费管理，辅导员劳务用工管理，幼教点日常安全管理责任；各个乡镇中心校（幼儿园）负责本乡镇幼教点保教工作、常规工作的业务监督和指导。各村委会负责人为幼教点安全管理第一责任人，幼教点辅导保育员为直接责任人，对于幼儿要保证他们身心全面发展。对于幼儿的人身安全也要定期检查，如传染病防控、饮食均衡、接送问题等工作之间衔接存在的各种问题影响了凉山彝族自治州贫困地区学前教育的良性发展。

二、凉山彝族自治州学前教育发展存在困难的原因分析

地方政府要解决乡村学前教育中所存在的问题，必须要全盘考虑。坚持政府的主导性是发展乡村学前教育的关键，从政府的层面出发，出台各种有利政策，用政策保障乡村学前教育的健康、有序、和谐发展；加强财政投入是核心，偏向弱势的乡村学前教育群体，尤其是公民办园的均衡投入，保障学前教育的公平性；设立专项的监督管理是保障，加强对乱收费、多收费等现象的检查，体现学前教育的普惠性；加强教师队伍建设是基础，提升教师自身教学素质，扩大招聘师资范围，缩小公办与民办幼儿园教学质量差距，充分发挥学前教育的作用。

当然，乡村学前教育"入园难"、教育质量良莠不齐、教育资源不均等问题的解决并非一日之功，更不是单个部门或单个措施就可以彻底解决的，这些问题的背后本身就是一个个错综复杂的社会问题，需要在国家的引导下，地方各级部门相互合作，协同完成。凉山州学前教育尤其是彝族聚居区学前教育发展严重滞后，既有历史的原因，也有现实的问题，归结起来，主要表现在以下方面：

（一）政府层面

1. 政府投入不充足，硬件建设推进难

政府作为教育的投资主体，在教育管理、教育规划长效机制建设方面存在不足。例如，在教育经费的投入、使用上缺乏先于其他领域的理念；在教学质量、考核管理方面缺少制度支持；在硬件建设、优质资源的配置上缺乏力度等。2015 年，虽然凉山彝族自治州政府对学前教育的发展做了部署，从多方面入手，但是在资金、政策、机制、人员、设备、设施等方面的投入力度与学前教育实际发展需求还有相当的距离。

学前教育总体资源投入不足，资金短缺。从我国东部地区到西部地区学前教育的总体发展水平不相同，呈现出的变化趋势是由高到低，西部地区的教育发展水平则是在全国平均线以下。在东部发达地区学前教育在各类教育中属于薄弱环节，而对于经济、文化、教育发展落后的西部少数民族地区来说，凉山州的地方财政更是极度紧张，学前教育发展必然更为滞后，学前教育基础设施严重不足。凉山州地域广，学生体量也大，虽然每年都在不断加大投入，幼教点办学条件已明显改善，但教育基础设施不足的问题仍然明显，所有指标均低于全国全省平均水平。目前"一村一幼"计划是由省、州（市）、县（市、区）下达的学前教育建设项目，以村级为单位建制，主要实行各级共同负责分担补助的方式，但该建设项目往往需要村级和县级配套充足的建设资金和适宜空闲的建设用地。凉山彝族自治州属于全国深度贫困地区"三州三区"之一，大部分地区为国家级贫困县，地方财力有限，无法切实有效地落实教育配套资金，造成政策执行推进难度大大增加。自 2015 年实施"一村一幼"计划以来，各个县市迅速开展相关工作，在幼教点的建设中投入了大量的财力、物力以及人力。截至 2019 年年底，全州一共开办 3 069 个幼教点，但由于建成时间较短、投入资金相对不足，在实际的调研过程中发现，大部分幼教点仍然存在基础设施不足、办园条件相对较差、园舍面积不足等问题，参照《凉山州学前教育村级幼儿教学点基本设施设备参考目录》的要求，需要配备基本的设施设备和教玩具，满足保育、教育和幼儿学生日常生活学习活动，在幼教点最基本的还需要满足教室卫生、消防及安保等要求，但是随着幼儿学生人数的增加，幼儿学生教玩具数量明显不够，购置的教学材料和图书匮乏，老师们很担心今后随着当地幼儿的不断增加，现有的图书资料和桌面玩具远远不够孩子们使用；"仅仅凭着一个县或者一个村的力量去建设一个新的幼儿园，无论是在师资力量、教学场地还是硬件设施等方面这些花销费用都是不小的数字，距离城镇路程近一些的村子还好，村里距离城镇路程比较远，交通也不方便的地方，村级幼儿园几乎为零"。"一村一幼"的实施虽然能够暂时改变凉山州学前教育的"真空地带"现状，但更快更好地促进凉山州学前教育发展，需要不断拓宽资金投入渠道，着力突破资金短缺的瓶颈。

2. 政策目标的偏移，治理形式化

在"一村一幼"计划政策的制定过程中，无论是省政府还是州政府制定的相关政策，对于提高幼教点数量、入学幼儿学生数量的目标制定及建成幼教点的成果验收，往往在意和重视的都是实施其政策时的指标设立和数字，并将这些政策目标和要求贯彻始终，以保证完成任务。然而在"一村一幼"实施的过程中发现，幼教点的数量和幼儿学生的人数逐年上涨，但质量却相对较低。政策执行过程中太过于注重数据指标，将"保基本、全覆盖"作为工作的目标极其容易产生政策目标的偏离，不少幼教点为了使相关指标能够按时完成便弄虚作假，从而形成了"看上去"的政策达标。凉山州的学前教育治理存在无形的压力，分别是地理位置和落后的学前教育体系，在这样的压力下，幼教点和相关部门不能专心于学前教育的工作，而是要应付各类上级检查，我们应该看到真实的实际情况，包括资金短缺、师资力量薄弱、幼教点教学环境差等突出问题，给"一村一幼"政策的执行造成一定的困难。另外，"数字"治理容易给编造虚假材料、捏造虚假数据行为创造机会，造成治理形式化。在实际幼教点的调查过程中，同时对于凉山州的个别公办幼儿园亦进行了实地调研并与幼儿园负责老师进行访谈，如西昌市某幼儿园负责老师讲道："由于相关部门会组织周边县城的村级幼教点的老师定期到西昌市教学质量相对好一些的幼儿园进行参观学习并进行培训，所以我们经常会与幼教点的老师有直接的接触，包括学习上的碰撞以及工作上的讨论，但我们在实际沟通中发现，来培训的老师大部分缺乏学前教育专业背景，对于学前教育一概不知，缺乏学前教育的知识与技能，更不懂得规范的保教流程，在平时的培训学习中积极性不高，态度敷衍，不会积极主动学习，只是把这些培训机会当成任务来完成，很难达成预定的培训目标。在面对上级检查中他们展现出来的那一面都是最好的一面，这些都是在整个'一村一幼'计划在实施过程中避免不了的问题。"提出政策的初衷是美好的，政策也是好政策，但是因为现实的条件和环境等因素的影响在实施过程中不可避免地会出现过于注重形式，初衷目标没有得到真正落实等现实困难。所以，需要每一个幼教的教师要真正关心孩子的成长，这才是办实事，不然一切都是虚伪的。为了完成每年"一村一幼"计划的"保基本、全覆盖"政策目标，在政策执行阶段如果把工作任务的重心放在增加学生数量和增加幼教点数量上，忽视提升学前教育教学水平的重要性，学前教育质量难以保障，幼儿的安全健康问题也未能从根本上解决。现阶段积极采取有效的措施，规范幼教点办学行为，加大对口监督管理力度势在必行。只有让幼儿真正接受学前教育，才能从根本上和源头上阻断贫困代际传递，为幼儿学生的终身教育发展奠定良好基础。

3. 针对提高教师素质的条例法规推进不足

2013 年，教育部颁布了《中小学教师资格考试暂行办法》，规定了需要通过全国统一考试认定取得教师资格证才能从教。2015 年凉山州开始执行"一村一幼"，因为筹备时间短，资金师资不够，很多"一村一幼"辅导员不具备教师资格。"一村一幼"虽然快速解决了贫困幼儿的上学问题，但要从根本上改变落后的状态，不能光注重数量更重要的是要追求质量。《中小学教师资格考试暂行办法》的颁布，对于幼儿教师的保教知识与能力提出了具体的要求，因此，对于当前凉山彝族自治州为适应快速发展的学前教育而大量招聘的教师，需要采取各种措施加强培训以提高其整体素质，从而确保学前教育教学的质量。

双语教师发展保障机制不健全。《关于加快发展学前教育的实施意见》规定，在尚未覆盖学前教育资源的行政村和人口较多、居住集中的自然村开办幼儿教学点，每村设一个点，每个点开设 1 个或多个混龄班，每个班容纳 30 名左右适龄幼儿，选聘两名兼懂汉彝双语的有高中及以上学历，年龄 18~45 岁的辅导员，给予人均每月 2 000 元的劳务补助。这些人员在上岗前参加了短期培训，上岗后当地政府为其交纳了社会保险，但对于他们如何成长，在身份转换、培训、考核、激励、评定职称、福利待遇等方面缺乏相应的政策保障。他们身上贴着"临时辅导员"的标签，心里面缺乏安全感，这对于其全身心投入工作，献身学前教育事业有一定影响。

4. 公办民办幼儿园不衔接，民办幼儿园保教质量不高

公办幼儿园教师属于事业单位编制，纳入国家财政拨款系列，绩效收入相对稳定，激励政策相对完善，制度保障相对健全，而民办幼儿园的教师在很多方面不能享受到相关待遇。民办幼儿园保教条件和质量明显不如公办幼儿园。当务之急是完善公办民办幼儿园的衔接制度，给民办幼儿园创造发展的空间，以利于凉山彝族自治州贫困地区学前教育全面协调持续发展。

（二）社会层面

1. 区位劣势明显，难以吸引优秀教师

凉山彝族自治州下辖 17 个县市，有 5.4 万户、26.8 万人居住在高寒山区、严重干旱缺水地区、滑坡泥石流易发地区。凉山州经济发展水平相对落后，交通不便，信息闭塞，很难吸引外地学前教育专业优秀毕业生到凉山彝族聚居区从事幼儿教学工作。

2. 存在语言障碍问题，乡土教材较缺乏

凉山彝族自治州城镇覆盖面小，广大彝族聚居区的农村幼儿从小接受的是彝族母语，在进入幼儿园之前，根本就听不懂汉语，导致教与学方面存在语言障碍，学生进入学前教育辍学率高。目前，也还没有及时配齐特色浓郁、操作性强的彝族幼儿容易接受的本土教材和读物，加之凉山彝族聚居区师资队伍中，拥有学前教育专业背景并能熟练掌握彝汉双语的教师相当缺乏，难以达到学前教育发展的实际需求，这也是凉山彝族自治州贫困地区"一村一幼"建设中面临的巨大困难之一。

3. 区域发展差距大

凉山彝族自治州学前教育公益性幼儿园发展滞后，师资队伍不健全，体制机制不完善，城乡区域发展不平衡，"入园难""入园贵"问题突出。公办与民办的幼儿园教师在地位、工资、福利、职称评定、培训以及其他公共资源的享有方面有很大的区别。公办幼儿园的教师属于事业单位编制，纳入国家财政拨款系列，绩效收入相对稳定，激励政策相对完善，制度保障相对健全。而民办（私立）幼儿园的教师在很多方面均不能享受相关的待遇。因此，当务之急是完善公办民办幼儿园的衔接制度，给民办幼儿园创造发展的空间，以利于凉山州民族教育的全面协调与持续发展。加之凉山彝族自治州学前教育发展严重不均衡。贫困地区与安宁河流域县市呈明显的"二元"格局，优质教育资源集中在条件较好的西昌附近，贫困地区的师资力量、教学质量、办学条件都比较差。贫困地区县域内、城乡间教育发展也存在严重不均衡等问题。

4. 幼小衔接问题突出

幼小衔接是国际学前教育多年关注的共同课题，其本质是儿童的入学适应。因为幼儿园和小学分属不同性质的两个学段，二者在课程、管理、师生关系、学习环境以及学习期望等方面均存在巨大差异，而儿童发展又具有连续性，二者相比较形成了一个需要儿童克服的坡度，坡度小，则可能适应良好；坡度大，则可能适应不良。除此之外，西部民族地区还存在两个特殊因素影响儿童的入学适应。一个因素是幼儿的国家通用语言发展水平能否满足小学的学习要求。语言既是学习的内容，也是思维、学习的工具，即使在母语为国家通用语言的普通地区，语言也是幼小衔接中最受重视的因素。彝族地区，尤其是农牧区，大多数幼儿的国家通用语言水平非常低，部分幼儿入园前甚至尚未接触到国家通用语言。如果幼儿入学时，其国家通用语言水平尚未达到作为学习工具熟练使用的水平，则入学适应坡度明显增大。另一个因素是小学寄宿制带来的入学适应困难。2015年《国务院关于加快发展民族教育的决定》强调，"针对国家通用语言文字教育基础薄弱地区、农牧区和偏远地区要加强寄宿制学校建设"。彝族农村地区寄宿制小学居多，农牧区儿童上小学就意味着要离开熟悉的家庭，独立适应集体的学习与生活，这无疑会加大入学适应坡度。尤其值得关注的是，还有一小部分儿童没有经过幼儿园教育打好国家通用语言基础，在达到入学年龄时，直接离家入学，学习中面临语言和离家双重挑战。虽然此类儿童数量不多，却更需要关注和研究。

5. 学前教育研究与实践发展不相适宜

教育本就是一场复杂的实践探索，教育科学研究对教育改革发展具有重要的支撑、驱动和引领作用。凉山彝族自治州这类民族地区学前教育研究不足，没能有力地承担引领和支撑实践探索的作用，具体表现在两个方面：一方面，现有研究远不能满足彝族地区蓬勃发展学前教育的实践需求。我国民族教育研究一直是备受重视的研究领域，而凉山彝族自治州这类民族地区学前教育尤其是农牧区的学前教育则是刚刚发展起来的新事业，面临着普遍的学前教育规律在特殊场景中的创新性应用，诸多新问题、新课题不断涌现，亟待研究，正如前文提出的国家通用语言的学与教、乡镇中心幼儿园的庞大辐射群、混龄教学、特殊的幼小衔接等问题。另一方面，教育行政部门教研管理缺位、教研力量严重不足。教研员是助推基础教育质量提升的重要力量，教研活动是理论和实践相结合的最有效形式。目前，凉山彝族自治州教育行政部门倾向于将学前教育和义务教育混合管理，管理重心偏向更容易出成果的义务教育学段，学前教育事业管理的研究性、专业性、聚焦性和持续性严重不足。另外，各级教育行政部门还普遍存在专职学前教育教研员配备不足和配备的学前教育教研员不专业的问题，无法科学地引领当地学前教育实践高质量发展。

（三）学校层面

1. 执行主体执行效能不高，未落实细化管理系统制度

目前大部分的幼教点的建设模式都属于"县（市）建，乡镇管"，这种模

式的整体运营特点为：招聘与建设每个村的幼教点和辅导保育人员由每个县（市）来决定拨款与建设，其具体运行和日常的管理又归属于所在的乡镇，乡镇将日常的监督和管理下放到所在的中心校，由中心校统一负责其运行。在这样的权力不断下放、层层分摊的责任制度下，必然会造成其运行管理的矛盾与冲突，这种运行模式和管理制度会导致在政策执行过程中缺乏标准性和规范性，执行主体无法明确责任，若是出现问题各个负责的执行主体会相互推脱责任，不作为不担当，相互推诿、扯皮，存在政策执行主体组织之间协调不充分所导致的教育政策执行阻滞的现象，从而降低了政策执行的效率与效能。

2. 师资力量薄弱，发展后劲不足，政策最终执行者的压力大

凉山彝族自治州幼教点辅导员、保育教师是政策最终的执行者，相关资料显示，目前凉山彝族自治州学前教育发展极其脆弱，仅教师缺口就多达 1.8 万名，凉山州是民族地区，其双语教师更是严重匮乏。再加之，各幼教点多处于经济社会相对较落后的民族地区，如果完全按要求招聘高中毕业及以上学历的人员，可能无法招聘到符合要求的辅导保育人员，在教师数量都得不到保障的前提下，若谈及教师质量，更是一种遥不可及的状态。在面临这种困境的状态下，一部分县（市）不得不采取降低标准的方法，对于辅导保育人员的招聘资格方面初中以及中专学历毕业生也可参加招聘，虽然这样的做法一定程度上可以缓解师资力量不足的现状，但是会导致大批不合格甚至是不专业的人员进入学前教育系统。由此，对于师资队伍尤其是双语教师的培养和发展，相关部门应该采取强有力的措施，并将其放在首要地位加以解决。学前教育政策要求辅导保育员的年龄在 18~45 周岁，户籍主要以县域内为主，文化程度主要以高中或者中职学历为主，但实际调研中发现，这些幼教点的辅导保育教师基本上都是临时招募的，有些地方人员可能还不到高中或者中职学历文化程度，并且每一个村级只配置两名保教人员，不少幼教点依然存在教师数量短缺的现象；有些幼教点采取了扶贫对口支教，进行短期 5~15 天的业务培训形式，即使这样依旧很难达到一般的学前教育保教师资水平。教育如同建造摩天大楼，幼儿教育就好比是地基，学前教育作为一个打基础的工程，它的重要性不言而喻。在与某幼教点的辅导保育老师访谈中，她向笔者说道："我们来这里工作的时候，最怕的就是一起上班的同事外派学习培训或者临时有事请假离开，一个班里 40 多个孩子，只有一个老师照看难度实在是太大了，这是混龄班，基本上都是 3~5 岁的孩子，家长把孩子送过来不单单是让孩子接受学前教育知识，孩子们的安全问题才是大问题，有的家长说得很直白，'我孩子学不学习知识无所谓，安安全全地送来这里，每天也要保住我们孩子平平安安回家'。

两个老师照看学生每天都是手忙脚乱的，当然请假的情况是少数，大部分时间县里、市里、省里都会抽派老师进行教育培训，这样的情况让留下来的老师工作起来就十分辛苦，有些领导检查时会告诉我们，要求我们多和孩子们进行室外游戏活动，我们虽然也明白游戏对于孩子的重要性，但是一个人能力有限，确实是照看不了的，只能保证他们老老实实在教室里，不出意外，安全地度过每一天。因为幼教点学生数量多，配备的负责老师又不够，我们也是无可奈何。"

3. 幼教点教师业务水平低，缺乏专业性

当前凉山彝族自治州的一些边远山区，由于经济落后、交通不便，在招聘幼儿教师方面存在着较大的困难。为了使幼教点招聘到幼儿教师，一些幼儿园便放宽条件，如降低学历要求、不考虑是否持有教师资格证等。这样一来，很多"一村一幼"教师未持有教师资格证，由于这些教师并不拥有法律意义上的教师身份，因此，当地人们一般将这些幼儿教师称作"辅导员"。凉山彝族自治州一些县区为了解决幼儿教师匮乏的问题，在学历方面放宽要求，初中毕业生都可以前来参加幼儿教师招聘。这一做法，虽然暂时缓解了幼儿教师不足的困难，但也由此导致了很多低学历和缺少学前教育专业背景的人员涌入幼儿教师队伍行列，使得整个学前教育的发展专业性较低。

4. 保教条件差

凉山彝族自治州贫困地区标准幼儿园大多是用闲置的村小校舍、村活动室或民房等改造的条件简陋的"一村一幼"，硬件条件差，无法满足学前教育的需要，目前只是解决了"有没有"的问题。彝族聚居县农村的学前班基本都附设在小学里，而学前班幼儿不在营养改善计划范围内。同时，学生营养改善计划没有考虑食堂供餐学校燃料费、二次搬运费、炊事员工资等实际支出，此类开支同样成为学校的负担。

5. 幼儿安全管理问题突出

农村幼儿园在园舍与设施、幼儿往返交通、食品卫生与疾病预防等方面存在严重的安全隐患，其主要原因是当地政府有关部门对其监管不力。现在多数农村幼儿园都拥有幼儿校车，一方面是由于办园生源的要求，另一方面是由于很多学生离学校很远，不方便入园。但是幼儿校车存在很多安全隐患，校车司机是否具有相关的驾驶证，校车内幼儿容量是否达标等问题没有得到专业的核定。园内食堂卫生条件也不容乐观，对抗击食品中毒和各种流行性病毒感染的力度十分有限。个别土木结构的园舍门窗陈旧破烂，冬天靠塑料纸避风御寒，缺乏良好的通风条件和幼儿活动的必要空间，潜藏着安全隐患。此外，由于环境中不安全因素太多，教师十分担心幼儿出安全事故，因而限制幼儿活动，对幼儿过度保护、照顾的现象较为严重，有的甚至整天将幼儿关在活动室内，导致幼儿运动技能发展滞后，加上安全教育缺乏，幼儿自救能力、自我保护能力差，这也成为当前农村幼儿园中的一大安全隐患。

（四）家庭层面

1. 凉山彝族自治州贫困地区很多家长缺乏正确的教育观和儿童观，不重视学前教育

一个人的行为通常受他的思想观念支配，如果一个人的思想观念落后，他就不可能做出正确的行为反应。凉山彝族自治州由于受地方经济和社会条件影响，幼儿家长的教育观念普遍落后，再加上当地缺乏教育宣传，对幼儿学前教育重要性的宣传力度不够，致使不少幼儿家长不能正确认识学前教育对幼儿终生成长与发展的重要意义。尤其是偏僻和边远的山区，孩子到了五六岁，一般都要帮家里干一些活：或者做一些力所能及的农活，或者为家里放牛放羊，或者照看年幼的弟弟妹妹，而不去幼儿园接受教育。在不少贫困地区家长看来，为家庭增添劳动力是生养孩子的唯一目的，而没有想过如何让孩子接受良好的教育，让孩子成才，长大后为社会做贡献。虽然后来在当地一些乡镇干部和村干部的劝说下，一部分家长愿意把孩子送入幼教点学习，但一般都是冲着有免费营养午餐去的，而不是为了让自己的孩子去接受正规的双语教育与良好的启蒙教育。不少幼儿家长对孩子在幼教点的表现情况不管不问，对孩子入园迟到、早退甚至旷课等现象听之任之。如此一来，原本使幼儿接受良好教育的幼教点仅成为幼儿吃午饭的场所，"一村一幼"计划的初衷与目的也将难以达成。某些家长文化程度低，没有能力辅导子女的学习，认为把孩子送到学校去就可以不管了。越是贫困偏远的地区，越是贫困的人口，这种不重视教育的现象就越严重。

2. 家园合作缺失

彝族聚居区家长普遍不重视教育。"家庭教育跟不上""家园合作沟通少""家园配合程度低"等是当前教学过程中存在的主要问题，且主要体现在以下三方面：

（1）教师与家长之间语言沟通不畅。幼儿教师与彝族聚居区幼儿家长之间语言无法顺利沟通在彝族地区幼儿园尤其是农牧区的幼儿园是普遍存在的问题。彝族地区的幼儿园中有相当一部分幼儿家长尤其是年老者汉语理解表达能力弱，如果没有彝族老师的帮助，汉族老师和这些家长则难以很好沟通。

（2）家长对幼儿园教育的价值认识不清。很多家长没有很好理解幼儿园教育的价值所在，认为把孩子送到幼儿园就行了，怎么教，就是老师的事。家长只在家检查孩子在幼儿园学了什么，字会认了多少等，而对于美术、音乐、手工等这些提高幼儿综合素质的方面家长则很少关心。

（3）家长对幼儿园活动直接参与较少。彝族地区大多数家长参与幼儿园活动的形式主要是参观，如参观幼儿园的教学活动、参观幼儿园的教学活动环境等；直接参与的活动较少，如在幼儿园运动会中的亲子游戏是家长直接参与的较多的，但对于其他的教学活动来说家长参与的就较少了。

综上所述，促进凉山彝族自治州学前教育发展需要、政府、社会、家庭和幼儿园的共同努力，教育是民族的希望，学前教育更是民族希望之始，重视民族地区农村学前教育的发展是当今和谐社会的时代要求，更是我们屹立于世界民族之林的有力保障。

第六章　国外学前教育发展经验借鉴

从国际的视野来看，各国际组织在过去的几十年里纷纷开始倡导重视学前教育。世界各国政府也都为了自身学前教育体系的更好发展，正在不断地完善自身的政策制度。越来越多的研究表明，儿童在学前阶段受益的程度取决于学前教育质量水平。最近，学前教育领域的焦点热点已经从保障基础的学前教育入学机会向提高学前教育质量的目标转移。在全球化的背景下，世界各国之间的联系日益加强，同时也加快了各国间政治、经济、科技、文化以及教育等方面的交流。首先，教育全球化是必不可少的一部分，教育全球化带动了教育资源在全球范围内的流动、共享，各地的教育理念和实践经验也在不同国家、地区之间相互传播、交流。其次，教育全球化使得各个政府以及各个国际组织之间能够更好地相互学习、交流和借鉴。教育越发展，世界各国之间的相互依赖性就越强。各国的教育必须在一定范围和程度上与国际接轨。同时，国际组织在教育全球化的过程中起到不可磨灭的作用①。

终身学习概念的推广、全民教育思想的提出不仅拓宽了教育的广度和深度，而且成了世界性的重要课题。高质量的学前教育是终身学习的基础，也是保障儿童学习权利的目标。早在 20 世纪 60 年代，联合国教科文组织的专家学者就已为终身学习的推进贡献了力量，并在 1989 年决议通过了为保障儿童权利的《儿童权利公约》，做出了政府和社会应当在今后履行为保障儿童权利采取行动的约定。1990 年，在世界全民教育大会上，与会者纷纷赞成人人学习的需求以及基础教育是终身学习基础的思想，并承诺在今后十年里普及初等教育并大幅降低文盲率。至此，20 世纪 90 年代的全民教育思想也推动了学前教育的发展。而后的 2000 年，联合国教科文组织召开了世界教育论坛，会上通过了《达喀尔行动纲领》。全民教育的目标中涵盖了包括发展学前教育在内的内容。2015 年，《仁川宣言》倡导各国政府到 2030 年提供至少一年有质量的

---

① 冯增俊，陈时见，项贤明. 当代比较教育学［M］. 2 版. 北京：人民教育出版社，2015：109.

免费义务学前教育。就这样，学前教育置身于全球教育共同发展的过程中。发展学前教育及其政策已经成为全球教育共同的重要目标之一。越来越多的国家选择学习各国政策的有效经验，在政策层面上完善并发展本国的学前教育①。

法律是发展学前教育的强有力保障。美国政府从社会发展需要和儿童个体发展需要出发，制定了相应的学前教育政策和法规，以加快学前教育的发展和普及，布什政府关于美国教育改革的新政策，如《不让一个孩子掉队法》《布什谈教育蓝图》等文件政策中体现了加快学前教育的普及和发展。澳大利亚学前教育国家质量框架的第一部分就是"国家立法框架"，包括《国家教育和保育法》《国家教育和保育条例》《国家质量标准》等关键法律和政策文件，规定了学前教育的质量标准和指导原则。墨西哥实施《学前教育义务法》，大幅增加学前教育的财政投入。20世纪50年代，美国布鲁姆教授出版的《人类智力的稳定与变化》一书，提出五岁以前是人的智力发展最迅速时期，儿童的学业成败很大程度上取决于早期教育。佩里幼儿教育研究计划通过对照实验，证明了实验组孩子经历了1~2年的幼儿教育，其后年龄段的发展均胜于对照组。皮亚杰、维果茨基等心理学家的教育理论、蒙台梭利教学法及瑞吉欧教育体系等提出了以"儿童为中心"的学前教育理念，迎来了学前教育发展的春天。

下面就经合组织的《强势开端》计划政策、世界银行的学前教育政策、欧盟的学前教育政策和联合国教科文组织的学前教育政策做如下介绍。

一、经合组织《强势开端》计划系列政策

经合组织（经济合作与发展组织，OECD）的前身是成立于1948年的欧洲经济合作组织。1961年9月30日《经济合作与发展组织公约》（以下简称《公约》）生效，经合组织正式成立。经合组织是一个由市场经济国家组成的政府间国际经济组织，致力于为改善生活制定更好的政策。经合组织主要由发达国家加入且资本主义意识形态非常强烈，因此，被视为"发达资本主义国家的俱乐部"②。

起初经合组织并没有把关注眼光投在教育领域，因为经合组织没有与教育

---

① 张民选. 国际组织与教育发展 [M]. 上海：上海教育出版社，2010：239.

② 廖钰. 21世纪以来经合组织学前教育政策文本研究 [D]. 金华：浙江师范大学，2021.

相关的强制规定，在其《公约》中也没有明确提及教育是该组织的宗旨和目标之一。但在对经济领域的研究过程中，认识到了教育对经济的影响，随之将关注点聚焦到了教育领域。21世纪，经合组织学前教育政策进入繁荣时期，经合组织通过多方位开展主题审议、召开国际会议、进行实地调查等对学前教育政策及实践进行研究。在21世纪的全球化时代，早期的教育为培养有竞争力和有能力的公民提供了必要的基础，公平、普及和高质量的学前教育可以加强所有儿童终身学习的基础，适应社会需求和协调家庭，经合组织同样也支持这种假设。经合组织将学前教育政策作为教育政策的重要部分，不断发展并且定义，不仅认为向幼儿提供教育和保育服务是确保妇女进入劳动力市场的必要条件，而且越来越认为早期发展是人类学习和发展的基础阶段。从社会的角度看待学前教育，对幼儿教育的投资对促进公平特别重要。如果每个儿童都有一个良好的开端，就有助于减少日后解决问题所需的成本。在早期就生根的不平等往往会延续到未来的整个学校和生活中，使解决不平等问题变得越来越困难和昂贵。因此，学前教育是影响个人、经济和社会成果的复杂、相互关联的系统中的一个小而重要的变量。

（一）经合组织教育政策专题性研究

在早期儿童教育与保育方面，20世纪90年代末以来，经合组织逐步地进行了大量的相关研究工作。1996年，教育委员会部长级会议推动了经合组织开启学前教育专题性研究。从2001年起，此研究不断地发布《强势开端》系列政策性报告。2007年经合组织成立了早期儿童教育和保育网络组织。2016年启动了"国际早期学习与儿童幸福研究国际调查"和"强势开端教师教育国际调查"，两项研究推动了全球对学前教育发展的重视。

教育委员会早期教育与保育项目负责人约翰·贝内特是经合组织在学前领域的重要专家之一。2003年，他就在发表的文章中对《强势开端》第一份政策报告进行评议，指出了当时保教长期分离的现状，并在文中探讨了这种情况存在的原因并提出了对策[1]。随后，贝内特总结了《强势开端 II》政策报告的主要内容和最新进展[2]。还有文章从新自由主义思想的角度出发，探讨了经合组织和世界银行在制定早期教育和保育政策需求方面的差异。研究认为，经合

---

① 冯增俊，陈时见，项贤明. 当代比较教育学 [M]. 2版. 北京：人民教育出版社，2015：109.

② BENNETT J S. The persistent division between careand education [J]. Journal of early childhood research, 2003, 1 (1): 21-48.

组织呼吁平等并重视儿童的权利，而世界银行学前教育政策的目的在于通过发展儿童事业减少贫困的发生①。部分学者以经合组织的项目为切入点开展研究，尤其是近期的 IELS 项目的探索，通过对 IELS 项目的简要概述和分析来说明这项研究、儿童的去情境化与经合组织的教育"价值观"之间的关系，以及这些价值观如何对学前儿童及其教育产生重要影响。还有学者将 IELS 与 PISA 项目进行对比分析，思考在早期教育领域是否能够实现定期国际性测试的可能性等。学者戈登·克利夫兰等聚焦于经合组织《强势开端》报告发布后的背景下多国托幼一体化的现状，对比了加拿大、瑞典等多国在托幼融合方面的发展。

国内对经合组织学前教育政策系列的研究文献类型大致可以分为三种类型：第一类直接从《强势开端》系列报告的主题出发，文章主要围绕每份报告中的主要内容展开述评。这类文献可以追溯到朱家雄教授于 2006 年发表的文章。朱家雄教授在文章中对国际经合组织早期教育政策专题《强势开端Ⅱ》调查报告并进行了简要介绍并对我国学前教育的发展给出了针对性的启示。随着经合组织最新报告的发布，朱家雄教授再次对《强势开端Ⅲ》展开内容解读并进行了评论。其他围绕经合组织报告的主题，如政策质量工具箱、早期教育与保育质量监测、幼小衔接等开展的研究也在《强势开端》系列报告陆续发表后逐渐出现。这一类型的研究文献数量相对而言是最多的，其中包括期刊论文和学位论文。但是研究整体上还是依靠对报告的翻译，对文本内容进行深入分析的不多见。第二类研究将关注点聚焦在了对学前教育的财政投入方面，通过比较经合组织国家幼儿教育经费投入趋势来解读经合组织国家教育的发展。经合组织国家的教育投入正在向幼儿教育倾斜，政府不仅帮助家庭减轻支出负担，而且加大对市场上私立幼儿机构的扶持力度。现有研究在叙述经合组织国家的现状后，结合我国学前教育财政投入的现状，对我国学前教育经费投入给出了一些建议意见。第三类研究从学前教师和家长的角度切入，通常是对我国与经合组织国家的师资投入状况以及家长的参与情况进行比较后，展开对双方各自和对比的分析。霍力岩等将师幼比和师资培训作为学前教育质量的指标之一，发现中国的师幼比较低，培训也缺乏针对性和规范性。此外，家长参与学前教育也越来越受到重视，通常被视为促进儿童健康发展与学习的重要手段。

① BENNETT J. New policy conclusions from starting strong II an update on the OECD early childhood policy reviews [J]. European early childhood education research journal. 2006, 14 (2): 141-156.

（二）《强势开端》计划系列报告

学前教育政策专题评议最重要的就是《强势开端》系列报告。《强势开端》专题评议也是经合组织在学前教育领域政策评议最重要的报告来源，是经合组织学前教育政策的主阵地。评议从国际的视角，对参与的成员国间不同国家的学前教育政策进行系统性的讨论，并在每次的报告中提供了有助于促进平等获得高质量学前教育政策的方向建议。《强势开端》的研究最早是在 1998年发起的，但是研究发布首份报告的年份是 2001 年。从首份报告发布起，每间隔 2~5 年，经合组织会组织一次学前教育专题的国际评议，同时也会在评议后发布一份最新的政策报告。迄今为止，系列报告已经发布了五份正式报告以及两份过程相关报告。其次是国别评议的部分。经合组织的"鼓励学前教育质量的发展"项目的产出之一就是针对捷克、芬兰、日本、挪威、瑞典等在内的十个国家的政策评议报告。这一系列国别报告以《学前教育的质量很重要》加上各国国家名称的方式命名。国别评议报告的主题来源于被评议国家自主选择的政策重点（《强势开端Ⅲ》政策质量工具箱中的五个"工具"选择其一），接着由经合组织审查特定的国家以及与儿童教育质量有关的具体问题，指出其所在领域的优势所在并提出了当前的政策需要进一步反思的举措。

经合组织学前教育领域的国际测量目前有两项，一项是"学前教育版本的 PISA"——国际早期学习与儿童幸福研究（IELS），另一项是学前教育领域的"教师教学国际调查"——强势开端教师教学国际调查（TALIS Starting Strong）。两项调查发布的政策报告共 7 份。IELS 是一项国际化的测评项目研究。此项目于 2016 年启动，这项研究关注儿童在 5 岁左右时的状况，通过直接测量儿童学习的关键指标评估儿童具体的发展领域，即从测试识字、算数、自我调节、移情和信任四大维度的内容出发，结合从儿童的父母和老师那里收集广泛的成长背景信息，对儿童的发展状况进行评估，IELS 关注儿童的后期教育成果和更广泛的幸福。经合组织的三个国家参加了这项研究：英格兰（英国）、爱沙尼亚和美国。2020 年 3 月，经合组织发布了《早期学习与儿童福祉：英国、爱沙尼亚和美国的五岁儿童研究》报告，随后也分别出版了参与调查的三个国家有关《早期学习与儿童福祉》的国别报告。

"强势开端教师教学国际调查（TALIS Starting Strong，TALIS）"是经合组织针对学前教育展开的大规模国际调查，调查的对象是各国学前教育机构的教师和管理者。学前 TALIS 也是第一个关注幼儿教师的国际调查，目的在于通过对学前教育工作者展开调查，寻找促进儿童学习、发展以及幸福感提升的机会，获得更高质量的学前教育。第一次调查于 2018 年正式开展，丹麦、挪威、冰岛、日本、韩国、德国等 9 个国家参加，并且每个国家至少随机抽选了 180 个儿童机构参加调查，以 3 岁以上的学前教育阶段的机构为主。2019 年 10 月，经合组织根据调查结果发布了第一份报告——《2018 "强势开端调查" 结果：提供优质的学前教育》，同时提出了系列政策建议。

2020 年 7 月，发布了第二份报告《2018 "强势开端调查" 结果：3 岁以下幼儿的教育和保育》，此份报告侧重于 3 岁以下幼儿的教育和保育，有四个国家（丹麦、德国、以色列和挪威）参加这部分的调查。同年 12 月，此次调查的第三份报告发布，命名为《建设高素质的幼儿教育和保育队伍：2018 年强势开端调查结果》，这份报告着眼于各国学前教育工作者的比较，探讨了影响学前教育工作者专业发展的因素。

总之，经合组织《强势开端》系列报告，自 2001 年发布起就在关注国际学前教育事业的整体发展，直到 2010 年以后逐渐转变为重视学前教育质量的各方面。《强势开端》系列专题评议逐步深化如何才能实现高质量的学前教育问题的研究，《强势开端Ⅰ》和《强势开端Ⅱ》报告的命名以 "早期儿童教育和保育" 为题，采取了广泛和全面的方法，首次提出了在经合组织国家关于学前教育政策的国际比较工作，并提出了一系列全面行动的建议，以扩大获得机会、确保公平和提高早期干预措施的质量，考虑政策、服务、家庭和社区如何能够支持幼儿的早期发展和学习。后期 2011 年出版的《强势开端Ⅲ》提供了具体指导学前教育的 "质量工具箱"。2012 年和 2013 年出版的《学前教育的质量很重要》系列国别报告为各国提供关于提升质量的重点政策建议，扩大了质量工具箱的影响力。《强势开端Ⅳ》从三个方面总结了学前教育质量监控的状况。《强势开端Ⅴ》强调幼小衔接的质量。因此，2010 年后连续报告的出版显示这一时期经合组织更加意识到 "质量" 对学前教育起到关键性的作用。

近几年的调查结果显示，各国政府对学前教育的重视程度差别很大，对其投入的公共开支差别也很大，在较发达的经济体中，各级别的教育之间支出差距要小得多。总体而言，各国从学前教育到高等教育的支出往往会逐步增加。尽管学前教育是以后教育的基础，但是目前在每个学龄儿童身上得到的公共投资是最低的。有数据显示，在学前教育方面支出最高的国家，4 岁和 5 岁儿童的入学率也是最高的。负担得起的高质量服务是确保儿童发展、学习和幸福的基础。为了弥补证据基础上的这些差距，经合组织关于"超越法规的质量"的政策评议将支持各国更好地理解学前教育的不同质量维度，特别关注那些可以通过政策解决的、能够确保更好的儿童发展、学习和幸福的维度。

（三）21世纪以来经合组织学前教育政策的影响

21世纪以来的近20年，经合组织的学前教育政策管理以全面的全球信息管理为基础，通过专题和国别评议进行政策统计和分析，开发关于学前教育的数据库和指标，提供有效、及时和可比的国际信息，提供技术咨询，帮助各国各地区政府审议和改革学前教育政策，以期改善各国各地区的学前教育服务和系统。以市场经济的增长为使命的经合组织如何逐渐成为越来越有影响力的全球教育权威，特别是在学前教育领域，下文将从政策影响路径分析和对成员国政策影响两方面出发，分别剖析21世纪以来经合组织学前教育政策带来的影响。

1. 政策影响的路径分析

经合组织对其成员国或非成员国没有任何法律约束力，也没有可用的财政等资源来鼓励其采纳政策。经合组织的政策影响来自它的知识生产能力。伍德沃将经合组织描述为一个播下国家间共识和合作种子的国际组织。经合组织制定软性管理模式，试图通过政府间的审查、同侪压力和舆论等手段发挥影响力。

（1）经合组织自身的路径

就经合组织自身的路径来看，经合组织利用从其国际教育调查中收集的大量数据，通过其在线图书馆提供一些政策性报告和简报。在学前教育领域，自2001年《强势开端Ⅰ》出版以来，研究成果的传播有了显著改善，对相关资料的搜索和分析研究得到了迅速发展，经合组织的学前教育政策专区网站访问量和搜索引擎的搜索量上升，官方网站的公开信息为家长和学前教育专业人员提供了新的力量，帮助他们寻找有关儿童发展的信息，了解不同地区、国家的现有方案和政策。将原始研究和开发首先通过同行评议、专业期刊向公众传播，其次通过媒体报道和家长之间的传播。

经合组织通过全球化、新保守主义和新自由主义的论述推动的主要故事是一个高质量和高回报的故事。丽安·马洪将经合组织描述为跨国治理软形式的先驱，意思是经合组织的影响力在于政策数据服务和国际讨论，表现为将经济因素与社会和政治问题联系起来。目前，经合组织提供的资料是许多国家政府政策参考的重要数据形式，而国际讨论领域本身就是经合组织发挥影响力的关键驱动因素。重要的是，经合组织的报告分析了在全球意义上国家之间的比较，并以报告中内容描述的价值指导政策。学前教育经常作为一个将有助于一个国家未来的竞争力和生产力因素来使用。

在经合组织出版的《强势开端》系列报告中，通过对于建立高质量学前教育的描述，发布了一些类学前教育质量的政策建议，也形成了有关"质量"的概述，对国际学前教育政策产生了循序性的重大影响。虽然无法达成一个普遍认可的关于质量的定义，但它已经作为一种"必然性和精确性、直接和可预见、客观性和普遍性的话语"而存在。正如《强势开端Ⅰ》和《强势开端Ⅱ》的重点是儿童、父母和社区在学前教育政策、项目和评估中的声音，这也反映在爱尔兰早期教育质量标准框架的创建中。《强势开端Ⅱ》中概述的"质量"是针对具体环境的具体理解，《强势开端Ⅲ》中使用标准化的工具箱进行说明，随后在《强势开端Ⅳ》中突出质量的监测和评估，将质量定位为一种潜在的可控技术。这种转变在爱尔兰的学前教育政策中也得到了体现，在学前教育评估的框架中，将质量与监测联系在一起①。通过质量、认知发展和高回报的故事，经合组织有关质量的概念已经嵌入部分国家的政策当中。经合组织通过公开声明和出版物宣传人力资本在 21 世纪的重要性，促进了这一讨论的日益增长。如果对儿童早期进行投资将会收到极高的回报。谁会拒绝在儿童早期教育上进行投资呢？在初期，以市场经济增长为使命的组织如何对全球教育给出建议受到了质疑，然而，现在经合组织通过逐步的政策性报告发布给出了强有力的回应。经合组织的大规模教育调查有助于其在全球教育治理中增强认知和规范治理作用。经合组织推行了"软说服"战略，将一系列国际调查中各国的表现归化为教育质量的结果。如同 PISA 在全球广泛传播的主要好处之一是它能够作为教育改革的催化剂，具有巨大的舆论影响力。有了教育的比较数据，世界各地的政府很快就开始辩论，并且主要讨论教育体系、人力资本和经济繁荣之间存在的因果关系。经合组织通过其公开声明和出版物促进了这种日益增长的论述，这些声明和出版物宣传了人力资本的重要性。经合组织期待学前的 IELS 带来的作用也是这种使各国的政策制定者能够参考"全球标准"和"国际证据"来支持政策议程，将视线的重心转移到"全球范围"，成

---

① 朱家雄. 制定与实施促进社会公平与和谐的早期教育政策：国际经合组织早期教育政策专题调查报告及其启示 [J]. 教育导刊（下半月），2006（12）：4-6.

为一场全球舆论的"讨论"。

近年来，通过与"非成员经济体（NME）"的合作，以及通过对其在比较绩效评估中获得的技术专长的全球认可，其推广和影响力已经大大扩大，试图引导成员国和非成员国选择其教育观念①。学者们认为，经合组织的国际教育调查促进了世界各地教育政策的融合。虽然国家仍然是制定和实施教育政策的关键，但区域和全球形式的治理在国家政策中发挥着越来越大的作用。

（2）其他传播渠道

国际组织对教育全球化有着特殊的影响力。在全球化的过程中，传播和出版系统在多个层次和不同规模上起了重要作用。经合组织为教育政策提供了资金充足的出版渠道，从而提供了发挥国际影响力的特殊机会。经合组织在全球主流媒体上的表现也不凡，除了在经合组织成员国中，在非成员国中也产生了影响。以非成员国的中国为例，从中国主流媒体的情况来看，在光明日报、中国教育新闻网等各类主流新闻媒体上都有刊载与经合组织学前教育相关的内容。笔者在搜索资料的时候，使用的是各类大众浏览器，并且直接在浏览器上搜索。从此类新闻报道的统计来看，这些媒体的发布形式有两种：一是直接在网站上发布，二是转载杂志、报纸的内容在官网上进行二次发布。通过使用浏览器以关键词"经合组织学前教育""经合组织早期儿童教育和保育"和"经合组织幼儿教育"等相关联的关键词进行搜索后，我们可以发现，首先就报道类型而言，包含直接针对经合组织学前教育政策最新动态的报道以及间接从教育公平、女性就业等角度出发谈及经合组织学前教育政策的报道。其次，发文作者基本上以高等教育机构的教师和学生为主。最后，报道的时间以2010年后为主，特别是近几年的报道数量明显增长。除此之外，随着自媒体平台的发展越来越成熟，院校、杂志等官方自媒体频道以及教育者、学者的个人自媒体频道上，以经合组织的知名研究报告、最新动态为主题写作的文章也频频出现，在这些内容中也不乏经合组织学前教育政策的动态。

由此可见，经合组织正通过发布报告彰显出它巨大的媒体影响力。这种快速便捷的传播方式，能够让全球大众更多地了解经合组织有关教育领域研究的最新动态。此外，在这些媒体报道的背后，潜移默化地树立起的是一种学前教育是具有高性价比事业的观念，通过加大学前领域的公共投入、重视师资队伍

---

① 王洁，李召存. 国际学前教育发展规划政策性文件述评及启示 [J]. 幼儿教育·教育科学，2016（9）：50-56.

建设、提升家庭养育能力等可以形成高质量学前教育的经合组织"观念"或"印象"。

2. 经合组织对成员国的政策影响：以芬兰为例

经合组织没有做出任何具有法律约束力的决定，也没有发布任何强制性的教育政策建议。但是，经合组织发挥了顾问的作用，以多种方式对成员国的社会经济政策产生了广泛影响，成为国家教育政策的"幕后操纵者"的角色。成员国也会主动参与政策评议，了解自身在成员国中的水平。经合组织发布的教育指标和评估研究是质量监控的最有效工具，通过这些工具，该组织的影响力已渗透到其成员国的教育政策中，甚至影响到非成员国国家的教育政策。

芬兰是北欧国家，具有致力于儿童早期教育的良好历史传统。他们的幼儿课程是幼儿教育最佳实践的国际卓越典范，芬兰也是第一个授予每个幼儿托儿权利的国家。经济学家智囊团在 2012 年发布的 45 个国家和地区学前教育综合水平国际排名的报告——《良好开端》显示，芬兰的排名为第一①。同时，芬兰是经合组织《强势开端》系列研究最早的参与国之一，并在之后完成了《强势开端》的每一次专题政策审议。下文以芬兰为例，从经合组织对芬兰教育政策的评议和芬兰在 21 世纪的教育实践两方面来阐述经合组织对芬兰的学前教育政策的影响。

（1）经合组织对芬兰的政策评议

2012 年起出版的经合组织国别政策评议《学前教育的质量很重要》系列中，芬兰就是其中的国家之一。国别政策评议的政策重点由各国在《强势开端Ⅲ》的质量工具箱确定的 5 个政策杠杆中选择，芬兰选择了工具箱中的政策杠杆 3——"提高资质、改善培训与工作条件"作为当时的政策重点。

①对芬兰学前教育政策评议的结果。

针对芬兰的国别评议报告《学前教育的质量很重要》指出了芬兰在 2012年之前学前教育政策的结果和投入与经合组织国家的平均水平的比较以及芬兰在学前教育工作者方面的优势和有待加强之处。从芬兰学前教育政策结果看，直接与儿童有关的结果指标方面：儿童贫困的情况很少，15 岁的芬兰学生在PISA 的阅读、数学和科学测试中表现良好等。社会人口和劳动力市场结果方面：芬兰人口出生率略高于平均水平，幼儿母亲的在职率持平或高于平均水平。从国际比较的角度，政策可以改进的领域有：改善妇女收入方面的平等，

①　关少化. 教育 2030 行动框架与幼儿教育 [J]. 早期教育：教科研版，2016（6）：32-35.

提高 3 岁和 5 岁幼儿的入学率,改善 15 岁学生的健康状况。从芬兰学前教育政策看,芬兰在学前教育的许多与质量有关的指标上表现良好,如 0~3 岁和 3~6 岁的师幼比以及师资水平。但是,保育员的资格水平要求较低,建议考虑提高保育员的质量。通过芬兰与其他经合组织国家的对比,可以显示芬兰与经合组织平均水平相比处于什么位置,并可以将政策注意力投入那些需要更多政策关注的领域。总的来说,芬兰具有良好的学前教育政策制度,在大部分政策结果指标上的表现高于经合组织平均水平。

②对芬兰学前教育政策的建议。

经合组织的研究表明,学前教育工作者的资格准入、教育水平和专业发展是一个重要的政策问题。受过良好教育、训练有素的专业人员是为儿童提供高质量学前教育的关键因素。针对芬兰选择的政策重点"提高资质、改善培训与工作条件",《学前教育的质量很重要》根据芬兰的问卷反馈以及各项调查明确,芬兰在学前教育工作者上的优势在于:首先,芬兰对学前教育教师的资格要求很高,幼儿教师要有研究生学历,保育员要有高中学历。其次,教师强制性参加专业发展,由一系列利益相关者提供各种形式的培训,培训费用由各方分担,还为员工制定了多种激励措施,以鼓励他们参加专业发展。最后,芬兰的师幼比很高,能够让教师和幼儿之间有更为密切的互动。同时,经合组织指出芬兰可以进一步思考三点:第一,芬兰没有相应的教师更新资格的程序,而资格的更新和续签可以有助于确定发展或培训的需求,并确保高质量的教师队伍。第二,芬兰的教师在发展领导能力方面、良好的计算机技能方面以及由移民人口带来的语言、文化多样性问题方面面临挑战。第三,与许多经合组织国家一样,芬兰的幼儿教师队伍中女性比例很高,并且大多数年龄在 40 岁以上。为了使该行业更具吸引力,招募更多样化的人才并通过先前学习认定的方式承认其能力是芬兰可能需要思考的领域。根据经合组织的建议,芬兰应当更加注重发展国家指导体系的建设,保持和提高学前教育工作者的专业技能,以及为 0~3 岁早期幼儿研究和制定质量控制方法。

(2) 21 世纪以来芬兰的学前教育实践 ①

21 世纪以来,芬兰陆续颁布和改进了各种法律法规。其中,最重要的是实现"不落下一个孩子"的目标,保障所有儿童接受学前教育,以及实现学

---

① 张妮妮,赵慧君,刘仲丽. 芬兰学前师资培养课程的理念与实践 [J]. 外国教育研究,2015(4):45-54.

前教育高质量的目标。为了建设高质量的学前教育体系，芬兰一直在为打造优质学前课程和师资队伍建设而努力，这也与经合组织学前教育政策建议的方向相匹配。在芬兰，7岁以下的儿童有权接受教育，这项法定权利是从20世纪90年代就开始生效的。

儿童在进入基础教育阶段之前可以分成两个阶段。首先是早期儿童教育和保育阶段，对0~5岁年龄段的儿童进行有计划有目的的教育和保育。其次是"学前一年教育"阶段，是在基础教育前一年（6~7岁，相当于我国幼儿园最后一年）接受的免费教育。早期儿童教育和保育、学前教育和基础教育构成了儿童发展和学习的统一体，是终身学习的基础。早期儿童教育和保育阶段由幼儿的父母或监护人决定他们的孩子是否参与，政府根据家庭人数、收入和儿童参与的时间提供公立幼儿早期教育和保育服务的费用，私人早期儿童教育和保育的价格由提供者决定，幼儿家庭可以获得私人托儿津贴。学前一年教育是免费的。学前一年教育受《基础教育法》的约束，地方政府负责安排学前教育，并有义务为当地的儿童提供学前一年教育。为了提高学前一年教育的儿童入学率，芬兰在21世纪采取了两次措施。2001年8月芬兰颁布法令，宣布地方政府必须组织实施免费但非强迫的学前一年教育，家长自愿选择是否参与。免费的政策有效地提升了学前一年教育的入学率，但仍有部分幼儿没有进入幼儿园。考虑到此种情况的芬兰于2015年8月将学前一年教育纳入义务教育体系，这也是为达到真正的"不落下"目标而做出的努力。儿童的父母或者监护人必须要保证儿童参与到学前的一年教育，以此保障芬兰儿童学前一年教育的入学率。

（3）建设优质学前教育课程体系

芬兰十分重视课程指南的建设。芬兰颁布了国家课程指南，并随着时间的演变而不断修订。《儿童早期教育与保育国家课程指南》是为第一个阶段制定的国家课程指南，颁布于2003年，并分别于2005年、2018年进行了修订。《学前一年教育国家核心课程》（以下简称《核心课程》）为后一阶段的国家课程指南，颁布于2000年，并分别在2010年、2014年进行了修订。芬兰对0~6岁的儿童根据不同阶段的性质颁布了两部指南，在全国范围内平等实施高质量和统一的学前教育，保障了学前教育阶段的持续性与完整性，并与基础教育相衔接。以后一阶段的《学前一年教育国家核心课程》为例，修订的指南逐渐明确学前教育的重要性。《核心课程》主要关注的是儿童和社会两个要素，分别强调了儿童作为社会的一个群体接受教育的价值，以及儿童是终生学习的主体地位，并且还强调了学前一年教育和基础教育之间的教育连贯性。2014 年修订的指南内容中更是着重促进学前教育和小学教育之间衔接的内容。此外，《核心课程》的实现都要通过推动各部门合作来实现，需要加强家庭、社区、幼儿园和学校等各类机构之间的密切合作。

（4）建设高质量的师资队伍

芬兰的师资建设也相当富有成效，高质量的教师是芬兰教育体系的标志。芬兰有很高的标准，要想进入教师预备课程就必须达到这个标准。《2007—2012 教育与研究：发展计划》将教师的工作环境和专业化看作提高教育质量的重要条件。2010 年发布的《全国教育人员专业发展》拟对全国教育人员的专业能力进行评估。芬兰规定学前一年教师需要硕士学历，早期教育阶段也要求学士学位，照顾特殊有需要的儿童的幼儿教师还需要额外再学习一年的专业知识技能，保育员也需要具备高中学历。芬兰在 21 世纪所颁布的其他法律法规还包括于 2002 年颁布的要求从事儿童工作的人向雇主出示其无犯罪记录证明的《调查从事儿童相关工作人士的犯罪背景法案》，2007 年颁布的为了支持儿童的成长和教育的《儿童福利法案》，2016 年颁布的规定了芬兰学前教育收费标准《早期儿童教育和保育费用法案》，以及 2018 年颁布的规定了儿童接受教育和保育的权利的《早期儿童教育和保育法》等。此外，为了消除因儿童的家庭背景而产生的学习差异，芬兰教育和文化部投入 1.25 亿欧元提高学前教育的质量和公平性，并于 2020—2022 年实施了《学习权利——促进幼儿教育和保育的质量和平等发展方案》。芬兰的学前教育政策目标和行动的发展方向是建设高质量学前教育体系。21 世纪以来，芬兰通过一系列法律法规的推进，保障了儿童接受学前教育的权利以及促进了学前教育质量的提升，特别是"不落下一个孩子"的目标、优质课程体系、高质量师资队伍的建设，都是与经合组织学前教育政策的理念和宗旨相符合的。

二、其他国际组织学前教育政策研究

（一）世界银行的学前教育政策研究

世界银行已成为全球教育治理中最具影响力的机构之一。同时，世界银行在全球教育知识的生产、管理和传播方面也起着不可替代的作用。笔者整理发现，国内外对于世界银行的教育政策研究的方向之一就是集中于世界银行的教育援助政策（包括学前教育领域），且大部分是通过对具体的项目进行分析的，较少见整体性分析。世界银行拥有强大的资金实力、高素质的人才和广泛的知识基础，在国际援助界占有一席之地，对国际教育政策的制定具有相当大的影响力。它为从学前到成人教育的所有教育阶段以及艾滋病教育、教师教育等领域的全球项目提供贷款①。世界银行的学前教育政策研究作为世界银行教育政策的一部分，研究的主要关注点在于其学前教育援助政策以及早期儿童发展政策评估系统。杨格在其著作中简要介绍了世界银行正在实施的各种早期儿童发展方案，意在指出开展对儿童早期的投资有助于打破贫穷的代际恶性循环②。还有学者对南部非洲幼儿教育与保育报告和对世界银行发表的关于巴西早期儿童教育发展的政策研究《早期儿童教育：为巴西最重要的一代服务》进行内容分析。

我国学者对世界银行的教育援助政策及实践的研究近年来正在逐步开展。靳希斌介绍了世界银行作为国际教育援助组织的性质，并对世界银行贷款项目展开分析。之后更有对其演变、现状和影响的研究等的研究，但主要集中在基础教育和高等教育领域。在学前教育领域，相关的研究主要是关注全民教育背景下世界银行非洲学前教育援助项目，世界银行儿童早期发展与教育投资政策的内容、动因及其策略，以及我国云南省正在实施的世界银行贷款和云南学前教育实验示范项目管理。

世界银行的"SABER-ECD"政策评估框架是为早期儿童教育政策制定者提供的工具和分析框架，框架将有关儿童早期发展的研究数据转化为有效和大规模的实际行动，以此来期待促进早期儿童健康、认知、语言和社会情感发展的政策改革。除了世界银行收集完整和详细的项目数据并应用此政策评估框架进行相应的分析外，在过去的几年里，已经有40多个国家使用了该套评估框架对儿童早期发展进行分析。梅尔·科琳等利用"SABER-ECD"分析框架对南非和土耳其的早期儿童发展政策和实践进行了比较概述。研究结果表明，这两个国家都为儿童早期发育建立了有利的政策环境，并在过去15年里取得了巨大的进展，不过质量标准的实施、制定仍在不断进行。在我国，此类研究还有将世界银行的学前教育质量监测与评估的政策与经合组织进行对比的分析。

---

① 朱家雄. 制定与实施促进社会公平与和谐的早期教育政策：国际经合组织早期教育政策专题调查报告及其启示 [J]. 教育导刊（幼儿教育），2006（12）：4-6.

② 霍力岩，孙蔷蔷，陈雅川. 中国与 OECD 国家学前教育发展的比较研究 [J]. 基础教育，2017（14）：23-32.

（二）联合国教科文组织的学前教育政策研究

《2030 年教育行动框架》于 2015 年 11 月 4 日正式通过并启动，将总目标定为人人可以获得终身学习的机会。围绕《2030 年教育行动框架》的学前教育相关内容，成为下一步研究的重点。有研究者以教育 2030 年十大具体目标的内容为基础，分析幼儿教育理念的新转变。另有以其他多国的学前教育规划政策性文件为依据探讨当前国际学前教育发展关注的重点问题及其对中国学前教育发展规划的启示。联合国教科文组织的《整体性早期儿童发展指标体系》也起源于对全民教育运动早期儿童保育与教育目标的监测。一方面，联合国教科文组织的研究中也有特别针对女童和妇女教育政策的探讨。笔者对部分研究整理后发现，有学者通过对有关女童和妇女的政策文件的研究调查了联合国教科文组织最近的项目的影响，进行了女童和妇女教育如何能够得到重视的思考，并且认为改善女童和妇女教育的目标符合各种发展议程的目标。对于这部分内容的关注为其为全球发展优先事项铺平了道路。还有研究从教科文组织和经合组织共同开展的有关儿童早期保育和教育研究项目出发，着重强调了发达国家和发展中国家政策的整合。

（三）欧盟的学前教育政策研究

2000 年 3 月，欧盟发布的《里斯本战略》确立了到 2010 年欧盟经济、社会、教育和就业等的宏伟发展蓝图。回顾欧盟在 21 世纪第一个十年里的文件，我们可以发现这一时期欧盟发展的关键词，即"全球化""一体化""社会融合"等；2010 年 3 月，《欧洲 2020 战略》推出，即又一个新十年长期规划。"智能增长""可持续增长""包容性增长"成为第二个十年欧盟发展的关键词。2010—2020 年，应对社会经济发展、人口老龄化、贫困和社会排斥等的挑战，教育与培训起到了不可替代的作用。2010 年欧盟成员国首脑会议在比利时布鲁塞尔召开，会议通过了《欧洲 2020 战略》，这项新的战略是在 2000 年制定的《里斯本战略》的基础上对 2010 年欧盟经济发展中尚未实现和不合实际的目标所做的调整。欧盟把"智能、可持续性和包容性增长"作为最高战略目标，基于知识经济的"智慧型增长"，确保"可持续增长"，致力于反贫困和反社会排斥，增强社会凝聚力，最终促进欧盟社会的"包容性增长"。《欧洲 2020 战略》是推动欧盟政治经济一体化进程中的一个重要政策，它所包含的这三项战略目标是互相关联、相辅相成的。

1. 学前教育：面向未来为所有儿童提供最佳起点

在 2002 年的巴塞罗那峰会上，欧盟理事会制定了早期教育与保育发展目标，欧盟成员国同意增加正规早期教育与保育服务供给，确保到 2010 年，至少 33% 的 3 岁以下儿童、90% 的 3 岁以上至义务教育入学年龄儿童，都可以接受正规早期教育与保育服务。2011 年颁布的《学前教育：面向未来为所有儿童提供最佳起点》提出两点要求：一是保证接受学前教育的机会。来自富裕和贫困背景的儿童的认知、社交和情感发展在 3 岁时存在很大差距，这个差距在 5 岁时会扩大，因此必须要在学前阶段提供全纳教育和包容的学前教育，同时确保有效和公平的资金。大多数成员国对学前教育阶段中每名儿童的教育公共支出低于任何其他教育阶段，因此欧盟倡议成员国在融资模式上应采用多种形式，既要保证基于市场服务的资金开支，也不可忽视公共投入。二是确保学前教育质量，主要体现在课程、教学人员和学前教育治理上。首先满足儿童的各种需要，包括认知、情感、社会和身体方面的需要，侧重于课程质量和迫切性问题，并分析和学习成员国的良好经验，以确保学前教育课程产生最大的积极影响。其次，学前教育教师的能力是高质量学前教育的关键。吸引和留住合格的教学人员是一个巨大的挑战，学前教师的性别平衡问题迫切需要让学前教育行业对男性更具吸引力。最后，学前教育治理意味着教育、就业、卫生、社会政策等不同政策部门之间需要进行强有力的合作。欧盟层面的政策交流与合作，有助于各国在这一重要而富有挑战性的任务中相互借鉴。同时学前教育质量框架涵盖从出生到义务教育年龄的整个时期，框架中设定的指标可以监测儿童的阶段发展并根据这些指标衡量儿童接受学前教育的结果。

欧盟层面教育行动的重点一直是增加儿童保育和学前教育场所的数量。巴塞罗那峰会上确定了两个共同目标，2010 年至少为 90% 的三岁至义务教育年龄的儿童和 33% 的三岁以下儿童提供正式的学前教育。

2. 投资儿童：打破劣势循环

儿童贫困问题在世界各国中都存在，但如何打破这种恶性循环也成了各国一直都在解决的难题。鉴于儿童贫困问题在欧盟各国愈加严重，为了促进社会融合与社会公平，欧盟委员会于 2013 年 3 月 20 日通过了建议报告——《投资儿童：打破劣势循环》。在报告中，欧盟提出运用综合内容措施解决儿童贫困问题，使所有儿童都能充分发挥潜力；强调通过尊重儿童权利办法解决儿童贫困和社会排斥问题，特别是参照《欧洲联盟条约》《欧洲联盟基本权利宪章》和《联合国儿童权利公约》的有关规定，将儿童视为独立的权利持有人，确保儿童权利得到尊重、保护和实现，同时充分认识家庭作为主要照顾者的重要性；欧盟也注意到旨在增进所有儿童福祉的普遍政策与针对最弱势群体支持的政策应保持适当的平衡，确保政策实施中关注到因多种不利因素而增加贫困与社会排斥风险的儿童，如罗姆儿童、一些移民或少数民族儿童、特殊需要或残疾的儿童、留守儿童、街头儿童、父母被监禁的儿童以及特别贫困家庭如单亲家庭的儿童等，并及时评估政策所带来的效果，减轻贫困儿童的外部影响。基于此，报告中制定了三个关键性战略。

一是为贫困儿童家庭提供充足的资源。采取所有可能的措施来支持贫困儿童的父母参与劳动力市场，并解决其父母在进入或留在劳动力市场时面临的具体障碍，包括与税收和福利制度相关的障碍，针对有特别贫困与社会排斥风险的人士进行教育与培训和就业支援，确保所有家庭包括处境不利的家庭都能负担得起高质量的学前教育。通过充分、连贯和有效的福利，包括财政奖励、家庭和儿童福利、住房福利和最低收入计划等来支持家庭收入，通过各种福利相结合的方式提高贫困家庭的生活水平，如以实物福利补充现金收入补助计划，特别是与营养、托儿所、看护、保健、住房、交通和参加体育或社会文化活动的机会有关的福利，以此让贫困儿童能够有尊严地享受学前教育。

二是提供负担得起的优质学前教育服务。通过投资于学前教育，减少幼儿时期的不平等，鼓励来自弱势家庭的儿童（特别是三岁以下的儿童）接受学前教育，不论其父母的就业状况如何，提高家长对学前教育作为早期预警系统的认识，加强学校与家长之间的联系，创造包容的学习环境，并在必要时提供个性化的支持，以弥补先天劣势，如为流动儿童和少数族裔儿童的家长提供培训。在外部环境保障上，确保所有儿童都能充分利用其普遍享有的卫生保健权利、提供健康营养饮食和体育锻炼活动，并为儿童提供安全、充足的学习和生活环境。

三是保障儿童参与学前教育的权利。支持所有的孩子参与学校游戏、娱乐、体育和文化活动，鼓励学校、社区和地方当局为所有儿童，不论其父母的工作情况和背景如何，创造更好的课外活动和设施，对处境不利的社区提供奖励和补偿措施，为儿童提供安全的环境空间；建立相关机制促进儿童参与影响其生活的决策，能够表达知情的意见，确保这些意见得到适当重视，并反映在最后的决定中。落实儿童在与司法有关的决定中享有发言权，促进有利于儿童的司法的实施，特别是让儿童有效地参与法庭和司法程序。

同时，通过社会变革和创新方案计划、欧盟社会基金制定更多的学前教育政策，并利用这些项目监测、评估和创新学前教育政策。利用欧盟济贫基金和欧盟水果牛奶学校计划解决极度贫困地区儿童的食品和生活物资匮乏问题。促进国家、区域和地方，特别是有关的政府当局、非政府组织建立起伙伴关系，在合作行动中消除儿童贫困。

三、国外学前教育发展经验对我国学前教育发展的启示

经合组织《强势开端》计划政策以及世界银行、欧盟和联合国教科文组织的学前教育政策给我国的学前教育发展带来了很多启示和借鉴。在 21 世纪的全球化时代，学前教育为培养有竞争力和有能力的公民提供了必要的基础。公平、普及和高质量的学前教育可以加强所有儿童终身学习的基础，适应社会需求。经合组织支持这种假设并通过收集教育数据和发布报告让政策制定者、研究者和大众更好地了解学前教育政策，帮助各国政府建立更有效和更公平的学前教育体系。在我国，"十三五"规划兼顾教育公平和教育质量。党的十九届五中全会明确我国学前教育政策"建设高质量教育体系"的导向。"十四五"规划对构建终生学习的教育评价体系建设和教育质量监测提出了要求。学前教育事业事关社会民生，而政府始终在对学前教育事业的把握上起主导作用。为实现建设"幼有所育，学有所教"的公共服务制度体系这一目标，需要突破许多难点。因此，参考 21 世纪以来各国学前教育政策的演变，得到一些我国学前教育高质量发展的有益借鉴。今后，我国发展学前教育事业需要在以下方面继续下功夫。

（一）提高师资队伍素质

师资队伍建设是重中之重，既要保数量也要保质量。学前教育工作者是学前教育系统质量的主要驱动力。经合组织有关学前教育过程质量的研究发现，过程质量是儿童发展和学习的一个强有力的因素。学前 TALIS 调查最新发布的《建设高素质的幼儿教育和保育队伍》也是聚焦于师资队伍的建设。研究表明，在学前教育的环境中，如果教师与孩子之间有更多积极的互动，或者教师提供更高质量或更多机会参与发展和教育活动，儿童的认知、能力和行为会达到更高水平。另外，其中一些常见的质量指标，如师幼比、师幼互动、教师资质、教师专业能力培训的情况以及质量监测和评级制度的存在，都会直接或

间接地与儿童发展和学习产生关联，通过过程质量影响儿童的发展。因此，需要重视教师人才引进和专业队伍的打造。

1. 引进人才缓解师资紧张

多项研究显示，合理的师幼比往往伴随着更高的学前教育质量。2019 年的教育统计数据显示，我国现有幼儿园教职工超过 491 万人（民办占65.2%），其中专任教师 276 万多人（民办占 61.2%）。与 2010 年相比，幼儿园数量翻了近 2 倍，民办率降低了 6.4%，最重要的是专任教师数量增加了近4 倍。但是，我国幼儿园的师幼比大体上是 1∶15，而且不是所有的幼儿园都能够保障拥有足够数量的有资质的幼儿教师，儿童过多也可能成为教师压力的重要来源，幼儿教师的缺口仍存在，仍然需要加强师资队伍的建设。小班化的教学规模易形成良好的师幼互动环境，更有利于开展高质量的师幼互动。由于总体上减少幼儿班额可能会存在困难，因此，灵活的活动和实践组织形式可以用来确保老师至少一天的一部分时间内与儿童进行有效互动。为解决师资短缺的问题，可以提倡师范生在校期间与幼儿园达成实习协定，这既是一种学习的过程，也能够在一定程度上缓解幼儿园的师资紧张，为幼儿园后续补充师资力量搭桥。

2. 打造专业化师资队伍

幼儿教师这一职业只有真正成为一门专业的职业，幼儿教师才能够得到发展，也只有幼儿教师更加专业了，学前教育的整体水平才会提高。教师是专业人员，有专业自主权。目前，幼儿教师在班级管理和教学上取得了一定的话语权，但是仍存在太多的问题，包括社会上很多对幼儿教师的质疑，导致幼儿教师的专业自主权问题一直无法得到正视，这对幼儿教师的专业发展也造成了困扰。事实上，近些年我国在教师培训上的投入力度上是极大的，因此不存在不重视。幼儿园管理者可以适当下放一些权力给教师，在确保获得相关专业发展的平等机会的基础上，结合教师的实际需要，提供个性化的指导和培训机会，包括具体培训内容的选择上和形式上。在内容上，学前 TALIS 的调查发现，幼儿发展知识是各国幼儿教师接受最多的培训内容，但是对于特殊需要儿童的教学这一内容的需求很大，幼儿教师未接受足够的培训来应对特殊需要儿童教育的现象也较常见。另外，根据调查结果，各国幼儿教师过去一年里其专业发展所涉及的内容与他们认为自己所需要的内容只有部分一致，有些需求高不一定是缺少相应的培训，而是教师对这方面更加感兴趣。由此可见，保证幼儿教师的专业自主权对幼儿教师的专业发展极为重要，让幼儿教师"自己为自己发声"。在形式上，经合组织的调查显示：韩国的教师专业发展90%以上是通过线上的方式完成的，但是仍有教师满意度不高以及效率较低等问题的存在。目前，基于大数据和互联网发展的线上线下共同的教师发展形式在我国也逐渐流行开来，但是其效果如何也需要在未来一段时间内持续关注。今后如何使幼儿教师的数量和水平达到平衡，创建高质量的教学环境，都是需要继续思考的问题。

（二）建设本土学前教育课程体系

首先，课程是涉及教育质量是否优质的关键要素之一。只有在课程上占据了优势，教学才能影响到大部分人。目前，我们的课程建设应当是全球本土化下的文化建构，它可以是广泛的和一般的，也可以是相当具体的，能够帮助教师组织教学工作，以实现发展的目标或学习标准。从最初的学习国外蒙特梭利或者瑞吉欧式的教学，到后来我们产出了自己的安吉游戏。各类幼儿园或者教育机构都在建设特色课程，如今 STEAM 课程教育火热，开始响起了"STEAM"的口号，但是，一切课程的最终落脚点还是在本土。当下，我们应当要建立的是一套在学习国际优秀课程理论和实践的基础上构建的中庸之道下讲究均衡的全球化课程。这也是在我国的现实情境中挖掘出文化融合之处，并在一定的实践上完成一种文化建构的中国特色学前课程。

其次，学前课程的建设还要重视连续性，以推动国家、地方、学校层面的全段示范课程体系建设。《强势开端Ⅴ》的研究就提出学前和小学的课程指南需要有连续性，需要关注到幼小衔接教育。一是当前我国幼小衔接教育更多的只停留于表面，幼小衔接教育常常流于形式。幼小衔接不只是一个事件，而是一个过程，关注在整个过程中儿童的发展。二是幼儿园和小学之间的配合没有具体的规定，幼儿园教师和小学教师衔接工作缺乏深度合作。而且，幼儿园和家长无法建立相互信任的关系导致家庭和幼儿园在幼小衔接教育期间的配合不够好。因此，政府可以在建设课程指南时明确规定幼小衔接的目标和指导意见，鼓励家校共同合作。幼儿园和小学、家庭的合作应该相互信任，密切配合，以信任和尊重的态度对待幼儿，承认幼儿的内在价值，将课程建立在共同的价值理念基础上，渗透到从学前至小学以及今后的课程教育中。课程大纲或框架可以促进对幼儿教育目标的共同理解，是提高学前教育的教学质量的有力工具。

（三）加强学前领域的质量监测

首先，在学前教育质量的要素中，过程性质量被认为是最为重要的要素，但却存在监测难以开展的问题。当前学前领域的质量监测缺乏系统且全面的手段或工具。其中，学前幼儿的学习和发展最难监测，即评价幼儿的学习效果。幼儿不是机械地学，而是积极主动参与到学习的过程中。学生的学是一个动态的过程，教师的教也是一个动态的过程，对这个动态过程的评价过于抽象、难以操作。幼儿作为主要行动者，其能力在这个过程中表现如何并没有标准。当前更多的是从静态的人和物进行标准的评价。监测的功能立足于儿童主体的发展，要求以儿童发展为本，为了儿童的个性发展。监测不是标准化测试，而是与支持幼儿的学习与发展密切相关的，体现在促进幼儿的发展过程上。另外，需要改变已有的建立在对幼儿进行客观观察基础上的评价方式。我国目前主要使用《3~6岁儿童学习和发展指南》（以下简称《指南》）作为学前三年幼儿的学习和发展指南，但是《指南》中的标准也无法量化判断，在使用过程中仍旧依靠教师的主观判断。

21世纪步入了信息化时代，未来我们也将建设与信息技术发展相适应的教育监测系统。要建设现代化的教育体系，现代化教育评价必定是其中重要一环。对于儿童来说，无法用标准化的测试来评价儿童的能力，如果从技术的角度来讲，对于未来教育质量监测，则期盼出现有效地对教学过程进行建模的方式。这种方式涵盖了整个学前教育体系与结构和过程质量相关的领域，包含儿童发展过程中的幼幼、师幼、家园互动等具备过程性质量特征的监测标准。而这种自动化的数据记录方式，将教学过程中的师幼互动、幼幼互动、幼儿游戏等行为进行自动记录，再通过对教育过程和儿童学习做出的大数据解读，给后续提高教学质量的做法带来参考价值。

其次，鉴于学前教育的复杂性，学前领域的质量检测还包括学前教育服务、学前相关工作人员以及学前幼儿的学习和发展的监测。经合组织认为质量监测发挥重要作用必须是全面的，包括结构和过程质量、教师以及儿童发展、学习和福祉。目前，我国还缺乏或者未完善本土化的儿童学习与发展量表，整体质量标准相关的评价工具还未建立，下一步可以建立包括一系列的问卷和评估幼儿园质量的量表在内的《幼儿园质量手册》。对幼儿园办园质量的监测，也是评判学前教育质量的环节之一。在幼儿教育发达地区，如上海率先开启了幼儿园办园质量评价指南的发行，各地区应该因地制宜，为幼儿园办园质量的提升提供指标性的指引。

（四）提高家长参与的有效性

家长参与和学前教育质量之间有着密不可分的关联。在经合组织的政策报告中，家长参与是质量的重要中介影响因素。在对家长参与效果的综合研究中总结得出的结论是，当家长被鼓励参与儿童的活动时，至少对儿童的认知发展会产生适度的积极影响。当家长被鼓励和训练同他们的孩子一起进行特定的阅读任务时，对孩子的语言和读写能力都有积极的影响。但是，仍然有许多家长没有充分认识到自己在这个阶段可以发挥的强大作用，这种意识的缺乏很可能会阻止父母积极参与孩子童年的重要阶段。同时，还存在另一种过度参与的现象，为孩子设计好成才的路线，给孩子带来过多的压力。这都不符合儿童发展的教育观念。今后，需要建设制度化、系统化、有规划的家长参与普及和学习机制，形成教育机构、教师和家长之间稳定的交流体系。因此，首先要让家长在观念上达成一致。为应对这一挑战，经合组织各成员国采取了一系列策略，包括为家长编写和提供支持性材料，为家长提供多种机会参加普及和学习活动，以提高对家长参与的重要性和正确参与家庭教育的认识。其次，学前教育机构需要经常性地发起与家长的互动，通过各种媒介工具，利用显性和隐性的方式，实现有组织的家长参与形式。再次，可以为教师在在职教育与培训计划中充分融入家长参与方面的内容。在框架中也可以强调让父母参与的重要性。最后，家长参与儿童早期教育活动是为了儿童更好的发展。对于家长参与的有效性而言，关键不在于从数量上或是时间上进行评价，而在于是否真正通过参与促进了儿童的发展。

（五）多举措促进学前教育发展

经合组织认为发展一个公平和资源充足的优质学前教育体系，需要政府大量的公共投资。各国政府需要制定明确和一致的战略有效地分配资源，并进行长期规划。我国在发展学前三年教育事业时，普遍做法是优先解决"难""贵"的问题，然后逐渐提升普惠性幼儿园的入园率和质量。在政府主导的基础上，继续鼓励多元化的幼儿服务机构参与。在实现有效公平的基础上进行质量改善，并对标全球优质教育。因此，我国在发展学前教育的道路上需要继续适时增加学前教育公共支出，落实好普及普惠的长期目标，形成良好规范的早教市场以及积极参与国际合作与交流。

1. 适时增加学前教育公共支出

我国教育经费总投入占 GDP 的比重逐渐提升，从 2000 年的 2.56% 提升到 2019 年的 4.04%，其中学前教育占教育经费总投入的比重从 2000 年的 1.3% 提升到 2019 年的 10.23%。近 10 年来，学前教育专项资金 1 500 多亿元，各级财政投入 542 亿元，支持了 4 700 万名困难家庭儿童。在过去的 10 年里，上幼儿园的孩子数量显著增加了 1 800 万名，增幅为 62%。学前教育的经费投入有了相当大的增加，但是对比部分学前教育发达的经合组织成员国可以发现，仍旧还有很大的提升空间。经合组织指出，在经合组织成员国中，"幼儿教育已逐渐成为一项公共服务"。许多经合组织国家增加了公共支出，用于扩大学前教育的覆盖面，确保所有公民始终如一地进行富有成效的终身学习。在实际情况中，政策决策者通常面临着严格的预算限制，因此需要评估各种因素的投资利弊，适时加大对学前教育的公共投入。

民办幼儿教育机构容易遭遇危机的挑战。新冠病毒感染疫情期间，全国民办幼儿园大都遭遇危机。此时，中央和各地通过加大对民办幼儿园的支持力度来增加各地幼儿园抵抗危机的能力和信心。中央和地方政府对这些学前机构的支持起到了重要的保障作用。今后需要在优化财政支出结构的同时，适时适当增加学前教育经费。等当前直接现实的问题解决以后，趁势开启学前各类教育机构质量提升和内涵发展的通道，直到建成普及且有质量的学前教育公共服务体系。由于中国地域广阔、人口众多、地区发展不平衡等，学前教育发展不平衡不充分等问题突出。除了中央层面外，更多的是需要明确并强化地方各级政府在发展学前教育事业中承担责任的位置，各地需明确本地最急迫的问题，继而全面落实建设本地的学前教育公共服务体系。

2. 落实好普及普惠的长期目标

2021 年的教育统计数据显示，我国学前三年毛入园率已经从 2010 年的 56.6% 提高到 2020 年的 85.2%，我国现有幼儿园 29.17 万余所，与 2010 年相比，幼儿园数量翻了近一番。另外，2019 年的统计数据显示民办幼儿园占总体的 61.6%，与 2010 年相比，民办率也降低了 6.4%。普及和普惠是学前教育发展的两个具体目标。2018 年发布的《关于学前教育深化改革规范发展的若干意见》再次强调这两个目标，并指出到 2035 年全面普及学前三年教育。我国一直坚持政府主导，即以政府举办为主，大力发展普惠性学前教育，但是我国学前教育的体量较大，无法"一口吃成胖子"式地解决问题。因此，目前最好的方式是层层落实，县级部门担任这些计划和政策的主要执行者，鼓励、支持和规范社会力量参与，政府应当积极引导民间资金创办更多的幼儿园，通过市场竞争实现学前教育服务价值和价格的协调。在现有条件的基础上，利用一切现有资源，努力加强协同作用。

3. 形成良好规范的早教市场

随着三孩政策的实施，我国的学前教育规模迅速扩大。对于政府来说，为所有儿童提供普及且高质量的学前教育是具有巨大的挑战性的，尤其是在婴幼儿（0~3岁）教育的领域，如何平衡营利性和公益性，让市场上的早教服务满足家长日益增长的需求一直都是难题中的难题。目前，虽然我国也有一些托幼一体化的呼声，但是目前的主要态势依旧是鼓励社会力量参与早教事业。各类幼儿园、社会机构等发展多种形式的婴幼儿照护服务机构作为主要手段。21世纪以来，将市场引入教育领域中来，实现教育服务供给主体的多样化，扩大早教服务的供应，成为各国发展早教的基本思路。因此，除了继续鼓励多元化的参与方式外，政府起到的最重要的作用就是对市场上早教机构进行监管。这也是目前最主要的任务之一。

今后，在政府层面，应当继续规范市场行为，形成更加制度化、标准化、透明化的流程机制。加快完善相关政策，早教机构在进入市场时需要一定的"规矩"，引导建立登记与备案制度，并且逐渐将婴幼儿照护服务纳入经济社会发展规划中来。各地区及时出台配套政策，通过更加完善的政策制度来规范早幼教市场，如温州市出台了《加快3岁以下婴幼儿照护服务发展实施方案》。只有形成良好有序的市场环境，早日补上早幼教发展的缺口，才能推动托幼一体化的发展。

4. 积极参与国际合作与交流

各国之间以及各国与各国际组织间的教育合作前景广阔。可见，未来全球化背景下，各方之间需要合作与值得合作的项目将越来越多。合作成为促进各方共同成长的助推器。首先，在教育国际化的背景下以及全球竞争更加激烈的情况下，教育面临的形势和任务有了更大的变化。新时代教育培养的人是面向未来的，也是面向世界的。因此，更需要从顶层设计的角度体现出"立足于本土，放眼于国际"的目标。各国政府在制定政策时，有必要加强对不同国家采取的一系列措施以及所取得的成功和面临的挑战的清楚认识，冲破孤岛式的认知方式。改革开放以来，我国逐步加深教育的国际合作与交流。除了组织专家访问团等进行人才交流外，政策的制定过程同样体现出国际化。例如，联合国教科文组织的《教育2030行动框架》《亚太经合组织教育战略2016—

2030》以及世界银行和经合组织有关未来教育相关的政策性报告，都是《教育现代化2035》等宏观政策在制定的过程中的重要参考读物。这些都证明，今后国际之间开展有关教育领域的合作是必然的趋势。在政策层面更是需要加强与各国教育部门、各国际组织间的教育交流活动，各国和各组织间共同合作，并形成一定的国际教育交流平台，把全球更多的学前教育专业人士聚在一起，提出更宝贵的发展建议，将世界的资源充分整合。当今和今后的一个时期，包括学前教育在内的教育领域应持续对外开放，加强国际合作与交流。

第七章 国内其他地区学前教育发展经验借鉴

　　我国是世界上人口基数最大的发展中国家，其教育的目的是培养全面发展的人。在我国，教育发展存在着东部地区与中西部地区、发达地区与偏远地区之间的差距，而促进西部和偏远地区教育的发展就成了国家教育发展的重中之重。而学前教育是基础教育的开始，也是学校教育的开端。了解发达地区与中西部学前教育发展的经验可以更好地促进凉山彝族自治州学前教育的发展。

一、发达地区学前教育发展经验

　　发达地区的开发历史悠久，地理位置优越；劳动者文化素质较高，技术力量较强，工农业基础雄厚；在整个经济、政治、文化发展中发挥着龙头作用。了解发达地区的学前教育的发展经验有助于凉山彝族自治州学前教育的发展。

（一）北京市学前教育发展

　　北京市教委统计数据显示，截至 2020 年 12 月底，北京市共有幼儿园 1 899 所，在园幼儿 52.59 万人，教职工人数为 8.85 万人。2010—2020 年，北京市幼儿园数量逐年增加，在园幼儿、教职工人数同样有明显增长，北京市学前教育规模持续扩大。

　　1. 多渠道扩大普惠性资源

　　北京市教委副巡视员冯洪荣解释说，普惠性幼儿园并不是一个类型的幼儿园，而是政府在提供学前教育服务时设置的一个"标准框子"，"普惠"的含义就是"质量有保障，价格合理，老百姓放心"。北京市学前教育发展的基本政策是普惠制，由政府主导，全社会共同举办。从 2018 年开始，北京市大力推进普惠性幼儿园建设，在保存量的基础上，多措并举，内外挖潜，不断扩增普惠性学前教育资源。

位于东城区台基厂地区的商务部幼儿园建于1953年，是一所机关自办幼儿园。从2011年开始的第一期学前教育三年行动计划以来，幼儿园共收到市、区专项补助1 200余万元，部属机关在2015年投入2 500万元，先后扩充面积200平方米，扩招两个教学班，增加了60个学位。"目前，该园共有248名幼儿，其中部属机关公务员子女仅占1/3，其余2/3的学位都用于满足周边社区百姓子女的入园需求。"

此外，在企事业单位和科研院所集中的海淀区中关村地区，政府鼓励这些单位积极举办学前教育，2018年中科院一次性投入3 100万元，将一所闲置的办公楼改建成普惠性幼儿园；在学位矛盾比较突出的城乡接合部地区，海淀区教委与海淀区温泉镇政府探索合作办园模式，由镇里提供场地并出资8 000多万元建设成一所18个班规模的幼儿园，并交由区教委整体运营管理，办成了一所优质的普惠性幼儿园。另外，中华全国总工会也主动支持地方举办学前教育，提供办园空间，和地方教委合作办了一所普惠性幼儿园，园所一期建设已经完成并投入使用。多措并举之下，北京市扩大普惠性资源的努力已初见成效。

2. 完善投入保障机制

北京世纪阳光幼儿园是一所社会力量兴办的民办园，位于海淀区世纪城社区内。世纪阳光幼儿园响应政府关于"小区配套幼儿园要举办成公办园或者普惠民办园"的要求，率先转为普惠性幼儿园。园长董燕介绍说，幼儿园原来的收费是每月3 800元，转普惠后每月向老百姓收取750元，得到市级每生每月补贴1 000元、区级每生每月补助500元，以及市级一次性转普奖补、区级学前教育研究发展经费、专项教研经费等支持，收支基本平衡。"转普惠后我们坚持'降费不降质'，各项工作平稳推进，家长有了更多的获得感。"董燕说。

冯洪荣介绍说，北京市普惠性幼儿园是以公办园为主，占比60%~70%，根据第三期学前教育行动计划普惠性幼儿园在园幼儿覆盖率要达到80%以上的要求，北京市民办普惠性幼儿园的比例将达到10%~20%。如何鼓励民办园转普惠园？民办园调低收费之后如何保运转？2018年，北京市建立了普惠性学前教育投入保障机制，提出对普惠性幼儿园，无论是公办还是民办，都要实现办园标准统一、财政补助统一、收费标准统一、教师待遇统一，实现真正意义上的公共财政阳光普照。为了实现"四个统一"的目标，北京市加大了财政投入力度，2018年北京市学前教育经费占财政教育经费的比例提高到10%。

冯洪荣说，因为办园体制原因，过去政府在这方面的直接投入比例、保障机制不是很完善，当前按照国家的相关要求，学前教育坚持政府主导、公益普惠的发展方向，需要政府加强保障，同时鼓励全社会共同参与，因此财政加大投入比例是必然要求、应有之义。

从北京市学前教育实际看，冯洪荣初算了一笔账：从时间上来看，学前教育是 3 年，义务教育是 9 年，高中教育是 3 年，共 15 年，学前教育占基础教育总时长的 1/5；根据初步匡算，学前教育的生均培养费用和基础教育相比，大概占一半，那就意味着，如果学前教育占整个基础教育经费的 1/10，是合理保障的比例。"北京市加大投入后，确定占比在 10% 以上，其实就是把蛋糕比例切到它应有的位置，也是保障学前公益普惠发展的基本要求，北京市会坚定不移、持续推进下去。"冯洪荣说。

3. 聚焦质量，确保普惠不降质

目前，北京市普惠性幼儿园已经开始按照"四个统一"目标推进建设。冯洪荣介绍说，"三个统一"目前已经基本实现了：一是质量标准统一，坚持"一把尺子量到底"；二是收费统一，只要是普惠性幼儿园，跟同类型的公办园收费是一样的；三是奖补标准统一。"最后要攻的是，不管是公办还是民办，只要是普惠性幼儿园，一定要把教师待遇统一起来，逐步缩小差距。"冯洪荣说，今年北京市下大力气推进这项工作，包括明确提出普惠性幼儿园用于人员经费支出比例占保教费收入和财政生均定额补助之和的比例原则上不低于70%，这一规定对于提升普惠性幼儿园教师工资待遇、保障园所质量有重要意义。在加强幼儿园教师队伍建设方面，北京市还提出要在加大转岗培训和招聘力度、扩大市属高校学前专业招生规模的基础上，通过招聘非学前专业京籍本科毕业生委托培养的方式补足短期缺口；通过京籍毕业生"专升本"和初中毕业生"3+2"培养项目弥补中长期缺口。此外，北京市积极推进构建市、区、园三级教研共同体网络，充分发挥教研对提升办园质量和水平的作用，推动全市学前教育质量均衡发展；制定针对全市各类幼儿园的《北京市幼儿园办园质量督导评估办法（试行）》，为政府决策、监督管理、实施奖惩等提供科学依据，引入社会第三方专业机构开展质量评价，逐步实现管与评的分离，推进幼儿园科学保教实施。

（二）上海市学前教育发展

1. 上海市政府充分发挥对学前教育发展的领导和管理职能

学前教育作为终身教育的开端，具有为未来可持续发展奠定人力资源基础的战略性作用。一座城市能否办好学前教育，从根本上取决于政府部门的重视及支持程度。20世纪80年代，在上海市委和市政府的领导下，市教育卫生办公室和市委研究室组织了一批专家、学者和实践工作者，对上海教育的历史、现状和未来发展趋势进行了多方面的调查研究，在此基础上形成了《上海教育发展战略研究报告》。该报告首次提出了"先一步、高一层"的总体要求。所谓"先一步"，就是提前谋划、主动而为，体现的是抓住机遇，先行先试的前瞻性和主动性；所谓"高一层"，就是真抓实干，高标准、高要求，体现的是深化改革的计划性和行动力。这是作为国家中心城市的上海在社会发展、经济发展进程中对于教育发展规划的必然趋势。这六个字所蕴含的精神，始终指引着上海教育事业的前行方向，成为一代又一代上海教育工作者的座右铭。比如改革开放初期，上海根据法律精神及本市义务教育发展实际，于1985年7月率先通过了地方性法规《上海市普及义务教育条例》，规定"中、小学教育由各级人民政府分级管理""实施九年制义务教育的小学和初中"，确保"每一个适龄儿童、青少年，不分性别和民族，都有接受九年教育的权利和义务"。该条例比国家颁布的《中华人民共和国义务教育法》超前了一年。

学前教育领域亦不例外。改革开放40多年来，上海学前教育始终作为基础教育的重要组成部分，在整个基础教育体系中发挥着启蒙和奠基的作用。上海市政府和市教委的历任领导都非常重视学前教育，将学前教育事业发展纳入国民经济与社会事业发展规划，努力实现在事业发展、政策管理、教育推进、教师待遇等方面与义务教育同步发展，为上海学前教育事业健康、科学、可持续地发展提供了切实的保障。尤其在进入21世纪后，上海在《上海市中长期教育改革和发展规划纲要（2010—2020）》中明确提出了"构建与经济社会发展相适应的学前教育公共服务体系"的战略构想，强调"学前教育是政府公共服务职能的一部分"，并且先于全国制定与实施了前后四轮《上海市学前教育三年行动计划》，建立起以政府投入为主体、多元办学格局的学前教育公共服务体系，也为国内其他地区的学前教育发展提供了许多宝贵经验和实践案例。

总体而言，上海市政府对学前教育的领导和管理主要体现在三个方面：一是健全管理机构，逐步建立市、区（县）等不同层面的行政、教研、科研、师训、督导等管理指导网络；二是创新管理体制，如托幼工作联席会议制度、托幼一体化管理体制、多元办学体制等；三是完善学前教育管理规章政策，规范办园行为，提升教育质量。在实践中，上海同样体现了"敢为人先、人有我优"的精神。很多事实证明，切实有效的举措并非凭空而来，而是上海各级政府基于本地实际与当时的社会需求尤其是老百姓的期盼，为解决上海学前教育面临的挑战和问题做出的大胆尝试和探索。

以管理体制的形成和建立为例。改革开放初期阶段，上海幼教界积极恢复教育秩序、规范教学管理。当时，幼儿园划归区（县）政府统一领导和管理，公办园归属教育局，地区办托儿所归属集体事业管理局。为加强对全市托幼工作的领导和协调，上海成立了市托幼工作领导小组，由分管教育的副市长牵头，市教育局等 9 个部门的负责人参加。1985 年年底，为应对入园高峰，上海加强了市托幼工作领导小组的工作职能，并建立了市托幼工作联席会议制度，在市教卫委办公室下设市托幼工作办公室，具体负责落实市托幼工作联席会议决定的事项。1987 年，依据市政府的有关文件精神，市托幼工作办公室和市教育局幼教处合署办公，实行"一套班子两块牌子"的工作模式，由市教育局直接领导。市托幼工作联席会议制度进一步明确了以区（县）政府负责为主的学前教育管理模式，各有关部门各司其职，共同助力上海学前教育的发展。

20 世纪末，社会对学前教育的需求日益增长，但幼儿园和托儿所在管理上政出多门，教育资源不能优化配置和合理使用，幼儿园与托儿所的优势难以充分发挥和互补。1999 年，上海市政府办公厅转发市教委等九部门《关于推进上海市 0~6 岁学前教育管理体制改革的若干意见》，围绕加强政府宏观管理、制定和实施托幼事业发展规划、优化配置托幼资源、实施学前阶段托幼一体化教育等方面，正式启动了上海市学前教育管理体制的改革。这在全国学前教育领域都是比较领先的。与此同时，上海也开始进行幼儿园办园体制改革，提出了公办园和民办园共同健康发展的学前教育发展战略。在全国其他地区大批公办园改制的情况卜，上海坚持维护公办园的主体地位，逐步形成了以教育行政部门办园为主体，民办园、企事业办园与集体办园共同发展的多元办学格局，成为全国率先实现学前教育公办民办统筹管理体制建设的城市。不同办园主体各显其能、优势互补，激发了幼儿园的办园活力，在合理竞争中不断提升办园质量。在此基础上，市教委于 2004 年颁发了《关于深化本市学前教育办学体制改革的若干意见》，进一步强调要落实政府责任，确保每个适龄儿童可在居住地附近的公办幼儿园接受学前教育，确保政府财政对学前教育的投入与资源配置。

除此之外，上海还尝试通过"委托管理"的方式，扩大学前教育优质资源，推动城郊学前教育均衡发展的改革实践；采用"购买服务"的举措，由政府向有资质的民办园购买学前教育服务，并根据民办园提供服务的数量和质量进行评估付费，以引导和支持民办园提供普惠性服务，协助政府共同解决适龄儿童就近入园的问题；在园所管理上积极探索现代幼儿园管理制度，实施园长负责制，逐步实现所有权与办学权的分离，努力提高社会对幼儿园办学的满意度……很显然，日益完善、充满活力的新型管理体制，为上海学前教育的蓬勃发展起到了领导、组织、协调、监控和保障的重要作用。

值得一提的是，上海市政府及教育部门对在城市发展进程中所面临的学前教育发展问题，具有高度的敏锐性和前瞻性。政府主管部门及时预测到户籍人口增长以及外来人口大量流入将带来的入园高峰，深入分析学前教育资源配置存在的主要问题，并在此基础上完善政策、健全机构，创新体制与机制，加大财政投入，采取多项措施大力推进幼儿园舍建设和资源配置。上海连续制定并实施的四轮《学前教育三年行动计划》，就是在对全市人口发展及园舍资源、师资需求等进行广泛调查与科学预测的基础上，提出的加快园所建设和资源配置、全面推进上海学前教育事业发展的行动号令，充分体现了政府的责任担当。

2. 制定"托幼一体化"管理体制

20 世纪 80 年代成立的市托幼工作领导小组，已率先奠定了托幼一体化的初步格局。依托这一管理举措，上海在 20 世纪 80 年代末基本解决了第一次"入托难""入园难"问题，实现了学前教育事业的稳定发展。因此，到 1990年，上海将以收托 0~3 岁儿童为主的托儿所由原来的市集体事业办公室领导划归市教育局领导，为"托幼一体化"管理体制的形成迈出了重要的一步。20 世纪 90 年代末，由于设点布局的调整和托幼机构办学规模的扩大，以及 3岁以下儿童入托需求总量减少等因素，学前教育资源亟待调整和优化，托幼合体成为必然的趋势。因此，"托幼一体化"不仅是指托儿所、幼儿园管理体制的一体化，更是指托儿所、幼儿园教育的一体化。它与上海学前教育发展及长期改革的目标相一致，且更符合学龄前儿童身心发展连续性的特点。

概括来讲，"托幼一体化"制度建设包括：一是将 0~6 岁的教育作为一个完整的体系，全面提高学前教育研究和发展水平；二是充分发挥教育和卫生部门的管理优势，实现 0~6 岁托幼保教业务管理的系统化和整体化；三是政府统筹安排托儿所、幼儿园的教育资源，宏观规划本地区托幼事业的发展工作。具体而言，是将原来由卫生部门管 0~3 岁教养，教育部门管 3~6 岁教育的横向管理，转变为教育部门主管 0~6 岁儿童教育，卫生部门负责 0~6 岁儿童卫生保健的纵向管理，初步形成 0~6 岁学前教育整体、系统、科学管理的一体化格局。同时，上海各区县相继成立由分管区县长牵头，计生委、卫生局、建委、发改委、民政局、财政局、物价局、总工会妇联等相关政府职能部门领导参加的托幼领导小组，负责制定学前教育事业发展规划，定期研究本地区学前教育发展中的问题。这是对政府宏观管理与统筹职能的强化。

学前教育资源的整合是"托幼一体化"的重要举措之一。2001 年，上海市房地资源局颁发《关于上海市 0~6 岁学前教育系统用房房产划转的补充通知》，普陀、虹口、杨浦、宝山、浦东新区、青浦、金山、崇明等区县托儿所公建配套用房划转至区县的教育部门管理，根据该地区入托入园的需求进行资源调配。各区县教育主管部门也对托幼机构保教人员资源进行有计划的调配。2001 年年底，全市托幼联体的园舍已达 160 所，占独立幼儿园数量的 17%。此举不仅推进了托幼机构标准化建设工作，还改善了联体园所原有的办学条件。"托幼一体化"的改革使学前教育的服务对象与形式发生了很大的变化，服务对象的范围从托幼机构内的 3~6 岁儿童群体扩大至 0~6 岁儿童及其家长、看护人员。这一改变，给学前教育的理论研究和实践工作带来了挑战。

自 1998 年起，市教研室率先在市级示范园和一级园的三个实验班进行了托班幼儿发展特点、课程设置、环境创设以及师幼互动方式等方面的研究。1999 年，国家教育咨询委员会委员张民生曾担任市教委副主任一职，主持开展了"0~3 岁婴幼儿早期关心与发展的研究"这一多部门合作的跨学科协作研究。作为学前教育领域内第一个国家哲学社会科学重点项目，该课题在上海和无锡的 8 个试验区、27 所幼儿园开展了为期 5 年的实验研究，涉及 0~3 岁婴幼儿身心发展特点、机构内的教育及区域推进家庭科学育儿指导等方面。在研究进程中，陆续出台了《0~3 岁婴幼儿教养方案》和一些推进 0~3 岁婴幼儿早期科学育儿指导的政策文件，为上海 3 岁以下儿童早期教育工作提供了科学依据。

回顾上海"托幼一体化"管理体制改革的历程，它的意义在于确立了托儿所与幼儿园统筹规划协调发展的思想，初步理顺了托幼一体化的管理体制，形成由市及区县的教育、卫生、计划、建设、财政、物价等相关部门在各自职责范围内分工负责的学前教育管理体系，也使得教育资源得到了优化配置，提高了托幼配套资源的使用效益，逐步缓解了托幼机构教职人员结构不合理的问题。此外，它使家庭科学育儿指导成为上海学前教育的关注重点，并逐步形成以科学育儿指导中心、指导服务站为主的覆盖街镇的科学育儿指导服务体系，也为上海日后在全国率先探索构建以托幼一体为主、以普惠性资源为主导的0~3 岁婴幼儿托育服务体系打下坚实的基础。

3. 上海市幼儿园课程改革

多元办学、托幼一体化等举措，很好地解决了上海学前教育发展的规模问题，为学前教育事业发展营造了良好的宏观与中观生态环境。在追求规模发展的同时，上海学前教育更强调为老百姓提供优质的、满意的学前教育服务，在幼儿园课程建设上付出了不懈的努力。

1990年，上海市中小学课程改革委员会办公室根据幼儿园新课程设置的总体思想和课程标准，组织编写了《生活》《体育》《故事》《讲讲做做》《歌舞与游戏》等教材，同时设计制作了相应的音频、视频等电化教学软件。一期课改打破了分科教学的界限，建立了由五门课程构成的综合型课程结构。1995年，上海成立教育委员会分管课改工作。1998年，上海市教委颁布了《上海市学前教育纲要》，二期课改正式启动。在二期课改中，学前教育秉持"以幼儿发展为本"的教育理念和课程价值取向，使教材编制走向综合课程之路，从关注教材转向关注儿童本身，强调幼儿园课程的整合化、生活化、游戏化，致力于构建具有启蒙性、开放性和创新性的理性课程体系。回顾课改历程，上海形成了三点经验：一是"全覆盖"。如果说一期课改仅局限于30所试点园，那么二期课改就是要构建一个面向全体0~6岁儿童及其家庭的课程体系，把改革成果推广到全市范围。二是"全过程"。一期课改关注课堂质量的提高，二期课改则对一日生活的全部环节进行了更加科学的总结，涉及师幼互动的全过程。三是"全推广"。二期课改建立了一个覆盖全市的课改系统，注重把理念转化为教师实践的指南。

二期课改期间，上海在基础教育质量提升的基础上追求创新，涌现了许多创新的"研究型课程"，在幼儿园主要表现为"探索型主题活动"研究。当时，静安区芷江中路幼儿园就参与了这项研究，该园园长、特级教师郑惠萍介绍过一个探索性活动案例——"牙齿的功能"，在探究牙齿的过程中，孩子不会写字，就用绘画来表达。比如，有的孩子说牙齿可以吃东西，就画大嘴巴吃饭；还有的孩子说，如果嘴巴没管住，细菌就会出现在牙齿里，引起蛀牙，并画出相应场景……这是幼儿园的探究性活动，它鼓励幼儿用多种方式进行表达，激发了幼儿的精彩观点。再以崇明区莺莺幼儿园开展的儿童戏剧探索为例，其以"自由剧"为活动载体，重视在活动中让幼儿体验并获得关键经验。为了保留儿童戏剧开放性的优势，让幼儿获得自由探索的机会并培育创新意识，该园让幼儿自己"玩戏剧""做戏剧"。教师追随幼儿的天性开展戏剧教育，从素材选择到阅读方式均由幼儿自己决定，让戏剧活动成为专属于幼儿自己的学习，生成幼儿独特的深度学习方式。

二期课改非常强调培养幼儿的创新性，发展幼儿的综合能力。而这恰恰很好地契合了上海教育"先一步、高一层"的战略目标和要求。只有创新性地办好每一所幼儿园，提升每一位教师的专业素养和研究水平，才能促进每一个幼儿的能力发展。此外，二期课改也明确提出了在课程中应用信息技术的要求，促进信息技术与幼儿园课程的整合。1999 年，上海学前教育网正式开通，迄今为止已建立了由该网站与园园通平台下的直报通、课程通、家园通组成的"一网三通"应用集群，在助推上海幼儿园课程的改革与发展，提升上海幼儿教师的信息化应用水平和专业成长，以及向社会传递上海学前教育改革前沿信息、科学优质的学前教育理念与方法等方面发挥了良好的作用。

4. 完善学前教育师资队伍建设

学前教育的内涵发展有两个关键要素：一是课程，二是教师。在课程建设日趋完善的过程中，要真正提升学前教育的质量，离不开一支好的教师队伍。在师资队伍建设方面，上海市教育主管部门始终坚持一手抓规模扩充，一手抓素养提升。目前，上海已形成了完整、规范的学前教育师资职前教育与职后培训体系，逐步建立了市、区、幼儿园三级职后培训网络，满足了不同层次、不同级别人员的培训需求。回顾这一历程，大致经过了三个阶段。

（1）第一阶段是"提高教师学历达标率"

1977—1986 年，上海努力提高幼儿园教师的学历达标率。各类幼儿师范没有培养新教师，而老教师又逐渐退休，新旧教师断层，教师合格率大幅下降。当时，上海的幼儿园教师绝大部分是经过短期应急培训上岗的知识青年，文化基础知识和教育专业素养普遍不高，幼儿园合格学历教师比例严重偏低。对此，上海市教育局采取应急措施，以幼儿园自培、自学考试、学历进修班、讲座、函授、短训班、报告会等形式，对全市幼儿园教师进行教材教法培训、文化补课和合格学历培训，大幅提升了教师合格学历的达标率。

同时，为缓解幼儿教师短缺的矛盾，上海于 20 世纪 80 年代初期相继开办了上海市第二幼儿师范学校和上海市南林师范学校，加大了培养中师学历幼儿教师的力度，并取得显著成效；1985 年，上海在教育部的支持下，将原有的上海市幼儿师范学校升格为上海市幼儿师范高等专科学校，上海市幼儿师范高等专科学校成为我国第一所培养大专学历幼师的院校；1983 年，华东师范大学开始设立学前教育专业，招收了全日制大专生和四年制本科生。

（2）第二阶段是"提升教师学历水平"

从 1986 年开始到 20 世纪 90 年代中期，随着上海幼儿园教师学历的迅速达标，上海开始致力于提升教师学历水平。1988 年，上海采用"三结合"（函授、卫星电视教育、自考）的方式，多种途径、多种方式推动幼儿教师的学历提升与在职学习，形成了覆盖全市幼儿园教师的电视培训网络，还拍摄了幼儿师范学校电视课程。1989 年，上海市出台了全国首个《上海市中小学教师进修规定》，明确规定参加职务培训的教师，每五年进修时间累计不少于 240 学时；具有中学高级职称的教师，每五年应有 540 学时的进修时间。所有规定同时也适用于全市的幼儿园教师。这些为提升教师学历水平和专业能力而做出的努力，使上海的师资培育不仅达标，还提升至全国先进水平。

（3）第三阶段是"开展教师职务培训"

从 1991 年开始，上海开始实施教师职务培训计划。从 1993 年起，上海市教育局先后制订了上海市中小学、幼儿园教师培训的"八五"计划和"九五"计划，加强了对市、区（县）、幼儿园三个层级的教师、幼儿园干部、骨干教师培训的宏观指导，完善了上海学前教育师资培训的职能体系和立体型培训机构网络的职能。市教委则把培训重点放在对骨干教师、后备干部的培养上，以提高其管理水平和专业素养。最终，上海形成了规模完整的园长、教师培训和等级保育员的培训体系。值得一提的是，上海在构建学前教育师资职务培训体系的同时，还积极探索多元化培训途径，为各类教师和园长的专业可持续发展创造条件。例如，市级层面在 1998 年启动了首届市级骨干教师（园长）培养工程，后陆续开展了普教系统名校长名师培养工程等，区级层面有名园长工作坊、名师工作坊等，幼儿园层面鼓励开展切合本园实际的园本培训等，由此共同构成了市、区、幼儿园三级培训网络，为上海学前教育打造高学历、高质量的师资队伍提供了坚实的保障。当全国还在追求教师学历达标率、提高教师基本学历的时候，上海已经做得更好、看得更远。上海的经验对全国都产生了影响，一系列政策举措也使得上海的学前教育师资水平节节高升，不断超越过去。

5. 上海市幼儿园以课题引领教师专业发展

完善的培训体系、多元的发展平台，是上海学前教育师资的重要保障。上海学前教育注重以研究为先导，在全国首创群众性教育科研，建设教师科研体系，坚持以科研指导实践，以课题引领幼儿园教师专业发展，促进学前教育科学化、高效化。自 20 世纪 80 年代起，上海开始加强对幼儿教育科学研究工作的基本建设，引领和鼓励幼儿教师从事实践中的科研工作。教师科研成果的繁荣，不止源于强大的科研体系与团队，还源于一大批优秀的上海教科研人才与专家。

1980 年以后，上海首先在市、区（县）陆续建立幼教科研组织机构。

1986 年，上海市教科所开始配备专职幼教研究人员，并于两年后建立了幼儿教育研究室。几乎同一时期，许多区教育学院科研室（组）中先后设立专职幼教科研人员。到 1991 年，上海已经有专职幼教科研人员 29 名，全市已有 16 个区（县）形成了科研组织网络。1996 年，上海成立了上海市教科院，紧接着市教育局教研室也设立了专职幼教教研员。在各级幼教科研人员的组织带动下，广大基层教师踊跃参与教育科研活动。此外，上海的各区教研室还设立了教研、科研、信息资料等部门，区教师教育学院则负责与市教科所对接。所有这一切，构成了上海市庞大而有序的教师科研指导网络，这些科研机制也成为上海市推进幼教事业发展的基础与动力。

从"七五"计划到"十二五"规划，上海乃至全国立项的市级、国家级学前教育科研项目共有五百多项，实现了"百花齐放"。其中，既有早期荣获市级教科研成果奖的项目，如荣获市首届普教科研成果一等奖的项目"幼儿有意注意稳定性的研究"、荣获市第九届教育科学优秀成果一等奖的课题"0~3 岁婴幼儿早期关心与发展的研究"，也有获得国家级教学成果一等奖的项目，如静安区芷江中路的幼儿园课题"以幼儿自主学习为核心的幼儿园低结构活动探索"，静安区安庆幼儿园的课题"指向个性化教育支持的幼儿发展评价实践"等，不仅有力地推进了上海学前教育科研的发展，也有效地促进了教师专业素养的提升。

6. 上海未来幼儿教师需要具备的品质

一名优秀的幼儿教师应当具备哪些重要的品质？怎样的教师才是好教师？这是一个很重要的问题。有一些基本要求是相通的，如热爱教育、热爱学生是起码的师德要求。除此之外，还有四个方面的能力是非常重要的。首先，优秀的教师一定是研究型教师。教师的科研与发展是必须关注的主要内容。一位有事业心、有追求的教师，会通过不间断的研究获得持续不竭的实践兴趣。当然，"工作研究"和"科学研究"这两个术语是有区别的。"工作研究"指教师通过研究去解决具体问题；而"科学研究"是指通过研究发现问题和解决问题，并提升到理论层面，产生新知识。无论是"工作研究"还是"科学研究"，都会增强教师工作的敏锐性和前瞻性。其次，优秀的幼儿教师必须具有较强的专业能力，深谙儿童的成长规律，思考专业知识如何为我所用，通过实践反思和创新。学龄前儿童有其特殊的身心特点与阶段发展规律，教师应掌握和运用师幼互动的技巧、谈话的艺术，关爱、理解幼儿，保障幼儿的身心健康。再次，优秀的幼儿教师要具备一定的课程领导力，可以根据班级的具体情况调整和开发课程，要善于进行班级管理和时间管理。最后，优秀的幼儿教师要善于和家长沟通、合作。在中西方的教育理念中，家校关系有很大的差别。我们很多教师觉得"家长必须听我的"，而国外教师普遍认为家长和学校是一个教育共同体，教师和家长之间应彼此倾听。

在政府的支持和引领下，上海学前教育已拥有了一支高学历、高质量的师资队伍。身处国际化大都市，上海未来的幼儿教师发展应当具备以下四种视野。一是政策视野。当前，学前教育要在政策的要求下深化改革，教师必须对国家的方针政策有正确的理解。比如，现在提倡儿童"个性化教育"。那么，什么是个性化教育？它和全面发展、集体教育、团队合作之间是什么关系？教师是否应将个性培养与全面发展结合起来？如果只看到政策的表面，没有理解政策的内涵，那么在实践中会出现很多肤浅的、口号式的、标签式的内容。二是全球视野。这意味着教师需要了解和熟悉国外、境外学前教育的热点问题和经典理论，且要关注真正的权威信息。这些年的全球热点问题是核心素养的培养，当前联合国教科文组织、欧盟和经济合作与发展组织等组织又公布了2030教育计划，强调教育要面向未来。三是改革视野。教师要清晰地了解国家改革的方向，包括课程改革、教学改革、评价改革等，因为所有的改革都是对当下状况的变革。四是实践视野。教育者最终是实践工作者，对于教师而言，实践才是最重要的层面。为做好实践，要正确解读理念，而非浮于表面。例如，传播中华优秀传统文化，不只是穿件汉服、包个粽子、背首古诗，而要遵循幼儿教育教学活动规律，聚焦幼儿良好生活行为习惯的养成以及道德品质的培育，真正将优秀传统文化融入幼儿生活的方方面面。在学前教育界，一批又一批实践者脚踏实地、兢兢业业地坚守岗位，为上海学前教育的发展做出贡献。未来会有更多学前教育工作者带着强烈责任感，以追求卓越的态度承担起推动上海学前教育事业"更先一步、更高一层"发展的艰巨使命。

长久以来，上海学前教育发展一直居于全国前列，其中，"先一步、高一层"的战略构想始终是上海推进学前教育事业发展所坚持的宗旨。而这一切，与上海市政府对学前教育的高度重视息息相关。改革开放40多年来，作为国家中心城市，上海肩负发展使命，在国家要求下实施"先行先试"战略，通过实践，持续率先实现了一个又一个学前教育发展目标。从学前教育管理秩序的重建到公共服务体系的形成，从"托幼一体化"管理体制的改革到多元办学体制的探索，从以幼儿发展为本的课程改革创新到师资队伍专业培养体系的建立，一系列重大改革和突破既体现了社会发展需求，又应对了巨大的困难和挑战。上海市各级政府秉持执政为民的宗旨，立足本地实际，引领着上海学前教育稳定、健康、可持续地向前发展。

(三)广州市学前教育发展①

改革开放 40 多年以来,广州市学前教育事业获得了持续、快速发展,当前呈现出从规模扩张转向质量提升的内涵发展阶段,形成了具有广州特色的学前教育模式。探讨广州市学前教育发展的现状、经验与未来展望,对我国其他地区推进学前教育事业发展有着重要的参照与借鉴意义。从 1907 年最早的幼稚园——广州南强公学附属幼稚园诞生至今②,广州市学前教育从无到有,百年来逐步发展壮大。改革开放更是赋予广州市学前教育以新的活力,开启了广州市学前教育发展的新篇章。2006 年以来,广州市学前教育在改革创新中不断前进,展现出强劲的发展势头,发展的规模和速度都在持续增长。

1. 学前教育规模持续扩大,普及水平不断提高

2006—2011 年,广州市在园幼儿数逐年上升,年增长率达到 5.32%,学前教育规模持续扩大。2006 年,广州市在园幼儿数为 271 980 人;到 2011 年,在园幼儿数增加至 358 861 人,增加了 31.94%,在园幼儿总数在国家中心城市中位居第三,仅次于重庆和上海。其间,广州市 3 岁及以上幼儿入园率逐年上升,年增长率达到 3.02%。2011 年,广州市 3 岁及以上幼儿入园率达 117.81%,比 2006 年的 99.67%提高了 18.14%。同时,学前三年儿童毛入园率总体也逐年上升,2007 年为 164.09%,2008 年为 166.71%,2009 年为 166.61%,2010 年为 172.53%,2011 年为 169.14%,基本满足了适龄儿童的入园需求,学前教育普及水平不断提高③。

2. 加强示范性幼儿园建设,学前教育整体质量不断提升

"十一五"规划期间,通过扶持一批办园思想端正、管理严谨、教育质量高并且拥有良好社会信誉的幼儿园成为广州市示范性幼儿园,广州市形成了新形势下质量建设和质量保证的体系,优质学前教育资源不断扩大,学前教育整体质量不断提升,推进了幼儿园的教育创新与体制创新。

2003 年,广州市教育局启动"广州市示范性幼儿园建设项目",以此作为实现广州市学前教育全面优质化的重要策略。2005 年,广州市教育局印发了《广州市示范性幼儿园建设指导意见》,依据文件精神,广州市在建设示范性

<hr />

① 刘霞. 广州市学前教育发展:现状、经验与未来展望 [J]. 教育导刊(下半月),2012(10):22-25.

② 广州市地方志编撰委员会. 广州市志卷十四:教育科学卷 [z]. 广州:广州出版社,1999:18.

③ 本书中广州市的数据来源于广州市教育局历年来印制的《广州市教育事业统计手册》。

幼儿园时着力彰显优质幼儿园教育的新内涵：以幼儿发展为本，关注教育过程①。这项工作有力地扶持了一批骨干园的成长，调动了更多幼教工作者共同来创办优质的幼儿园。各示范性幼儿园根据自身的性质和特点，以人为本，把现代管理理念、打造品牌的思想、科学的管理方法引入幼儿园，关注收支合理的成本意识，关注科学高效的制度建设，关注全体员工的长足发展，形成了个性鲜明、科学合理、操作性强的幼儿园管理体系。

2007年，广州市建立和完善了示范性幼儿园管理机制，建立起示范园与薄弱园之间对口帮扶制度，实现了园际互动、优势互补、资源共享的良性发展机制。同时，定期总结、交流、推广示范性幼儿园建设与发展的成功经验和做法，将各类型幼儿园有代表性的经验向全市推广，实现资源共享，逐步建立起以示范性幼儿园为中心、覆盖全市各类型幼儿园的指导和服务网络，促进广州市幼儿园走向规范化、优质化发展的道路。

3. 重视农村学前教育，农村学前教育加快发展

"十一五"规划期间，广州市基本取消了学前班，启动了农村幼儿园"镇村一体化"管理模式的试点工作，农村学前教育由此加速发展。2006年，广州市教育局启动全市农村幼儿教育专项调研工作，探索建立广州市农村幼儿教育健康发展的长效机制。2007年，广州市教育局首次对全市47所镇中心幼儿园和607所村办幼儿园的现状及其发展情况进行全面调查，客观地分析了农村幼儿教育发展的突出的困难与问题，提出了改革思路，为进一步制定扶持广州市农村幼儿教育发展的有关政策提供了实证性依据。2009年，广州市教育局启动了农村幼儿教育"镇村园一体化"管理模式的试点工作，初步确立了一批"镇村园一体化"管理模式市级试点，着力进行促进广州市农村幼儿教育事业发展的对策研究。同时，确立了广州市番禺区作为广东省农村学前教育发展模式的试点区。在市托幼专项经费分配上，加大了对农村幼儿教育的扶持力度，积极改善农村幼儿园的办学条件，强化师资培训，缩小幼儿教育城乡之间的区域性差异。

4. 加强教学和教研指导，提高幼儿园教育质量和水平

广州市开展了全市性的幼儿教育集体视导活动，加强对各区、县幼教行政管理部门的业务指导和沟通；组织了各种全市性的幼儿教师教学技能评比与交流活动，更新了教师的教育观念，提高了教师的教学能力。2007年，广州市

---

① 沈慧洁，刘霞. 彰显幼儿本体关注教育过程：《广州市示范性幼儿园建设指导意见》解读[J]. 教育导刊（下半月），2006（2）：23-26.

教育局制定《关于进一步加强幼儿园教育教学活动管理有关问题的通知》，有效地规范了广州市幼儿园教育教学活动管理；完成了《新（纲要）与高质量幼儿园教育——广州市实施（纲要）试点工作专辑画册》。全面展示了试点园对办学方向的正确把握，对优质课程的研发以及对有关要素包括儿童、教师、家长和教育环境的探索，推进了广州市幼儿园教育教学的改革进程。同时，广州市幼儿教育教学研究会建立了常规视导制度，围绕抓常规教研、抓专题研究、抓教师培训三个基本工作主线，深入开展园本教研工作，以点带面，推动广州市幼儿园教育教学质量的不断提升。

2010 年，中共中央、国务院颁布的《国家中长期教育改革和发展规划纲要（2010—2020 年）》首次为学前教育设立专门章节，提出"明确政府职责、基本普及学前教育、重点发展农村学前教育"三大目标要求。同年，《国务院关于当前发展学前教育的若干意见》出台，推进各级政府统筹规划，结合实际，以三年行动计划的形式构建"广覆盖、保基本"的学前教育公共服务体系。2018 年，新中国成立以来首份针对学前教育发展的文件——《中共中央国务院关于学前教育深化改革规范发展的若干意见》出台，指引新时代学前教育事业在公益、普惠的基础上朝着有质量的方向迈进。《广东省中长期教育改革和发展规划纲要（2010—2020 年）》提出，学前教育事业要在解决普及率的前提下，不断提高学前教育水平，完善学前教育管理体制，加快发展农村学前教育。2011 年，广东省实施第一期学前教育三年行动计划，计划重点在于扩容增量。在广东省各级政府的积极努力下，2019 年全省新入园幼儿数达到 180.82 万人，比 2011 年增长 32.34 万人，增长了 21.8%，年均增长 2.7%。2019 年全省在园幼儿数约 464.5 万人，与同期全国在园幼儿数 4 713.88 万人相比，广东省在园幼儿规模约占全国十分之一。截至 2020 年 9 月底，广东省全省幼儿园数量增至 20 720 所，达到历史最高水平，与 2010 年相比，增长近85.6%，可以说广东省在举办全国最大教育体量的学前教育。在大力发展农村学前教育的政策号召下，2020 年广东省划拨了 13.29 亿元专项资金，用于经济欠发达地区公办幼儿园和普惠性民办幼儿园的建设与改善，着力实现每个乡镇至少办好一所公办中心幼儿园的目标。

学前教育质量监测和评估研究已成为学前教育发展的国际性趋势，是促进学前教育整体发展和质量提升的重要手段。教育体制机制改革与教育服务体系的发展同等重要。广东省始终紧跟国家的改革步伐，努力破除学前教育事业发展过程中的体制机制障碍，抓住教育改革的关键环节，在政府职能上转变过去行政命令式的管理方式，更多地以指引、督导等手段落实教育治理工作。在规范幼儿园建设与办园行为的基础上，广东省也逐步开展学前教育改革实验，给予各地探索提升区域学前教育质量之路更多的自主权。

广州市番禺区、佛山市建立的区域幼儿园保教质量评价标准与监测体系，在保基本的前提下，完善以质量评价为依据的教育资源分配制度，激发幼儿园发展积极性；深圳市罗湖区打造的行政、教研、培训、督导四位一体管理模式，建立行政督导联席会议制度，以及全国率先组建学前责任督学专职化队伍，有效地提高政府部门管理的联动性，强化了过程性教学质量监测。加强学前教育改革发展实验区建设，总结经验，及时推广，充分发挥区域示范带头作用，可为后续制定与完善广东省学前教育管理体制提供有益的经验参考。

二、中部地区学前教育发展经验

中部地区位于内陆，北有高原，南有丘陵，众多平原分布其中，属于粮食生产基地；能源和各种金属、非金属矿产资源丰富，重工业基础较好，地理上承东启西；政治、经济、文化、教育虽然不如东部发达地区，但与西部地区相比，也相对较发达。了解该地学前教育发展的有益经验有助于凉山彝族自治州学前教育的发展。

（一）安徽省学前教育发展

为进一步推进学前教育普及普惠安全优质发展，按照教育部等九部门印发的《"十四五"学前教育发展提升行动计划》的统一部署，结合实际，安徽省决定实施"十四五"学前教育发展提升行动计划。

1. 目标任务

（1）增加普惠资源供给

大力发展公办幼儿园，积极扶持普惠性民办园，支持和规范社会力量办园。加强村级幼儿园建设，城市新增人口、流动人口集中地区新建改扩建一批幼儿园，优化城乡学前教育布局，切实保障适龄幼儿入园。2021—2025年新建、改扩建公办幼儿园1 000所，其中新建558所，改扩建442所。到2025年，全省学前三年毛入园率保持在95%以上，普惠性幼儿园覆盖率保持在85%以上，公办园在园幼儿占比保持在55%以上。

（2）完善普惠保障机制

依法修订《安徽省学前教育条例》，切实落实政府发展学前教育责任，优化完善学前教育管理体制、办园体制，落实政府投入为主、家庭合理分担、其他多渠道筹措经费的机制，健全幼儿园教师配备补充、工资待遇保障制度，进一步健全覆盖城乡、布局合理、公益普惠的学前教育公共服务体系，进一步完善普惠性学前教育保障机制。

（3）提升保教工作质量

深化幼儿园教育改革，坚持以游戏为基本活动，全面实施科学保教。推进学前教育教研改革，健全幼儿园保教质量评估体系，提高教师专业素质和实践能力，促进幼儿园保教质量全面提高，幼儿园与小学科学衔接机制基本形成。

2. 主要举措

（1）优化规划布局，推进普惠性资源扩容增效

①科学规划普惠性资源布局。推进教育公平，增加普惠性资源供给，充分考虑出生人口变化、乡村振兴和城镇化发展趋势，逐年做好入园需求测算，完善市（区、县）普惠性幼儿园布局规划，原则上每三年调整一次。结合三孩生育政策实施和各地实际，及时修订和调整居住社区人口配套学位标准，推动城市居住社区、易地搬迁安置区配套建设与人口规模相适应的幼儿园，产权及时移交当地政府，确保提供普惠性服务，满足就近入园需要。完善农村学前教育资源布局，办好乡镇公办中心幼儿园，通过依托乡镇中心幼儿园举办分园、村独立或联合办园、巡回支教等方式满足农村适龄儿童入园需求。充分发挥乡镇中心幼儿园的辐射指导作用，实施乡（镇）、村幼儿园一体化管理。鼓励有条件的地方探索实施学前教育服务区制度。支持符合条件的残疾儿童康复等机构开办幼儿园，扩大特殊学前教育资源。

②推进普惠性资源扩容增效。实施教育提质扩容工程、教育强国推进工程和学前教育促进工程，新建、改扩建一批公办幼儿园，支持人口集中流入地、农村地区、原国家集中连片特困地区、国家和省扶贫开发工作重点县、深度贫困地区普及学前教育。各地实施幼儿园建设项目，补齐普惠性资源短板，确保城乡学前教育资源全覆盖。加大扶持力度，落实财政补助、划拨方式供地、减免税费和租金等政策，鼓励支持政府机关、国有企事业单位、军队、街道、农村集体创办公办幼儿园，积极扶持民办园提供普惠性服务。对乡镇公办中心园、企事业单位和集体资产举办的幼儿园，经机构编制部门审批后，依据《事业单位登记管理暂行条例》等相关规定做好事业单位法人登记管理工作，发挥其兜底线、保普惠的重要作用。

③开展专项治理。各市（区、县）要结合2021年已开展的城镇小区配套园治理"回头看"工作，对照问题台账和整改清单逐一复查，健全城镇小区

配套园建设管理制度，完善扶持政策和监管机制，巩固治理成果，坚决防止反弹。逐步化解和消除学前教育"大班额"现象，杜绝新增无证幼儿园。各类幼儿园要严格落实国家幼儿园玩教具配备要求和《安徽省幼儿园教育装备规范（试行）》，配备丰富适宜的玩教具和游戏材料，2023年年底前完成各类幼儿园装备配备情况全面排查治理。

（2）加强经费管理，健全学前教育投入机制

一是优化完善财政补助政策。各市（区、县）要以提供普惠性服务为衡量标准，科学核定普惠性幼儿园办园成本，明确分担比例，统筹制定财政补助和收费政策，合理确定家庭支出水平。落实公办幼儿园生均公用经费财政拨款制度和普惠性民办幼儿园补助制度，逐步提高学前教育财政投入水平，保障普惠性学前教育有质量可持续发展。二是健全学前教育资助制度。普惠性幼儿园家庭经济困难幼儿、孤儿和残疾儿童优先得到资助，其中原建档立卡家庭幼儿全覆盖、每人每年不低于800元。三是加强学前教育收费管理。出台非营利性民办学校收费管理办法，对非营利性民办园实行政府指导价管理，在合理核定办园成本的基础上，明确收费标准，坚决遏制过高收费和过度逐利行为。各地要加强幼儿园收费监管，综合考虑经济发展水平、群众承受能力和办园成本等因素，动态调整公办幼儿园、普惠性民办幼儿园收费标准。

（3）强化师资保障，提升队伍建设水平

一是加强教师配备。各地要及时补充公办园教职工，严禁"有编不补"、长期使用代课教师。民办园按照配备标准配足配齐教职工。要认真贯彻落实省委编办等五部门印发的《关于创新体制机制加强公办幼儿园教职工队伍建设的意见》有关规定，探索创新公办幼儿园教职工"管理团队编制保障法"，重点保障专任教师和管理人员用编。二是提高培养培训质量。结合实际加大农村和欠发达地区幼儿园教师培养力度。深化学前教育专业改革，完善培养方案，强化学前儿童发展和教育专业基础，注重培养学生观察了解儿童、支持儿童发展的实践能力。在高等学校学前教育专业增加特殊教育专业课程，提高师范生的融合教育能力。各地要把师德师风作为评价教师队伍素质的第一标准，制定保教人员和教研员培训规划，积极落实国家、省、市、县、园"五级培训"，不断提高培训实效。鼓励支持高校、教科研机构和优质幼儿园采用送教下乡、幼教专家下基层、在线培训等方式结对帮扶基层、农村和欠发达地区幼儿园。三是保障教职工合法权益。落实公办园教师工资待遇保障政策，统筹工资收入政策、经费支出渠道，确保教师工资及时足额发放、同工同酬。按照政府购买服务范围的规定，可将公办园中保育、安保、食堂等服务纳入政府购买服务范

围，所需资金从地方财政预算中统筹安排，公办园和承接主体应当依法保障相关劳动者权益。民办园要参照公办园教职工工资收入水平，合理确定相应教职工的工资收入。各类幼儿园教职工依法全员纳入社会保障体系，畅通缴费渠道，农村集体办园的教职工社会保险可委托乡镇中心幼儿园代缴，农村小学附属幼儿园由小学代缴。各类幼儿园依法依规足额足项为教职工缴纳社会保险和住房公积金，社会保障、医疗保障、税务等有关主管部门依法依规对幼儿园教职工缴纳社保情况组织检查，积极开展医保参保宣传进校园等活动，切实保障教职工合法权益。

（4）加强联防联治，筑牢幼儿园安全屏障

一是压实幼儿园安全主体责任。幼儿园要健全校舍、消防、门卫、食品药品、教育教学设施设备、幼儿接送交接、幼儿就寝值守和活动组织等安全防护和检查制度，及时排查整治安全隐患，严防各类事故发生。加强人防、物防、技防建设，幼儿园门口设置隔离栏、隔离墩或升降柱等硬质防冲撞设施，专职保安配备、一键式紧急报警、视频监控装置配备和封闭化管理全面达标。二是加强警校联防联动。公安机关要优化上下学时段幼儿园周边"高峰勤务"机制，加强治安情况复杂区域的幼儿园及周边安全风险防控和警务联络室建设，强化重点巡防，组织公安民警、警务辅助人员、学校保卫人员、教职员工和群防群治力量，落实好幼儿园"护学岗"机制。三是落实部门安全监管责任。各级教育行政部门要会同有关部门建立健全幼儿园安全日常监管、重大隐患督办、约谈通报等工作机制，及时通报幼儿园安全风险，定期组织开展联合检查和集中整治，落实监督检查常态化措施，确保幼儿园安全运转。

（5）加强监督管理，实现幼儿园规范办园

①完善日常监管机制。落实县级人民政府和各有关部门的监督管理责任，提升跨部门协同治理能力，完善动态监管机制，强化对幼儿园办园条件、教师资格与配备、安全防护、收费行为、卫生保健、保育教育、财务管理等方面的日常动态监管。完善幼儿园信息备案及公示制度，各类幼儿园的基本信息要及时纳入市（区、县）政务信息系统管理，并由同级教育行政部门定期向社会公布幼儿园教职工配备、收费标准、质量评估等方面信息，幼儿园园长和专任教师变更要主动向教育主管部门备案，一个月内完成信息更新。加强民办园财务监管，非营利性民办园收取费用、开展活动的资金往来，要使用在教育行政部门备案的账户，确保收费主要用于保障教职工待遇、改善办园条件、提高保教质量。严禁非营利性民办幼儿园举办者通过任何方式取得办学收益、分配或转移办学结余。

②加强办园行为治理。各市（区、县）要组织开展幼儿园名称规范清理行动，对冠以"中国""中华""全国""国际""世界""全球"等字样，包含外语词、外国国名、地名，使用"双语""艺术""国学""私塾"等片面强调课程特色以及带有宗教色彩的名称，以及民办园使用公办学校名称或简称等进行清理整治。要重点对存在危房、"三防"不达标等安全隐患及园长和教师不具备规定资格等不规范办园行为进行动态督查，限期整改，整改不到位的依法依规进行处罚。对出现虐童、体罚及变相体罚等严重师德失范行为的幼儿园，年检实行一票否决，对涉事教职工、管理者和举办者依法追究法律责任。

③加大执法检查力度。落实《安徽省进一步减轻义务教育阶段学生作业负担和校外培训负担的实施方案》，统筹做好面向3~6岁学龄前儿童的校外培训治理工作，不得开展面向学龄前儿童的线上培训，严禁以学前班、幼小衔接班、思维训练班等名义面向学龄前儿童开展线下学科类（含外语）培训。不再审批新的面向学龄前儿童的校外培训机构。不得在幼儿园内开展商业广告活动，不得利用幼儿园的玩教具、园服、校车等发布或变相发布广告。

（6）深化教研改革，助推保教质量提档升级

①落实评价标准。深入贯彻落实《3~6岁儿童学习与发展指南》《幼儿园教育指导纲要》，以先进的实践经验为引领，切实转变教师观念和行为，促进幼儿在快乐的童年生活中获得有益身心的学习和发展经验，提升教师职业成就感。落实教育部《幼儿园保教质量评估指南》，将各类幼儿园全部纳入评估范围，树立科学导向，强化过程评估。

②推进幼小衔接。落实《安徽省幼儿园与小学科学衔接攻坚方案》，强化幼儿园和小学联合教研与深度合作，全面构建衔接机制，切实提高入学准备和入学适应教育的科学性和有效性，坚决纠正超前学习、拔苗助长等违背幼儿身心发展规律的行为。

③推动教研改革。坚持教研为幼儿园教育实践服务，为教师专业发展服务，为教育管理决策服务。加强学前教育教研工作，遴选优秀园长和教师充实教研岗位，各市（区、县）至少配备一名学前教育专职教研员，形成一支专兼结合的高素质专业化学前教研队伍。完善教研指导责任区、区域教研和园本教研制度，实现各类幼儿园教研指导全覆盖。教研人员要深入幼儿园保教实践，了解教师专业成长需求，分类制订教研计划，确定教研内容，及时研究解决教师保教实践中的困惑和问题。充分发挥城镇优质幼儿园和乡镇中心幼儿园的辐射指导作用，推动区域保教质量整体提升。

3. 组织实施

（1）加强组织领导

加强党对学前教育工作的全面领导，强化省级统筹，充分发挥市级区域中心作用，落实县级主体责任，以县为基础逐级编制学前教育发展提升行动计划，科学确定学前教育发展目标、重点任务、重要举措，并列入党委政府工作重要议事日程，明确有关部门责任分工，采取有力措施，扎实推进学前教育普及普惠创建，确保各项目标任务落到实处。

（2）完善激励机制

统筹中央财政支持学前教育发展资金，重点向原国家集中连片特困地区、国家和省扶贫开发工作重点县、深度贫困地区倾斜。各地要健全激励机制，对完成普及普惠目标、完善普惠性学前教育保障机制、提升保教质量等方面工作成效突出的地方按国家有关规定予以表彰奖励。鼓励企事业单位、社会团体及其他社会组织等向学前教育捐资助学。

（3）强化督导问责

扎实推进县域学前教育普及普惠发展督导评估工作，压实政府责任，完善督导问责机制。将推进学前教育普及普惠、深化体制机制改革、提升保教质量、完善投入保障政策等情况纳入市级政府履行教育职责评价以及市（区、县）党政领导干部履行教育职责考核和县域学前教育普及普惠督导评估认定重要内容，促进学前教育普及普惠安全优质发展。发生较大社会影响的安全责任事故、重大案事件和师德师风问题的市（区、县）2年内不得申报县域学前教育普及普惠督导评估认定。

（4）营造良好氛围

常态化开展"学前教育宣传月"等活动，广泛宣传学前教育相关法律法规及政策，集中展示、宣传典型经验。幼儿园要通过举办家长讲座、亲子游戏等多种活动，传播科学育儿理念和知识，宣传科学保教的成果经验，大力营造全社会关心支持学前教育改革发展的良好氛围。

（二）湖北省学前教育发展

党中央、国务院高度重视学前教育，党的十九届五中全会特别强调"完善普惠性学前教育保障机制"，《国务院关于学前教育深化改革规范发展的若干意见》（以下简称《若干意见》）要求到2035年全面普及学前三年教育，国家"十四五"规划明确提出到2025年全国学前三年毛入园率达到90%以上。学前教育经过十年的快速发展，虽然实现了普及普惠目标，但仍是整个教育体系最薄弱的环节，还存在着经费投入不足、成本分担机制不健全、教师待遇保障不到位、科学保教水平有待提高等突出问题，随着三孩政策的实施，普惠性资源区域性、结构性短缺的矛盾依然存在，需要继续实施"学前提升计划"，在巩固普及普惠成果的基础上，进一步破解制约学前教育体制机制的问题，健全普惠性学前教育保障机制，不断提高普及普惠水平，全面提升幼儿园保教质量。

1. 湖北省"学前提升计划"的研制过程

一是广泛深入调研。组织专家先后赴多个省份进行专题调研，部署各地全面总结前三期行动计划的成效和经验，对前三期行动计划提出的政策措施落实情况进行了系统梳理总结。二是认真分析论证。深入研判了"十四五"学前教育发展面临的新形势和新挑战，梳理分析了需要破解的体制机制问题清单，明确了发展思路、重点任务与政策措施。三是多方征求意见。先后多次召开研讨会，认真听取了地方教育行政部门、学前教育专家、幼儿园园长、教师、家长等方面的意见建议，面向各省级教育行政部门和相关部委征求了意见，并报请教育部党组会议审议通过，会签有关部门后，正式印发。

2. "学前提升计划"提出的学前教育改革发展目标和任务

在深入分析论证研判的基础上，"学前提升计划"对"十四五"学前教育改革发展的总体目标做出部署：到 2025 年，覆盖城乡、布局合理、公益普惠的学前教育公共服务体系进一步健全。同时也提出了三个方面的具体目标：一是发展目标。全国学前三年毛入园率达到90%以上，普惠性幼儿园覆盖率达到85%以上，公办园在园幼儿占比达到50%以上。二是保障机制目标。普惠性学前教育保障机制进一步完善。三是质量目标。幼儿园保教质量全面提高，幼儿园与小学科学衔接机制基本形成。当前，学前教育实现了基本普及目标，开始迈入全面提高质量的新阶段。"十四五"期间，学前教育改革发展的主要任务是在补齐普惠性资源短板的同时，把工作重心转移到完善体制机制和提高学前教育质量上来。一是补齐普惠资源短板，加强村级幼儿园建设，城市新增人口、流动人口集中地区新建改扩建一批幼儿园，完善城乡学前教育布局和公共服务网络，切实保障适龄幼儿入园。二是完善普惠保障机制，切实落实各级政府发展学前教育的主体责任，完善投入保障机制，健全幼儿园教师配备补充和工资待遇保障制度。三是全面提升保教质量，深化幼儿园教育改革，全面推动教研改革，健全质量评估体系，提高教师专业素质和实践能力。

3. "学前提升计划"补齐资源短板

针对普惠性资源存在的区域性、结构性矛盾，"学前提升计划"要求各地持续增加普惠性资源供给。一是优化普惠性资源布局。要求各地充分考虑出生人口变化、乡村振兴和城镇化发展趋势,逐年做好入园需求测算,完善区(县)普惠性幼儿园布局规划。为适应"三孩"政策实施需要,要求及时修订和调整居住社区人口配套学位标准,配建与居住区人口规模相适应的幼儿园。二是推动普惠性资源扩容增效。为集中解决农村地区、城市新增人口和流动人口集中地区入园需求,"十四五"规划期间国家实施教育提质扩容工程和教育强国推进工程,各地实施幼儿园建设项目,新建改扩建一批公办幼儿园,鼓励支持国有企事业单位、军队、高校、街道、农村集体创办公办幼儿园,积极扶持民办园提供普惠性服务,多渠道增加普惠性资源供给,逐步消除大班额,防止出现新的无证园。三是开展城镇小区配套园治理"回头看",对治理成效进行全面复查,巩固治理成果,保障城镇地区普惠性资源供给的主渠道,为满足幼儿就近就便入园提供基本保证。

4."学前提升计划"政策加大财政投入

为落实政府投入为主、家庭合理分担、其他多渠道筹措经费的投入机制,"学前提升计划"以完善普惠性学前教育保障机制为着力点,一是要求逐步提高学前教育财政投入水平,各市(区、县)以提供普惠性服务为衡量标准,科学核定普惠性幼儿园办园成本,明确分担比例,优化完善财政补助政策。二是要求进一步完善资助制度,加大资助力度,切实保障家庭经济困难儿童接受普惠性学前教育。同时,各地要切实落实《若干意见》要求,落实并动态调整公办园生均公用经费标准或生均财政拨款标准,完善企事业单位、集体办园财政补助政策和普惠性民办园补助标准,通过财政支持和合理收费,解决好普惠性幼儿园"保安全""保工资""保运转""保发展"问题。

5."学前提升计划"监管幼儿园收费问题

"学前提升计划"要求各市(区、县)在加大财政投入力度的同时,推动完善成本分担机制,进一步加强对幼儿园收费的监管。一是合理确定公办园和普惠性民办园收费标准,要求各市(区、县)综合考虑经济发展水平、群众承受能力和办园成本等因素,动态调整公办园收费标准、普惠性民办园最高收费限价,改变长期以来公办园收费过低,普惠性民办园收费不规范的局面。二是加强对非营利性民办园收费的监管,要求各市(区、县)尽快制定完善非营利性民办园收费的具体办法,在合理核定办园成本的基础上,明确收费标准,解决长期以来非营利民办园不规范收费乱象,防止以非营利性之名行营利之实,坚决遏制过高收费和过度逐利行为。

6. "学前提升计划"提高幼儿园教师专业能力

师资队伍是保障学前教育健康可持续发展的关键。为进一步提高幼儿园师资专业水平,"学前提升计划"针对农村地区师资弱问题,鼓励各地结合实际加大农村和欠发达地区幼儿园教师培养力度,为这些地区幼儿园补充稳定而有质量的师资。针对培养与实践脱节的问题,要求深化高等师范院校学前教育专业课程改革,完善培养方案,强化学前儿童发展、教育专业基础以及教育实践能力培养,提高师范生培养质量和水平。针对培训质量不高的问题,要求各地制定幼儿园教师和教研员培训规划,实施全员培训,突出实践导向,提高培训实效。鼓励高校、教科研机构和优质幼儿园结对帮扶基层、边远和欠发达地区幼儿园。

7. "学前提升计划"解决了幼儿园教师配备和待遇保障瓶颈问题

加强教师队伍建设,要解决好教师配备和待遇保障问题。从配备上,要求各地及时补充公办园教职工,严禁"有编不补"、长期使用代课教师。民办园按照配备标准配足配齐教职工。从待遇上,要求统筹工资收入政策、经费支出渠道,落实公办园教师工资待遇保障政策,确保教师工资及时足额发放、同工同酬。公办园中保育、安保、食堂等服务纳入政府购买服务范围,所需资金从地方财政预算中统筹安排。民办园要参照公办园教职工工资收入水平,合理确定相应教职工的工资收入。从保障上,针对一些地方存在的幼儿园教职工社会保障金缴费渠道不畅问题,明确农村集体办园可委托乡镇中心幼儿园代缴,小学附属幼儿园可委托小学代缴。针对幼儿园教职工社会保障监管不到位问题,要求社会保障、医疗保障、税务等相关主管部门依法依规对幼儿园教职工缴纳社保情况组织检查,督促各类幼儿园足额足项为教职工缴纳社会保险和住房公积金。

8. "学前提升计划"加强了幼儿园规范监管

为进一步加强幼儿园规范管理,规范办园行为,"学前提升计划"提出以下要求:一是强化幼儿园安全保障,要求幼儿园人防、物防、技防建设全面达标,建立全覆盖的幼儿园安全风险防控体系。各有关部门落实安全监管责任,形成联防联控有效机制,定期组织开展联合检查和集中整治,守住安全底线,确保幼儿园安全运转。二是健全管理制度,要求完善教师资格与配备、安全防护、收费行为等方面的动态监管机制。完善幼儿园信息备案及公示制度,定期向社会公布幼儿园教职工配备、收费标准、质量评估等方面信息,接受社会监督。三是整治不规范办园行为,加强办园行为督导,重点对存在危房、"三防"不达标等安全隐患及园长和教师资格不符合规定等不规范办园行为的幼儿园进行动态督查。部署开展幼儿园名称规范清理行动。严肃查处面向学前儿童的违法违规校外培训行为。

9. "学前提升计划"提高了保教质量

"学前提升计划"将提升幼儿园保教质量作为"十四五"期间的重中之重,提出以下政策措施:一是深化幼儿园教育改革。以先进实践经验为引领,提升幼儿园教师保教能力。二是深入落实《教育部关于大力推进幼儿园与小学科学衔接的指导意见》,推进建立幼小科学衔接机制,提高入学准备和入学适应教育的有效性。三是出台《幼儿园保教质量评估指南》,引导幼儿园树立科学评估导向,全面提高保教质量。四是推动学前教育教研改革。进一步完善教研体系,健全教研机构,建设一支专兼职相结合的教研队伍,及时研究解决教师教育实践中的困惑和问题,完善教研制度,实现各类幼儿园教研指导全覆盖。

(三)长沙市学前教育发展

近年来,湖南省长沙市坚决贯彻落实党中央、国务院关于学前教育深化改革规范发展的重要决策部署,坚持以人民为中心,着力扩资源、提质量、强保障,加快学前教育发展,努力满足人民群众对优质学前教育的需求。目前全市共有幼儿园 1 876 所,公办和普惠性民办园占 80.22%,公办和普惠性民办园在园幼儿占全市在园幼儿总数的 79.32%,学前三年毛入园率达 93.7%。坚持政府主导,扛起"幼有所育"责任。一是坚持规划先行。出台《长沙市学前教育发展三年行动计划(2011—2013 年)》《长沙市第二期学前教育行动计划(2016—2020 年)》等指导性文件,全力保障学前教育发展。二是强化政策规范。制定《长沙市城镇住宅小区配套中小学校幼儿园建设及产权移交暂行办法》《关于学前教育深化改革规范发展的实施意见》等文件,进一步明确幼儿园规划和建设要求。三是加大财政投入。制定公办幼儿园生均公用经费标准,从 2019 年起提高到每年 600 元。建立普惠性幼儿园奖补机制,每年市本级财政安排普惠性民办园奖补资金 7 500 万元,并要求市(区、县)政府配套安排资金。

1. 突出公益普惠,着力解决"入园难"问题

一是增加总量,加快公办园建设。坚持把公办幼儿园建设纳入政府为民办实事项目,每年新、改、扩建公办园 30 余所。严格执行《长沙市城市中小学校幼儿园规划建设管理条例》,推动中小学幼儿园与住宅项目同步规划、同步建设、同步验收和同步交付使用。截至 2018 年年底,全市批建小区配套幼儿

园 500 多所。二是盘活存量，推动配套园移交。开展城镇小区配套幼儿园专项整治，对小区配套幼儿园缓建、缩建、停建和建而不交等问题进行专项治理，采取"一月一调度""一园一方案"的办法逐一攻坚。2018 年全市完成 298 所配套幼儿园移交，全部办成公办园或普惠性民办园。三是做优增量，扶持普惠园发展。通过购买服务、综合奖补等方式，支持并规范普惠性民办园发展，截至 2018 年年底，全市共有普惠性民办园 1 032 所。根据幼儿园的办园条件、行为、保教质量等，将普惠性民办幼儿园分别定为四级，分别对应公办幼儿园的省、市、区、县示范园和标准园办园标准，四级普惠性民办园保教费标准每生每月分别不超过 1 200 元、1 000 元、800 元、600 元。

2. 强化优质均衡，不断满足"上好园"需求

一是推进集团化办园。出台《关于推进长沙市学前教育集团化发展的实施意见》，组建了 22 个学前教育集团，引导 106 所公办园和民办园实现资源共享、优势互补、相互促进、共同发展。二是规范办园行为。组织编写《长沙市幼儿养成教育活动资源》地方教材，涵盖习惯养成、安全教育、中华美德、社会主义核心价值观等内容。坚持以游戏为基本活动，保教结合，寓教于乐，防止"小学化"倾向。三是加强师资建设。动态核定公办幼儿园教职工总额，在每所公办园配备 3 名以上在编教师。加强师资培育，将民办园纳入全市教师免费培训体系；开展名园长遴选、名师工作室建设，培养 100 位名园长、名教师及业务骨干。逐年提高公办幼儿园教职工待遇，按照每人每年 6 万~8 万元的标准包干落实编外教师待遇。四是严格监督管理。加强对普惠性民办幼儿园的动态监管，采取"一年一评估，三年一认定"的办法，对达不到相应标准或违规办园的，要求限期整改，整改不到位的依法予以关停。加强安全监管，对校车安全、学校安全实行视频监控全覆盖，确保幼儿安全。

三、西部地区学前教育发展经验

西部地区地域辽阔，地势较高，地形复杂，高原、盆地、沙漠、草原相间。因开发历史较晚，经济发展和技术发展管理水平与东、中部差距较大，但辖区面积大，资源丰富，具有很大的开发潜力。西部地区学前教育发展也取得了一些成就。了解该地学前教育发展的有益经验有助于凉山彝族自治州学前教育的发展。

（一）贵州省农村学前教育的发展

1. 注重多渠道筹措资金与人力资源的优化

设立学前教育专项经费，以"省级统筹、县级为主、县乡共管"的管理原则，对经费的划拨公开、透明、科学，将资金投入向农村学前教育倾斜，大力完善农村学前教育机构。对贫困和偏远地区的学龄儿童给予生活补贴，帮助其顺利完成学前教育阶段的学习。除了政府加大对农村学前教育的资金投入以外，也鼓励私人或其他企业单位开办幼儿园。通过拓宽农村学前教育办园融资渠道，为农村私立幼儿园开放银行贷款、建立无息贷款建园的绿色通道，全面吸纳各种民间资本，为民办幼儿园的开办创造条件。在全国范围内引进志愿者、免费师范高校毕业生；幼儿园根据具体的情况，利用城市学前教育的师资力量，加强城乡结合办园模式，吸引城市幼儿教师下乡支教，以提高农村学前教师的整体素质，促进农村学前教育的发展；加大对农村幼儿教师的培训力度，聘请专家进行专业发展方面的培训；提高农村幼儿教师的待遇，保证在编农村幼儿教师与当地中小学教师的工资待遇基本持平，对不在编的幼儿教师，尽可能地解决他们的各种社会保障问题。

2. 充分考虑当地资源特点

（1）塑造良好的社会风气

形成良好的教育风尚，给孩子们创造良好的社会环境。这不仅有利于孩子们成长、成才，也是践行社会主义核心价值观的重要组成方面。利用当地的传统文化是丰富孩子的日常活经验的重要手段。要让主流保教内容与当地的民族传统文化相结合，如利用当地民间的传说培养孩子的语言发展能力；利用英雄事迹树立孩子勇敢、有担当的人生价值观；利用自然景象培养孩子热爱大自然、亲近大自然的情怀；利用农村中常见的麦秆、稻草、玉米秆等进行创作性的手工展览；利用多样的自然植被进行科学探索等方式，创建特色的园本课程。

（2）建立完善的教育政策性资源

在宏观层面上，注重体制创新、机制改革、政策支持，大力整合农村学前教育资源，为具体的整改提供政策性支持；在微观层面上，加强建设农村学前教育的合作机制，把社区、家庭、幼儿园、地方教育局拧成一股绳，互相协作，共同为建设当地的农村学前教育贡献自己的力量。

（3）利用农村地区自然环境的优势，促进孩子身心健康

让孩子亲身体验种庄稼的辛苦，既能丰富孩子的人生体验和培养孩子辛勤劳动的品质以及锻炼孩子的体魄，也能适当地达到教育的工具性价值，让孩子能够从中受到启发，进而奋发图强。

综上所述，针对贵州省发展农村学前教育所遇到的挑战与困境，要根据自身资源优势，注重人力、物力及财力的优化，挖掘适合当地农村学前教育的社会文化资源、生态教育资源以及教育政策性资源，开发出适合当地的园本课程，提高当地学前教育的教育质量，开创贵州农村学前教育发展的新局面，展示贵州农村学前教育的新面貌。

（二）云南省农村学前教育的发展

1. 提高认识，加快形成以"政府为主导"的学前教育发展格局

把学前教育工作纳入当地经济、社会发展的总体规划，制定相应的政策和措施，强化政府举办幼儿教育的责任和义务，将城区幼儿园建设与发展纳入城区建设与开发规划，逐步提高公办幼儿园比例。积极扶持民办幼儿园，特别是收费较低的普惠性民办幼儿园的发展。采用政府购买服务、派驻公办幼师、减免租金等方式，引导和支持民办幼儿园提供普惠性服务。特别是乡镇政府要切实担负起发展幼儿教育和建设乡镇中心幼儿园的责任，把学前教育工作作为各级领导任期责任目标和政绩考核的重要内容，实行责任追究制，建立好幼儿园工作督查评估长效机制。

2. 加大投入，加快形成以政府为主体的多元投入机制

各级政府将学前教育经费列入财政预算，在教育事业经费中安排一定比例用于学前教育事业，并做到逐年增长。要逐步提高土地出让收益和地方财政增收部分用于幼儿园建设的比例。要建立学前教育专项经费，本着"奖励先进、扶持贫困"的原则，主要用于学前教育基础设施建设，重点扶持贫困农村公办学前教育和奖励引导中心城区优质民办学前教育。建立以政府为主体的多元投入机制，完善考核机制，把学前教育经费投入纳入政府考核教育发展的重要指标。建立学前教育预算内生均经费补助制度。关注弱势（问题、残疾、贫困、留守）幼儿的心理健康教育与保障机制，对低保家庭和困难家庭子女入园予以资助。

3. 明确职责，进一步完善学前教育的管理体制

建立政府主导、分级管理、教育主管部门、有关部门分工负责的学前教育管理体制，进一步明确和落实各级政府及各有关部门对学前教育的管理职责。理顺教育行政部门学前教育专干、民办教育科和教研人员三者之间的关系，明确职责，归口管理，分工协作。加强学前科研工作，完善教研体系，建议州、

县两级教研室配备专兼职学前教育教研人员，公办幼儿园建立教科室，乡镇中心园配备兼职教研员，构建州—县—乡镇三级并以县为主的管理网络和业务指导网络。

4. 加强师资队伍建设，全面提高幼儿教师整体素质

建立定期核定公办幼儿园教师编制机制，重新核定公办幼儿园教职工，按照规定的配备标准按岗定编、逐步配齐。非公办幼儿园的教师实行人事关系代理制，系统建立相关保障制度体系，让民办幼儿园教师堂堂正正做教师、心情舒畅干工作。切实保障幼儿园教师的合法权益，依法保障各类幼儿园教职工的工资、福利待遇、社会保障。建立幼儿教师专业技术职称评聘机制，切实维护教师权益。建立学前教育师资培养培训体系，将教师培训经费列入政府预算，严格实行幼儿园园长和教师持证上岗制度。办好民族地区幼儿师范专业，合理规划招生计划，为云南民族地区幼儿教育事业输送合格人才。

5. 规范管理，确保学前教育健康发展

政府严格幼儿园审批准入制度，加强联合执法力度，坚决杜绝非法办园行为，消除安全隐患。加强幼儿园年检年审工作，把教师的资格审查、安全、饮食卫生、收费和幼儿伙食管理纳入年检年审工作内容，切实规范办园行为。建立学前教育专项督导制度。规范学前教育收费，根据不同类别幼儿园生均培养成本、办园条件、当地经济发展水平等情况，由物价、财政、教育部门审核确定幼儿保育教育费的收费标准。

6. 大力推进素质教育，全面提高学前教育质量

全面实施素质教育，认真贯彻《幼儿园工作规程》和《幼儿园教育指导纲要》，进一步转变教育观念，着眼幼儿的长远发展，推进教育改革和创新，严禁用"小学化"的模式组织教学，严禁举办各种违背学前教育规律的兴趣班、实验班和英语班。全面推进课程改革，健全幼儿教育教学研究网络和工作机制，积极开展学前教育教学改革和科学研究。取消小学学前班入学考试与小学一年级招生与入读学前班或幼儿园挂钩的违规行为。

（三）西藏自治区农村学前教育的发展

1. 大力发展普惠性幼儿园

政府加大投入，把学前教育纳入城镇和农牧区建设规划，大力发展公共财政支持的普惠性公办园。大力发展公办幼儿园，具体来说，在城市主要是新建或改扩建公办园、建设与接收小区配套幼儿园，在农牧区则主要是新建公办乡镇中心幼儿园和合理利用中小学富余校舍改建幼儿园。积极扶持非营利性民办

幼儿园，扩大学前教育资源。

2. 加强幼教师资队伍的培养与建设

（1）建立完善的幼儿教师供应体系。由地方教育主管部门牵头，让师范院校与幼儿园形成对接，筹建对口支援与合作项目，以此来保证幼儿园师资供应的充足。通过政策引导，如以大学生志愿服务的方式，吸引各种专业人才加入西藏学前教育建设中。

（2）探索"对口"服务模式。政府及教育管理部门积极响应国家西部大开发中的援助政策，联系其他省份条件好的幼儿园、幼儿师资培养培训单位以及相关科研单位开展无偿或低酬的"对口"支援，以提高西藏自治区幼儿教师的专业素养。

（3）探索幼教藏汉双语师资培养的有效途径。对西藏自治区师范类藏族高校毕业生的汉语能力提出明确的要求，不达标者不得毕业；对西藏自治区师范类其他民族高校毕业生的藏语能力提出明确的要求，不达标者亦不得毕业；出台有关职称评定中汉语考核和藏语考核的硬性规定，明确对幼教藏族教师的汉语水平和其他民族教师的藏语水平提出要求，不达标者，不得晋职晋级。努力形成一种学用汉语、藏语的教育氛围。

（4）探索藏汉双语师资培训的最佳途径。学习借鉴其他少数民族地区的已有经验，如新疆维吾尔自治区教育厅对培训的幼儿教师通过 HSK 摸底考试，成绩分级、分层次编班教学，取得了良好的效果。

（5）开展园本培训。一是要关注幼儿园的实际需要，以幼儿园为培训基地，按需培训；二是重视在教学实践中培训教师；三是强调教师在培训中的主要地位，重视教师内部成长动机的激发。

3. 进一步完善西藏幼儿双语教材的编写

西藏自治区幼儿双语教材的编写遵循前瞻性与现实性相结合、现代性与本土性相结合、继承性与创新性相结合等原则。在教材内容的选择上，立足于选取突出体现国家认同和民族团结，凸显本土多元文化特色，注重为少数民族幼儿提供健康、丰富且具有现代性的内容。

4. 完善政府职能，成立学前教育专管部门

筹建专门的学前教育管理部门。同时，成立教育投资与发展质量评估监督机构，制定出一套硬性评估体系，督促各地区学前教育的开展。提高投入资金的使用效率，成为学前教育事业蓬勃发展的强大动力和支持，让学前教育建设不只停留在政策响应的层面，而是深入各个地区，惠及所有适龄儿童。

四、国内其他地区学前教育发展经验对凉山彝族自治州学前教育发展的启示

（一）政府在发展学前教育中要发挥主导作用

学前教育是基本的民生需求，具有鲜明的社会公共产品的属性，必须让广大家庭子女都能够有园上，上得起。但学前教育的公益性和普惠性，不能通过市场机制自动实现，必须切实发挥政府的主导作用。由于民办学前教育机构对服务对象的选择性，弱化甚至放弃政府对于学前教育的责任，或者将学前教育完全交给市场供给，势必影响学前教育（尤其是农村学前教育）的普及以及学前教育质量的提高，这是我国学前教育发展中的深刻教训。当然，政府在学前教育中发挥主导作用，不是要直接干预学前教育事业发展和学前教育机构运行，而是要发挥好统筹规划、政策引导、监督管理和提供公共服务的职能。统筹规划就是要把学前教育纳入整个经济社会发展规划和教育事业规划，科学布局，实现学前教育服务全覆盖。政策引导就是综合运用标准、投入等手段，引导学前教育机构面向社会大众提供普惠性服务。监督管理就是要严格执行幼儿园准入制度，加强动态监管，建立幼儿园保教质量的评估和监管体系。提供公共服务就是要为公民提供数量充足、质量有保证和成本合理的公共学前教育服务，这也是履行政府职能的基本要求。需要指出的是，政府主导并不是政府包办，仍然要发挥好社会力量的作用，适当满足一些个性化的需求，加快形成"政府主导，社会参与，公办民办并举"的办园局面。

（二）提高学前教育地位，促进教育公平

学前教育是国民教育体系的基础性事业。长期以来，我国学前教育按照"让孩子健康成长"和"让家长安心工作"两方面的要求发展，体现了其教育属性和社会服务属性。随着认识的不断深入，学前教育作为一种重要的教育类型被广泛接受，并与初等教育、中等教育、高等教育一起构成了现代国民教育体系。与其他各级各类教育事业相比，学前教育更具有基础性、先导性作用，因为学前教育必须在特定时期实施和完成，具有不可补偿性。发展学前教育不仅能促进幼儿全面健康发展，而且能够带动整个教育事业健康发展。只有学前教育良性发展，各级各类教育事业才能协调、可持续发展。反之，学前教育发展滞后，将直接影响义务教育及以后学段教育事业发展，影响人民群众对教育

事业全局的总体评价。

我国沿海发达城市的学前教育发展迅速是因为非常重视学前教育，从学前教师的待遇地位、幼儿园的设施设备、家长的支持程度等方面可以看出学前教育受到了极大的重视，学前教育的地位得到了很大的提升，教育公平也愈发受到了关注。教育公平是指以社会公平之标准对教育平等状况的价值评价，是指对教育机会和教育资源进行公正、平等的选择和分享，其中包括教育权利公平、教育过程公平、教育结果公平。教育公平的关键就在于机会公平。由于社会政治和经济条件的客观基础有所不同，教育公平的实现程度不同。实现教育公平不能一蹴而就，也不能急功近利，而应坚持一切从实际出发，实事求是，尊重教育发展的客观规律，结合我国国情实际。随着我国经济社会的快速发展，人民群众对更好更公平的教育提出了更加迫切的需要，现阶段我国的教育发展还不均衡，存在区域、城乡、校际和群体间的差距，还有很多短板要补齐。尤其在边远地区、少数民族地区，教育发展仍然存在一系列不可忽视的问题。受自然环境、区位条件、社会发展、民族传统观念等因素影响，教育的地区差别、城乡差别、校际差别、群体差别较其他地区更为显著，受教育机会及过程中享有的教育资源配置不均衡问题仍然突出。这些问题的解决，不仅需要从宏观层面关注国家对教育公平发展的价值导向和政策引领，而且要具体关注各地方的社会发展情况和政策规定。学前教育作为教育的起始阶段，是构成终身教育体系的基础。学前教育公平也逐渐受到国内发达地区的重视，作为实施教育措施的出发点和落脚点。

（三）学前教育的生机活力在于深化改革

过去的经验表明，仅仅依靠增加投入并不能办好学前教育，必须破除学前教育健康发展的体制机制障碍，才能推动学前教育科学发展。一是改革学前教育管理体制，要形成中央政府规划、省级政府统筹、县级政府为主的管理体制，教育部门主管，价格、卫生等有关部门分工负责的工作机制，最终形成政府各部门责任明确、有效联动的管理格局。二是继续贯彻学前教育办学体制。我国长期以来形成的公办、民办"两条腿走路"的学前教育办学思路是正确的，要长期坚持，公办幼儿园要提供"广覆盖、保基本"的学前教育公共服务，政府举办幼儿园要向偏远地区、农村倾斜，政府要大力支持民办幼儿园发展，积极引导民办幼儿园提供个性化、特色化的普惠性服务。三是改革幼儿园管理机制。按照建设现代学校制度的要求，推动政校分开、管办分离，建立符合幼儿园特点的管理制度和配套政策。

在彝族聚居区，仍然存在孩子辍学、学前教育入学率低、将幼儿园当作提供免费午饭或托管的地方等现象，这与父母对学前教育的认识有很大的关系。因生产力、经济发展水平的限制，一家的生计才是最重要的。因此，要突出教育、培训和终身学习的重要性，让彝族聚居区家长在日常生活中接受教育和培训，提升他们的整体素质。进行全民教育，包括扫盲教育和义务教育，普及义务教育的纵深发展是使未来农业劳动者从体力型向智力型转化的关键。许多发展中国家在扫盲教育实践活动中向世界提供了效仿的经验。通过就业保障、福利津贴等措施促进就业，这无疑促进了家庭收入的增加，促进劳动力对技术的了解、掌握、运用，同时鼓励他们终身学习。此外，在凉山州，低收入、失业等状况仍然存在，这也成为许多幼儿接受学前教育的"拦路虎"。资金使用的灵活度提高，可以解决家长就业、收入等难题，并且在帮助家庭缓解经济压力的同时，向家长提出要求，要让家中适龄儿童接受学前教育，从而进一步改善群体的代际传递，保护脆弱群体。

政策的制定过程中还应该注重保障弱势群体。我国是多民族的国家，民族地区的教育情况参差不齐，对于民族地区的教育政策如招生政策、资助政策和补偿政策等予以倾斜。特别是在政府财政帮扶下，要提升基础教育经费在教育经费当中的比重，在爱尔兰、新西兰、意大利、荷兰、韩国等国，基础教育投入中超过80%的资金都是政府拨款。在保证基本的义务教育情况下，努力保证所有幼儿能够接受及时的学前教育，以达到民族和地区之间的融合。

（四）学前教育科学化，立法保障学前教育

我国在借鉴成功经验基础上，结合自身的实际情况，颁布了《3～6岁儿童学习与发展指南》，但至今学前教育法尚未颁布。正确的学前教育要有科学的学前教育理念作为引导。我国在学习和借鉴国外学前教育经验的基础上，首次将"重视学前教育"写进党的报告中，《国家中长期教育改革和发展规划》是跨入21世纪我国第一个重要的教育规划，提出高度重视学前教育。我们要以此为契机，重视学前教育，把教育学、心理学、生理学、医学、脑科学等学科的科学知识和理论作为基础。

"学前教育科学化"要做到以观念创新为先导，学前教育的改革和发展首先要做到摒弃制约学前教育的旧观念。传统的以"教师、教室、教材"为中心要转变为杜威所提出的以"学生、活动、经验"为中心，让"灌输式、保姆式、应试式教育"及时停止，全面实施素质教育。并且在推动学前教育发展的过程中，要真正地做到"教师、家长、幼儿、社区"四位一体的大教育观，这是一种平等的、合作的关系，与过去不平等、对立的关系是截然不同的。现在，幼儿是素质教育的核心，家长要扮演好作为合作者、教育者、陪伴者、伙伴的角色，幼儿教师要将素质教育观念转变为行为，作为孩子的倾听者、研究者、反思者，也是家长和社会素质教育的指导者，社区要成为孩子发展过程中的重要力量。只有树立好"四位一体"的大教育观，幼儿、家长、教师、社区才能形成有利于发展的互动关系和合力，才有利于家长、教师、社区形成教育合力。瑞吉欧的幼教经验是一个例证，建立儿童、教师和家长的三位一体关系，并成功实行社区管理的模式。凉山彝族自治州可以以此为样本，根据本民族的特色和文化开创专属于自己的学前教育发展模式和理念，让幼儿在参与民族文化的体验中，感受文化，融入民族大团结的环境中。"一村一幼"的实践活动改善了凉山彝族自治州的学前教育的发展现状，在一定程度上重新让彝族自治州家长审视学前教育，重新看待学前教育。

（五）加大资金投入，落实经费使用

教育基金会为有困难的家庭、学生等提供帮助，除了专有的基金之外，还有其他资金的投入，除了社会基金、投资基金，还有各类项目计划的资金。在学前教育发展的过程中，要保证资金真实地为儿童服务，不仅要合理分配资金，还要注重资金的流向，确保资金用于偏远地区。国家和地方政府应均有相应的资金投入，可以将中央财政一般性转移支付和转向转移支付资金对彝族聚居区偏远地区按比例倾斜划分，并且保证可以持续性投入，而且可以引导社会组织对教育事业予以支持。此外，要注意学前教育资金的节流，保证学前教育过程的连续性，确保学前教育经费用到实处，纪录每一笔经费的流向，并公示接受相关部门和公众的监督，提高资金的利用率。通过合并将提高资金使用的灵活性，使资金能够更好地应对经济治理周期中确定的挑战以及政府层面的优先事项，简化资金计划和管理，从而减轻政府当局和受益人的行政负担，使学前教育的入学率能够进一步提高，减少困难地区家庭申请补助的手续。

（六）促进学前教育机构多样化和社区化

发展学前教育需要全社会共同努力。学前教育体系是一个复杂的系统：各级政府管学前教育，政府、单位、个人举办学前教育机构，教师对幼儿进行保教和教育，家长参与学前教育的各个环节。只有调动社会各方面的积极性，才能使学前教育得到更好的发展。我国仍然是一个发展中国家，经济实力还不是很强大，特别是农村地区、边远地区和中西部地区，政府能用于学前教育的经

费还较为有限。因此，仅仅依靠政府办园还不够，要积极鼓励社会力量参与办学，举办多种形式的幼儿园，弥补政府办园数量和种类上的局限性。从育人角度看，学前教育涉及多个环节和不同方面，幼儿园教育不能完全涵盖幼儿教育的全部工作，需要社会为其营造安全的环境，需要家长和教师的密切配合。

2018年，中共中央、国务院印发的《关于学前教育深化改革规范发展的若干意见》指出："学前教育是终身学习的开端，是国民教育体系的重要组成部分，是重要的社会公益事业。办好学前教育、实现幼有所育，是党的十九大作出的重大决策部署，是党和政府为老百姓办实事的重大民生工程，关系亿万儿童健康成长，关系社会和谐稳定，关系党和国家事业未来。"这十分确切地表明，国家将学前教育定位为社会公益事业，即学前教育不以市场配置资源为主导，其显著的社会性、共享性、福利性等与九年义务教育同等重要，是国计民生的重要保障。教育从业者首先要理解这一点。

随着教育管理机制的改革，我国逐渐建立了以政府为主导、社会参与、公办民办并举的多样化办园体制。在我国发达地区具备完备的学前教育机构，如托儿所、幼儿园、学前班，随着市场经济体制改革的深入，学前教育机构的发展也开始具有开放性、办园主体多样化的特征，如出现了社区办园的形式。发展社区化学前教育不仅能满足家庭和社会的教育需要，而且学前教育机构也能利用社区的特殊环境，丰富幼儿的生活体验，对培养幼儿的和谐的、完整的人格品质有重要的意义。社区办园也正是我国建设中国特色学前教育的重要支撑和保证。学前教育机构的多样化和社区化是教育发展的必然趋势，多功能的学前教育机构能够满足不同主体对学前教育的需要。

（七）遵循幼儿身心发展规律，提高学前教育的质量

有园上解决的是受教育机会，但幼儿能否受到科学的学前教育，能否获得身心健康和谐发展，主要取决于幼儿园是否按照幼儿身心发展规律开展合适的保育和教育活动。丰富的教育实践表明，6岁前是幼儿智力、行为习惯、性格等各个方面发展的特殊阶段，这一阶段儿童在幼儿园的学习和中小学生的正规学业学习有着本质区别，他们有自身的特点和规律，必须遵循他们身心发展的规律，提供适应他们年龄特点和发展需要的保育和教育活动。1999年《面向21世纪教育振兴行动计划》提出"实施素质教育，要从幼儿阶段抓起"，从而将学前教育纳入素质教育范围。2001年的《幼儿园教育指导纲要（试行）》将学前教育分为健康、社会、科学、语言、艺术五个方面，取代了施行长达40多年的分科教育模式。随着学前教育的不断普及，加强科学保教，坚决防

止和纠正"小学化"现象成为办好学前教育的关键。

办好学前教育的关键在教师。3~6岁幼儿是学前教育的对象，相对于其他学段的教育对象，教师的作用更为重要，因此发展学前教育关键是教师，难点也是教师。事实上，我国学前教育的发展状况与幼儿教师队伍状况密切相关，计划经济时期形成了完整的幼儿教师培养培训体系，建成了一支专业化的稳定的幼儿教师队伍，支撑了当时的学前教育发展。改革开放之后一段时期，尽管在分离单位办社会职能中，幼儿园建设出现了一些波动，但幼儿教师培养培训工作没有中断，学前教育事业的基础仍然比较稳固。但是，随着中等师范教育和高等师范教育的深刻变革，幼儿教师培养培训体系遭到破坏，导致师资数量不足、师资水平偏低、师资流动性过大等诸多问题，在偏远地区、农村地区更为突出。世纪之交出现的"入园难"问题从表面上看是幼儿园数量不足，实质上是缺少合格的幼儿教师，一些地方存在的幼儿园小学化问题，也与缺乏高质量、专业化的幼儿教师有关。2010年各地启动的学前教育行动计划均将幼儿教师队伍建设作为发展学前教育的重要突破口，抓住了带动学前教育发展的关键环节。加强幼儿教师队伍建设是一个系统工程，需要抓住关键环节，综合治理。一是要加大培养，要适应幼儿教师的专业特点，完善学前教育师资培养体系。二是要加强管理，建立幼儿园园长、教师资格制度，严格上岗、聘任等环节的资格准入监管。三是要增强吸引力，通过提高幼儿园教师待遇和保障水平等多种措施，吸引和鼓励优秀人才从事学前教育工作。

人类生命的早期阶段（0~6岁）是发展基础能力和学习倾向的最具形成性的阶段，此阶段培养的能力和学习倾向有利于后续的教育和就业前景以及在更广泛的生活中获得成就感。接受高质量的幼儿教育不仅可以提高基本技能，还可以有效预防学生早期离校。高质量的学前教育有助于解决不平等和社会排斥问题，有利于减少儿童之间出现的能力差距和发展鸿沟，缓解因教育造成的代际传递的恶性循环。为了保证学前教育的质量，保证学前教育的公平，需做到以下几方面：一是保证学前教育易获得，价格合理且具有包容性；二是支持学前教育工作人员的专业化，规范专业人员的资格要求、专业标准等；三是加强早期课程的开发，满足幼儿发展的需求，并要促进学前教育与小学教育的合作，确保幼儿顺利过渡到小学；四是对学前教育服务进行透明和一致的检测和评估，促进政策的实施；五是确保提供足够的资金和制定学前教育法律框架；六是通过现有框架和工具对学前教育获取和质量方面的经验和进展发布报告。此外，从国外的学前教育发展的文件中可得知，学前教育的发展要具有连贯性、系统性，坚持以人为本，将人放在首位。

国家针对凉山彝族自治州教育发展情况，进行了不同方面的支持，如"三支一扶""三下乡"、对口帮扶等措施，但仍然存在某些方面的不足。参考欧盟为了学前教育质量的提高，从学前教育的可获得性到监管、经验和进展的获取都进行了相关规定的经验做法，我国也可以采取公开化和指标化的数据记录凉山彝族自治州的教育事业发展，以此动态化发现凉山学前教育发展过程中的短板与不足，精准化反映凉山州学前教育的普遍性和特殊性，有效提升学前教育政策的实效和质量。第一，确立指标体系。这些指标应从学前教育覆盖到高等教育，还要考虑地区之间发展的差异性。第二，运用网络技术。利用互联网数据平台，获取数据。在学校系统内，借助学校相对封闭集中的空间，尤其把已经建档立卡的贫困学生信息统一收录在数据库中，实时监测，以保证绝大多数的儿童能够接受学前教育。第三，发布监测报告。将搜集的数据上传至互联网平台，并将这些数据开放，接受社会公众的监督，政府根据发布的情况对凉山州学前教育发展的情况进行实时监督，以促进学前教育发展。第四，加强凉山州各地区之间学前教育资源的优化配置，加强资源之间的流动，同时可以复制和加强优秀的学前教育经验，也让身处于偏远地区的儿童能接受优质的学前教育。

（八）重视环境创设，为幼儿提供多样化体验

在学前教育领域中，幼儿成长所需要的环境不仅包括物质环境也包括精神环境；不仅包括教育环境也包括学习环境；不仅包括家庭环境也包括幼儿园的环境。我国发达地区的学前教育能够充分考虑这些因素，以促进幼儿的健康成长，如一些北方发达地区会利用季节变换，鼓励儿童在冬季进行户外运动，培养孩子的意志力，同时，注重孩子在户外活动设计和实施中的自主权。还有一些地区非常注重构建有秩序的环境，注重将规则融入幼儿的日常生活中，如玩具按相应的类型进行摆放，方便幼儿取放，在无形中让幼儿体验规则的便利性，进而认识到规则的重要性。

许多发达城市的幼儿园环境创设不仅重视外部的环境创设，还十分注重内部的精神环境的创设。比如，一些学前教育机构还注重对幼儿进行社会教育，认为社会教育能够激发儿童学习的兴趣，丰富儿童的社会知识，发展儿童的社交技能，并提供与各种人打交道的机会，如社区活动、家庭之间的交流等，培养他们正确沟通、交流的能力，为适应未来社会做准备。除此以外，他们还会为幼儿提供多样化的工具和材料，让儿童在拆分、重构材料的过程中，学会组合、拼装各种技能，从而促进儿童的思维发展。

（九）重视幼小衔接

幼小衔接是指幼儿园教育与小学教育的过渡、衔接过程，是促进儿童实现从学前期向学龄期顺利发展的过程。随着世界教育的发展，幼小衔接作为学前教育研究的重点课题之一，也极大地影响到了我国发达地区的学前教育发展。

尤其在我国沿海地区，许多幼儿园都是附设于托幼中心或小学，注重教育内容的与时俱进性，强调促进幼儿智力的发展，以期为幼儿进入小学奠定良好基础，加强幼儿园与小学的联系。《幼儿园工作规程》指出："幼儿园与小学应当密切联系，互相配合，注意两个阶段教育的相互衔接。"《幼儿园教育指导纲要（试行）》指出："幼儿园应该与家庭、社区紧密合作，与小学相互衔接，综合利用各种教育资源，共同为幼儿的发展创造良好的条件。"幼小衔接对于幼儿将来的入学起着至关重要的作用，需要发挥各方的教育力量的协同作用。

从幼儿的角度看，从幼儿园到小学的转换过渡，最为内在而核心的是幼儿自我身份的重构，即幼儿自己要从内心建立起新的自我定位，从"自己是一个幼儿园的小朋友"的身份认知，转变成"自己将是一个小学生"的身份认知。为达成幼儿在幼儿园大班下学期末的这种自我身份转换，从小班幼儿开始逐步确立自己作为幼儿园小朋友的身份时起，教师就可以有意识地把幼儿在学前三年的成长经历作为有价值的幼小衔接课程资源。比如，拍摄幼儿在学前三年中各个关键阶段具体表现的照片和短视频，持续收集幼儿在学前三年中的代表性作品，使用过的围兜、餐具、衣物等各种实物，阅读过的小、中、大班不同年龄段的绘本，等等。

在大班下学期引领幼儿回望自己三年成长历程时，这些材料就成为宝贵的课程资源。通过这些材料，幼儿可以真切、直观地感受到自己怎样从一个来园时哭鼻子、吃饭时不会使用调羹的小朋友，在教师和父母的帮助以及自己的努力下，成长为一个能够轻松融入幼儿园生活的小朋友。所有这些都有利于幼儿建构起积极的自我概念，体验到自己战胜种种成长中的困难后慢慢长大的喜悦和自豪，形成面对未来生活的自信心和掌控感，从而在幼儿园到小学的转化过渡中接纳自己是即将结束幼儿园生活的"前幼儿园小朋友"和即将步入小学的"准小学生"。

（十）凉山彝族自治州乡土课程改革

世界经济飞速发展，经济结构、产业结构、就业结构也随之发生相应的变化，同时对教育提出了新要求。从基础教育改革中，对课程的改革提出了新的要求。从世界范围来看，无论是发达国家还是发展中国家，都存在课程改革问题，主要包括以下方面：①明确课程目标。学习知识，接受高质量的教育，适应社会变化的要求，掌握应有的技能，提高市场竞争力。②调整课程结构和课程内容，引进技术教育。结合经济发展水平与需要、当地的文化素质和特色调整和适应农村发展的课程。③建立多元化课程管理制度。由于各地区之间的经济、文化、历史传统等方面的不同，在课程管理制度方面也要体现差异性。比如：韩国和挪威是实行全国统一课程计划的国家，德国的课程制度，如果从整个国家来看，课程和教育采取的是地方分权制，如果从某个州的区域来看又是集权制。课程的改革要贴合实际的社会环境、生活，校本课程和乡土课程资源的开发尤为重要。学校根据自己的特色创办特色课程，多样化的教学不仅能体现学校的办学特色，还能根据学生的认知背景和需求，制定适合学生的课程。幼儿园课程是一种无形的资产，它可以为保育、教育、社会化提供一个连贯的框架，以满足儿童的需求，并为未来高质量学习提供一个高质量的环境。

凉山彝族自治州是一个民族文化浓厚的地方，本民族文化和其他民族文化融会贯通。课程改革不仅要体现大环境的教育改革，还要体现凉山州当地的特征。乡土课程资源的开发，是除了学校外的资源，根据地方上的特色，利用乡土资源，创造与本地风俗、文化传统等特色有关的课程。在这一过程中，不仅可以充分利用身边的生活素材，而且也是文化传承的一部分，可使学生在学习过程中了解本地的文化传统。

第八章 乡村振兴战略与凉山彝族自治州学前教育发展

一、乡村振兴战略的提出

（一）乡村振兴战略提出的背景

乡村振兴战略是习近平总书记在党的十九大报告中提出的。党的十九大报告指出，农业农村农民问题是关系国计民生的根本问题，必须始终把解决好"三农"问题作为全党工作重中之重。2018年1月，中共中央、国务院发布的《中共中央、国务院关于实施乡村振兴战略的意见》指出，实施乡村振兴战略，是决胜全面建成小康社会、全面建设社会主义现代化国家的重大历史任务，是新时代"三农"工作的总抓手，并提出了三大阶段性、递进性目标。乡村振兴战略是党和政府基于新时代中国社会主义特征和我国"三农"工作存在的主要问题，面临新的形势而提出的一项重大的战略举措，并且科学地反映了时代要求。

1. 理论背景

在新中国成立后的任何一个历史阶段，党和国家都始终高度重视"三农"发展。我们国家的"农业、农村和农民"思想也经历了各届中央领导集体的持续丰富和完善，慢慢形成和发展起来，即从农业合作化、家庭联产承包责任制、统筹城乡发展到科学发展观。这为新形势下党和政府"三农"事业的发展奠定了重要的理论基础。

随着农村人口脱贫，如何让农民不再返贫，让农民口袋鼓起来、生活富起来、日子好起来成为亟待解决的问题。在新时代解决好"三农"问题也有新策略，乡村振兴战略是党顺应时代潮流变化应对"三农"问题的产物。

实施乡村振兴战略就不得不提"三农"问题，乡村以农为基，研究"三农"问题目的是要解决农民增收、农业发展、农村稳定。我国是一个农业大国，农村人口约4.9亿，约占全国人口34.8%。

实施乡村振兴战略是一项长期的历史性任务，将伴随着现代化建设的全过程，党和人民要做好长期工作的准备。

习近平总书记历来重视"三农"工作。党的十八大以来，习近平总书记在一系列重要会议上多次谈到"三农"问题。2013年12月，习近平总书记在中央农村工作会议上强调：中国要强，农业必须强；中国要美，农村必须美；中国要富，农民必须富。只有农业基础稳固，农村和谐稳定，农民安居乐业，我们国家和社会才有保障。因此，必须始终坚持把解决好"三农"问题作为全党全社会工作的重中之重，坚持工业反哺农业、城市支持农村的方针，不断加大强农惠农富农政策力度，始终把"三农"工作抓牢抓好；要把培养青年农民纳入国家使用人才培养计划，提高农民素质，培养造就一支新型农民队伍，为农村农业现代化提供人才支撑和人力保障。在2018年的中央农村工作会议上，习近平总书记再次强调，要全面贯彻新时代中国特色社会主义思想和党的十九大精神，加强党对"三农"工作的领导，坚持农业农村优先发展，将解决"三农"问题作为全党全社会工作的重心，牢牢把握中求进总基调，落实高质量发展要求，深入实施乡村振兴战略。

从以上可以看出，在新时代背景下，乡村振兴战略是巩固脱贫成果的重要保障，是解决"三农"问题的有效策略。同时，党的十八大以来，习近平总书记就乡村振兴发表了一系列的讲话，并就乡村振兴工作提出了一系列新思想、新理念。因此，乡村振兴战略既是"三农"思想的时代体现，也是习近平新时代中国特色社会主义思想的重要组成部分。

2. 现实背景

1949年以来，"三农"工作始终被视为党和国家工作的重点，摆在治国理政的重要位置。同时，在党和国家长期以来的不懈努力之下，我国"三农"事业的发展也取得了优异成绩：一是农业发展中较为落后的生产方式得以转变，国家对农产品生产的品控体系建设更加完善，对农产品的整体质量要求更高；二是过去传统的农业产业结构发生了较大的变化，促进了农业产品的供给更加丰富多样；三是现代化的美丽乡村建设加速推进，农民的居住条件大为改善，精神生活更加丰富多彩。但是，由于主客观等各种因素的影响，我国"三农"工作还是存在着各种亟待解决的问题：一是农业生产方式仍显落后；二是农业的产业化体系不健全，其经营管理方式还比较落后，产业运营机制也比较单一；三是在"美丽乡村"建设中，农民收入增长动力不足，农村老龄化、留守儿童、空心村等问题突出。

第一，乡村振兴战略是我国"三农"工作的时代体现。我国向来重视"三农"工作，中央始终把解决好"三农"问题放在所有工作的首位。新中国成立之初，我国颁布了《中华人民共和国土地改革法》，提出"有步骤有分别地消灭封建剥削制度，发展农业生产"的土地改革政策，以迅速恢复和发展农业生产。改革开放后，中央在1982—1986年连续下发有关"三农"工作的中央一号文件，充分肯定了包产到户、包干到户的社会主义生产责任制，是马克思主义农业合作化理论在中国实践中的新发展，国家将继续稳定和完善联产承包责任制，继续贯彻执行农村改革的方针政策。党的十八大提出：要始终坚持把解决好"三农"问题作为全党工作的重中之重，加快完善城乡发展一体化体制机制，促进城乡要素平等交换和公共资源均衡配置，形成以工促农、以城带乡、工农互惠、城乡一体的新型工农、城乡关系；制定一系列强农惠农政策，奋力推进农村全面小康社会建设，有力促进农业发展、农村繁荣和农民增收。党的十八大以来，我国农业农村经济得到迅速发展。正是由于近年来我国"三农"工作取得的巨大成就，党的十九大在过去新农村建设的要求基础上提出了乡村振兴战略，将过去的城乡一体化、城乡统筹等发展思路提升为城乡融合发展，将过去的农业现代化拓展为农业农村现代化，这既是全面建成小康社会战略目标的必然要求，也是新时代我国"三农"工作的时代体现。

第二，乡村振兴战略是解决"三农"问题的必然选择。党的十八大以来，我国"三农"工作成绩显著，有力地推动了党和国家事业的全面发展。但同时，我国"三农"工作仍然面临一系列需要急需解决的深层次问题。一是生产要素的非农化态势仍未扭转。近年来，为了扭转城乡发展不协调的状况，国家提出要统筹城乡区域发展。城乡统筹就是要改变和摒弃过去那种重城市、轻农村，"城乡分治"的二元思维模式，通过体制改革和政策调整削弱并逐步消除城乡之间的分离，将城市和农村的发展紧密结合起来，统一协调，全面考虑，树立工农一体化的经济社会发展思路，把解决好"三农"问题放在优先位置，以发展的眼光、统筹的思路，解决城市和农村存在的问题[①]。经过几年的连续推进，我国的城乡关系有了显著改善。但总体上，农村土地、劳动力、资金等基本生产要素大规模由农村到城市单向流动的态势仍未改变，高速工业化、城镇化占用大量耕地，严重损害了农业的现实生产能力；农村劳动力特别

---

① 姚永强. 乡村振兴背景下中国农村教育发展 [M]. 北京：社会科学文献出版社，2021：6.

是素质相对较高的青壮年仍然将离乡进城作为就业的主要选择，劳动力大量外流，不对称的农村劳动力流动方式未能根本扭转，严重动摇了现代农业的发展根基；农村资金总体短缺，农民获得金融服务仍然存在很多困难，农村资金外流明显，金融抑制的矛盾依然突出。二是劳动力老龄化日益严重。受我国早期计划生育政策和人口非均衡流动的影响，我国农村人口老龄化问题越发突出。这些直接导致农村劳动力供给不足而直接推高农业人工成本，也制约了农业技能培训的实施及其效果，阻碍了新技术、新品种进入农业生产。三是农村空心化问题不断加重。随着城镇化建设步伐的加快和城乡一体化进程的加速，农村劳动力尤其是青壮年劳动力快速流向城市，农村人口大量减少，土地和资源大量闲置，农村消费需求逐步减弱，导致农村公共服务的供给意愿和供给水平可能降低，农村社会治理水平同步下降，农村社会经济功能整体退化。虽然农村劳动力转移是我国城镇化的必然要求，但如果是无序的转移，特别是有一定知识和技能的青壮年劳动力的大量流出，必然不利于农村的稳定和发展。无序的劳动力转移，带来诸如农村生产的粗放化、农村的产业结构升级困难等问题。四是农村的环境污染问题突出。农村生产对农药化肥的依赖，造成对土壤的破坏；大量焚烧秸秆，造成对空气的污染；养殖业发展中对牲畜粪便的处理不当，造成对水源、空气的污染等。

综上，虽然近年来我国的"三农"工作取得了一定的成绩，但还存在一系列急需解决的深层次问题。这些问题影响着农村自身发展能力，阻碍了农村农业的现代化进程，影响我国经济社会的整体稳定。因此，实施乡村振兴战略是我国当前解决"三农"问题的必然选择。

（二）乡村振兴战略的主要内容

1. 指导思想

党的十九大把习近平新时代中国特色社会主义思想确立为党必须长期坚持的指导思想，加强党对"三农"工作的领导，坚持稳中求进工作总基调，牢固树立新发展理念，落实高质量发展的要求，紧紧围绕统筹推进"五位一体"总体布局和协调推进"四个全面"战略布局，坚持把解决好"三农"问题作为全党工作重中之重。

乡村振兴坚持农业农村优先发展，按照产业兴旺、生态宜居、乡风文明、治理有效、生活富裕的总要求，建立健全城乡融合发展体制机制和政策体系，统筹推进农村经济建设、政治建设、文化建设、社会建设、生态文明建设和党的建设，加快推进乡村治理体系和治理能力现代化，加快推进农业农村现代化，走中国特色社会主义乡村振兴道路，让农业成为有奔头的产业，让农民成为有吸引力的职业，让农村成为安居乐业的美丽家园。

2. 目标任务

按照党的十九大提出的决胜全面建成小康社会、分两个阶段实现第二个百年奋斗目标的战略安排，实施乡村振兴战略的目标任务是：

到 2020 年，乡村振兴取得重要进展，制度框架和政策体系基本形成。农业综合生产能力稳步提升，农业供给体系质量明显提高，农村一二三产业融合发展水平进一步提升；农民增收渠道进一步拓宽，城乡居民生活水平差距持续缩小；现行标准下农村贫困人口实现脱贫，贫困县全部摘帽，解决区域性整体贫困；农村基础设施建设深入推进，农村人居环境明显改善，美丽宜居乡村建设扎实推进；城乡基本公共服务均等化水平进一步提高，城乡融合发展体制机制初步建立；农村对人才吸引力逐步增强；农村生态环境明显好转，农业生态服务能力进一步提高；以党组织为核心的农村基层组织建设进一步加强，乡村治理体系进一步完善；党的农村工作领导体制机制进一步健全；各地区各部门推进乡村振兴的思路举措得以确立。

到 2035 年，乡村振兴取得决定性进展，农业农村现代化基本实现。农业结构得到根本性改善，农民就业质量显著提高，相对贫困进一步缓解，共同富裕迈出坚实步伐；城乡基本公共服务均等化基本实现，城乡融合发展体制机制更加完善；乡风文明达到新高度，乡村治理体系更加完善；农村生态环境根本好转，美丽宜居乡村基本实现。

到 2050 年，乡村全面振兴，农业强、农村美、农民富全面实现。

3. 基本原则

实施乡村振兴战略要坚持以下基本原则：

（1）坚持党管农村工作。毫不动摇地坚持和加强党对农村工作的领导，健全党管农村工作领导体制机制和党内法规，确保党在农村工作中始终总揽全局、协调各方，为乡村振兴提供坚强有力的政治保障。

（2）坚持农业农村优先发展。把实现乡村振兴作为全党的共同意志、共同行动，做到认识统一、步调一致，在干部配备上优先考虑，在要素配置上优先满足，在资金投入上优先保障，在公共服务上优先安排，加快补齐农业农村短板。

（3）坚持农民主体地位。充分尊重农民意愿，切实发挥农民在乡村振兴中的主体作用，调动亿万农民的积极性、主动性、创造性，把维护农民群众根本利益、促进农民共同富裕作为出发点和落脚点，促进农民持续增收，不断提升农民的获得感、幸福感、安全感。

（4）坚持乡村全面振兴。准确把握乡村振兴的科学内涵，挖掘乡村多种功能和价值，统筹谋划农村经济建设、政治建设、文化建设、社会建设、生态文明建设和党的建设，注重协同性、关联性，整体部署，协调推进。

（5）坚持城乡融合发展。坚决破除体制机制弊端，使市场在资源配置中起决定性作用，更好发挥政府作用，推动城乡要素自由流动、平等交换，推动新型工业化、信息化、城镇化、农业现代化同步发展，加快形成工农互促、城乡互补、全面融合、共同繁荣的新型工农城乡关系。

（6）坚持人与自然和谐共生。牢固树立和践行"绿水青山就是金山银山"的理念，落实节约优先、保护优先、自然恢复为主的方针，统筹山水林田湖草系统治理，严守生态保护红线，以绿色发展引领乡村振兴。

（7）坚持因地制宜、循序渐进。科学把握乡村的差异性和发展走势分化特征，做好顶层设计，注重规划先行、突出重点、分类施策、典型引路。既尽力而为，又量力而行，不搞层层加码，不搞"一刀切"，不搞形式主义，久久为功，扎实推进。

4. 主要目标

根据中共中央、国务院发布的《中共中央、国务院关于实施乡村振兴战略的意见》，推动乡村振兴战略的主要目标体现在以下方面：

（1）提升农业发展质量，培育乡村发展新动能。

农业作为我国第一产业，是国民经济的重要产业部门，是一切社会生产的重要条件。贯彻落实乡村振兴战略，必须注重农业质量，加快农业供给侧结构性改革，积极构建现代农业生产体系和经营体系，提高农业创新力、竞争力和全要素生产率，加快实现由农业大国向农业强国转变。

①夯实农业生产能力基础。

农业生产能力综合反映一个国家一定时期农业发展水平，是实现农业发展目标，满足国家和社会对农产品数量和质量不断增长需求的根本途径，农业的发展需要不断提升农业生产能力。提高农业的综合生产能力，必须严守耕地红线，把饭碗牢牢端在自己手上。全面落实永久基本农田特殊保护制度，加快划定和建设粮食生产功能区、重要农产品生产保护区，保证国家粮食生产安全和有效供给；大规模推进农村土地整治和高标准农田建设，提高耕地质量；加强农田水利建设，实施国家农业节水行动，提高小型农田水利设施质量，提高抗旱防洪除涝能力；加快建设国家农业科技创新体系，加强面向全行业的科技创新基地建设；推进我国农机装备产业转型升级，进一步提高大宗农作物机械国产化水平；推动农业科技成果的转化与推广运用，提高农业劳动生产率。

②实施质量兴农战略。

实施乡村振兴战略，只有坚持质量兴农，推动农业由增产导向转向提质导向，才能推动农业全面升级，农村全面进步，农民全面发展以及提高农业综合效益和竞争力。实施质量兴农战略，要建立健全质量兴农评价和考核体系；要推进特色农产品优势区创建，建设现代农业产业园、农业科技园；要健全农业全产业链标准化体系，推行标准化生产；完善品牌发展机制，培育农产品品牌，保护地理标志农产品；要完善农产品质量和食品安全标准体系，加强农业投入品和农产品质量安全追溯体系建设，健全农产品质量和食品安全监管体制，重点提高基层监管能力。要加强农业绿色生态、提质增效技术研发应用。

③构建农村一二三产业融合发展体系。

合理的农村产业结构关系着农村经济的稳定增长和发展。构建农村一二三产业融合发展体系，就要着力推进新型城镇化建设，加快农村产业结构调整，延长产业链。鼓励发展股份合作，通过保底分红、股份合作、利润返还等多种形式，让农民合理分享全产业链增值收益。

建设农产品销售服务平台，加强农产品产后分级、包装、营销，建设现代化农产品冷链仓储物流体系，打造农产品销售公共服务平台，大力建设具有广泛性的促进农村电子商务发展的基础设施；实施休闲农业和乡村旅游精品工程，建设一批设施完备、功能多样的休闲观光园区、特色小镇等。

④构建农业对外开放新格局。

优化资源配置，着力节本增效，提高我国农产品国际竞争力。实施特色优势农产品出口提升行动，扩大高附加值农产品出口。建立健全我国农业贸易政策体系。深化与"一带一路"沿线国家和地区农产品贸易关系。积极支持农业走出去，培育具有国际竞争力的大粮商和农业企业集团。积极参与全球粮食安全治理和农业贸易规则制定，促进形成更加公平合理的农业国际贸易秩序。进一步加大农产品反走私综合治理力度。

⑤促进小农户和现代农业发展有机衔接。

统筹兼顾培育新型农业经营主体和扶持小农户，采取有针对性的措施，把小农生产引入现代农业发展轨道。培育各类专业化市场化服务组织，推进农业生产全程社会化服务，帮助小农户节本增效。发展多样化的联合与合作，提升小农户组织化程度。注重发挥新型农业经营主体带动作用，打造区域公用品牌，开展农超对接、农社对接，帮助小农户对接市场。扶持小农户发展生态农业、设施农业、体验农业、定制农业，提高产品档次和附加值，拓展增收空间。改善小农户生产设施条件，提升小农户抗风险能力。研究制定扶持小农生产的政策意见。

（2）推进乡村绿色发展，打造人与自然和谐共生发展新格局。

乡村振兴，生态宜居是关键。良好生态环境是农村最大的优势和宝贵财富。必须尊重自然、顺应自然、保护自然，推动乡村自然资本加快增值，实现百姓富、生态美的统一。

①统筹山水林田湖草系统治理。

把山水林田湖草作为一个生命共同体，进行统一保护、统一修复。实施重要生态系统保护和修复工程既是我国生态建设的主要内容，也是贯彻绿色发展理念的重要举措。统筹山水林田湖草治理，就要科学划定江河湖海限捕、禁捕区域，健全水生生态保护修复制度；实行水资源消耗总量和强度双控行动；开展河湖水系连通和农村河塘清淤整治，全面推行河长制、湖长制；开展国土绿化行动，推进荒漠化、石漠化、水土流失综合治理；强化湿地保护和恢复，继续开展退耕还湿；完善天然林保护制度，把所有天然林都纳入保护范围；扩大退耕还林还草、退牧还草，建立成果巩固长效机制；实施生物多样性保护重大工程，有效防范外来生物入侵。

②加强农村突出环境问题综合治理。

农村环境治理既是乡村振兴战略的重要任务，也是建设美丽乡村的重要路径。加强农村突出环境综合治理，就要加强农业面源污染防治，开展农业绿色发展行动；加强农村污水、垃圾的规范排放和治理；加强农村水环境治理和农村饮用水水源保护；加强农村环境监管能力建设，落实县乡两级农村环境保护主体责任。

③建立市场化多元化生态补偿机制。

建立多元化生态补偿机制，就要落实农业功能区制度，加大重点生态功能区转移支付力度，完善生态保护成效与资金分配挂钩的激励约束机制；鼓励地方在重点生态区位推行商品林赎买制度；健全地区间、流域上下游之间横向生态保护补偿机制，探索建立生态产品购买、森林碳汇等市场化补偿制度；推行生态建设和保护以工代赈做法，提供更多生态公益岗位。

④增加农业生态产品和服务供给。

正确处理开发与保护的关系，运用现代科技和管理手段，将乡村生态优势转化为发展生态经济的优势，提供更多更好的绿色生态产品和服务，促进生态和经济良性循环。加快发展森林草原旅游、河湖湿地观光、冰雪海上运动、野生动物驯养观赏等产业，积极开发观光农业、游憩休闲、健康养生、生态教育等服务。创建一批特色生态旅游示范村镇和精品线路，打造绿色生态环保的乡村生态旅游产业链。

（3）繁荣兴盛农村文化，焕发乡风文明新气象。

乡村振兴，乡风文明是保障。必须坚持物质文明和精神文明一起抓，提升农民精神风貌，培育文明乡风、良好家风、淳朴民风，不断提高乡村社会文明程度。

①加强农村思想道德建设。

加强农村思想道德建设，就要以社会主义核心价值观为引领，深化中国特色社会主义和中国梦宣传教育，大力弘扬民族精神和时代精神；加强爱国主义、集体主义、社会主义教育，深化民族团结进步教育，加强农村思想文化阵地建设；深入实施公民道德建设工程，挖掘农村传统道德教育资源，推进社会公德、职业道德、家庭美德、个人品德建设；推进诚信建设，强化农民的社会责任意识、规则意识、集体意识、主人翁意识。

②传承发展提升农村优秀传统文化。

只有传承和发展农村优秀传统文化，才能促进农村文化的繁荣与发展。传承和发展农村优秀文化，就要立足乡村文明，吸取城市文明及外来文化优秀成果，在保护传承的基础上，创造性转化、创新性发展，不断赋予时代内涵、丰富表现形式；切实保护好优秀农耕文化遗产，推动优秀农耕文化遗产合理适度利用；深入挖掘农耕文化蕴含的优秀思想观念、人文精神、道德规范，充分发挥其在凝聚人心、教化群众、淳化民风中的重要作用；划定乡村建设的历史文化保护线，保护好文物古迹、传统村落、民族村寨、传统建筑、农业遗迹、灌溉工程遗产；支持农村地区优秀戏曲曲艺、少数民族文化、民间文化等传承发展。

③加强农村公共文化建设。

加强农村公共文化建设，就要按照有标准、有网络、有内容、有人才的要求，健全乡村公共文化服务体系；发挥县级公共文化机构辐射作用，推进基层综合性文化服务中心建设，实现乡村两级公共文化服务全覆盖，提升服务效能；深入推进文化惠民，公共文化资源要重点向乡村倾斜，提供更多更好的农村公共文化产品和服务；培育挖掘乡土文化本土人才，开展文化结对帮扶，引导社会各界人士投身乡村文化建设；活跃繁荣农村文化市场，丰富农村文化业态，加强农村文化市场监管。

④开展移风易俗行动。

开展移风易俗行动，就要制定和出台关于陈规陋习和人情歪风治理的法律法规，遏制大操大办、厚葬薄养、人情攀比等陈规陋习；加强无神论宣传教育，丰富农民群众精神文化生活，抵制封建迷信活动；深化农村殡葬改革；加强农村科普工作，提高农民科学文化素养。

（4）加强农村基层基础工作，构建乡村治理新体系。

乡村振兴，治理有效是基础。必须把夯实基层基础作为固本之策，建立健全党委领导、政府负责、社会协同、公众参与、法治保障的现代乡村社会治理体制，坚持自治、法治、德治相结合，确保乡村社会充满活力、和谐有序。

①加强农村基层党组织建设。

扎实推进抓党建促乡村振兴，突出政治功能，提升组织力，抓乡促村，把农村基层党组织建成坚强战斗堡垒。加强农村基层党组织建设，就要强化农村基层党组织领导核心地位，创新组织设置和活动方式，着力引导农村党员发挥先锋模范作用；建立选派第一书记工作长效机制；实施农村带头人队伍整体优化提升行动，注重吸引高校毕业生、农民工、机关企事业单位优秀党员干部到村任职，选优配强村党组织书记；健全从优秀村党组织书记中选拔乡镇领导干部、考录乡镇机关公务员、招聘乡镇事业编制人员制度；加大在优秀青年农民中发展党员力度；建立农村党员定期培训制度；全面落实村级组织运转经费保障政策；推行村级小微权力清单制度，加大基层小微权力腐败惩处力度；严厉整治惠农补贴、集体资产管理、土地征收等领域侵害农民利益的不正之风和腐败问题。

②深化村民自治实践。

坚持自治为基，加强农村群众性自治组织建设，健全和创新村党组织领导的充满活力的村民自治机制。推动村党组织书记通过选举担任村委会主任；发挥自治章程、村规民约的积极作用；全面建立健全村务监督委员会，依托村民会议、村民代表会议、村民议事会、村民理事会、村民监事会等，形成民事民议、民事民办、民事民管的多层次基层协商格局；加强农村社区治理创新；创新基层管理体制机制，整合优化公共服务和行政审批职责。

③建设法治乡村。

坚持法治为本，树立依法治理理念，强化法律在维护农民权益、规范市场运行、农业支持保护、生态环境治理、化解农村社会矛盾等方面的权威地位；增强基层干部法治观念、法治为民意识，将政府涉农各项工作纳入法治化轨道；深入推进综合行政执法改革向基层延伸，创新监管方式，提高执法能力和水平；加大农村普法力度，提高农民法治素养，引导广大农民增强尊法学法守法用法意识；健全农村公共法律服务体系，加强对农民的法律援助和司法救助。

④提升乡村德治水平。

深入挖掘乡村熟人社会蕴含的道德规范，结合时代要求进行创新，强化道德教化作用；建立道德激励约束机制，引导农民自我管理、自我教育、自我服务、自我提高，实现家庭和睦、邻里和谐、干群融洽；广泛开展好媳妇、好儿女、好公婆等评选表彰活动，开展寻找最美乡村教师、医生、家庭等活动；深入宣传道德模范、身边好人的典型事迹，弘扬真善美，传播正能量。

⑤建设平安乡村。

健全落实社会治安综合治理领导责任制，大力推进农村社会治安防控体系建设；深入开展扫黑除恶专项斗争，严厉打击农村黑恶势力、宗族恶势力，严厉打击黄赌毒盗拐骗等违法犯罪；依法加大对农村非法宗教活动和境外渗透活动打击力度；完善县乡村三级综治中心功能和运行机制；健全农村公共安全体系，持续开展农村安全隐患治理；加强农村警务、消防、安全生产工作，坚决遏制重特大安全事故；探索以网格化管理为抓手、以现代信息技术为支撑，实现基层服务和管理精细化精准化。

（5）提高农村民生保障水平，塑造美丽乡村新风貌。

乡村振兴，生活富裕是根本。要按照抓重点、补短板、强弱项的要求，围绕农民群众最关心最直接最现实的利益问题，把乡村建设成为幸福美丽新家园。

①优先发展农村教育事业。

高度重视发展农村义务教育，推动建立以城带乡、整体推进、城乡一体、均衡发展的义务教育发展机制；全面改善薄弱学校基本办学条件，加强寄宿制学校建设；实施农村义务教育学生营养改善计划；发展农村学前教育；推进农村普及高中阶段教育，支持教育基础薄弱县普通高中建设，加强职业教育，逐步分类推进中等职业教育免除学杂费；健全学生资助制度，使绝大多数农村新增劳动力接受高中阶段教育、更多接受高等教育；把农村需要的人群纳入特殊教育体系；以市县为单位，推动优质学校辐射农村薄弱学校常态化；统筹配置城乡师资，并向乡村倾斜，建好建强乡村教师队伍。

②促进农村劳动力转移就业和农民增收。

健全覆盖城乡的公共就业服务体系，大规模开展职业技能培训，促进农民工多渠道转移就业，提高就业质量；深化户籍制度改革，促进有条件、有意愿、在城镇有稳定就业和住所的农业转移人口在城镇有序落户，依法平等享受城镇公共服务；加强扶持引导服务，实施乡村就业创业促进行动，大力发展文化、科技、旅游、生态等乡村特色产业，振兴传统工艺；培育一批家庭工场、手工作坊、乡村车间，鼓励在乡村地区兴办环境友好型企业，实现乡村经济多元化，提供更多就业岗位；拓宽农民增收渠道，鼓励农民勤劳守法致富，增加农村低收入者收入，扩大农村中等收入群体，保持农村居民收入增速快于城镇居民。

③推动农村基础设施提档升级。

继续把基础设施建设重点放在农村，加快农村公路、供水、供气、环保、电网、物流、信息、广播电视等基础设施建设，推动城乡基础设施互联互通；加快实施通村组硬化路建设；提高农村防灾减灾救灾能力。

④加强农村社会保障体系建设。

完善统一的城乡居民基本医疗保险制度和大病保险制度，做好农民重特大疾病救助工作，巩固城乡居民医保全国异地就医联网直接结算；完善城乡居民基本养老保险制度，建立城乡居民基本养老保险待遇和基础养老金标准正常调整机制；统筹城乡社会救助体系，完善最低生活保障制度；构建多层次农村养老保障体系，创新多元化照料服务模式；健全农村留守儿童和妇女、老年人、残疾人以及困境儿童关爱服务体系。

⑤推进健康乡村建设。

强化农村公共卫生服务，提升医疗卫生服务体系基础设施水平；完善基本公共卫生服务项目补助政策；加强乡村中医药服务；开展和规范家庭医生签约服务，加强妇幼、老人、残疾人等重点人群健康服务；积极开展健康知识宣讲等活动，提升群众健康素养水平。

⑥持续改善农村人居环境。

整合各种资源，强化各种举措，稳步有序推进农村人居环境突出问题治理；坚持不懈推进农村"厕所革命"，大力开展农村户用卫生厕所建设和改造；总结推广适用不同地区的农村污水治理模式，加强技术支撑和指导；逐步建立农村低收入群体安全住房保障机制；强化新建农房规划管控；保留乡村风貌，开展田园建筑示范，培养乡村传统建筑名匠；实施乡村绿化行动，全面保护古树名木等，从整体上提升农村人居环境质量。

（6）推进体制机制创新，强化乡村振兴制度性供给。

实施乡村振兴战略，必须把制度建设贯穿其中。要以完善产权制度和要素市场化配置为重点，激活主体、激活要素、激活市场，着力增强改革的系统性、整体性、协同性。

①巩固和完善农村基本经营制度。

落实农村土地承包关系稳定并长久不变政策；全面完成土地承包经营权确

权登记颁证工作，实现承包土地信息联通共享；完善农村承包地"三权分置"制度，在依法保护集体土地所有权和农户承包权前提下，平等保护土地经营权；农村承包土地经营权可以依法向金融机构融资担保、入股从事农业产业化经营；实施新型农业经营主体培育工程，培育发展家庭农场、合作社、龙头企业、社会化服务组织和农业产业化联合体，发展多种形式适度规模经营。

②深化农村土地制度改革。

系统总结农村土地征收、集体经营性建设用地入市、宅基地制度改革试点经验，逐步扩大试点，加快土地管理法修改，完善农村土地利用管理政策体系；扎实推进房地一体的农村集体建设用地和宅基地使用权确权登记颁证；完善农民闲置宅基地和闲置农房政策，落实宅基地集体所有权，适度放活宅基地和农民房屋使用权，严格实行土地用途管制；在符合土地利用总体规划前提下，允许县级政府通过村土地利用规划，调整优化村庄用地布局，有效利用农村零星分散的存量建设用地；预留部分规划建设用地指标用于单独选址的农业设施和休闲旅游设施等建设；对利用收储农村闲置建设用地发展农村新产业新业态的，给予新增建设用地指标奖励；进一步完善设施农用地政策。

③深入推进农村集体产权制度改革。

全面开展农村集体资产清产核资，加快推进集体经营性资产股份合作制改革；推动资源变资产、资金变股金、农民变股东，探索农村集体经济新的实现形式和运行机制；发挥村党组织对集体经济组织的领导核心作用，防止内部少数人控制和外部资本侵占集体资产；维护进城落户农民土地承包权、宅基地使用权、集体收益分配权，引导进城落户农民依法自愿有偿转让上述权益；研究制定农村集体经济组织法，充实农村集体产权权能；全面深化供销合作社综合改革，深入推进集体林权、水利设施产权等领域改革，做好农村综合改革、农村改革试验区等工作。

④完善农业支持保护制度。

以提升农业质量效益和竞争力为目标，强化绿色生态导向，创新完善政策工具和手段，加快建立新型农业支持保护政策体系；深化农产品收储制度和价格形成机制改革，改革完善中央储备粮管理体制；通过完善拍卖机制、定向销售、包干销售等，加快消化政策性粮食库存；落实和完善对农民直接补贴制度，提高补贴效能；健全粮食主产区利益补偿机制；探索开展稻谷、小麦、玉米三大粮食作物完全成本保险和收入保险试点，加快建立多层次农业保险体系。

（7）汇聚全社会力量，强化乡村振兴人才支撑。

实施乡村振兴战略，必须破解人才瓶颈制约。要把人力资本开发放在首要位置，畅通智力、技术、管理下乡通道，造就更多乡土人才，聚天下人才而用之。

①大力培育新型职业农民。

全面建立职业农民制度，完善配套政策体系；实施新型职业农民培育工程，支持新型职业农民通过弹性学制参加中高等农业职业教育；创新培训机制，支持农民专业合作社、专业技术协会、龙头企业等主体承担培训；引导符合条件的新型职业农民参加城镇职工养老、医疗等社会保障制度；鼓励各地开展职业农民职称评定试点。

②加强农村专业人才队伍建设。

建立县域专业人才统筹使用制度，提高农村专业人才服务保障能力；推动人才管理职能部门简政放权，保障和落实基层用人主体自主权；推行乡村教师"县管校聘"；实施好边远贫困地区、边疆民族地区和革命老区人才支持计划；支持地方高等学校、职业院校综合利用教育培训资源，灵活设置专业（方向），创新人才培养模式，为乡村振兴培养专业化人才；扶持培养一批农业职业经理人、经纪人、乡村工匠、文化能人、非遗传承人等。

③发挥科技人才支撑作用。

全面建立高等院校、科研院所等事业单位专业技术人员到乡村和企业挂职、兼职和离岗创新创业制度，保障其在职称评定、工资福利、社会保障等方面的权益；深入实施农业科研杰出人才计划和杰出青年农业科学家项目；健全种业等领域科研人员以知识产权明晰为基础、以知识价值为导向的分配政策；探索公益性和经营性农技推广融合发展机制，允许农技人员通过提供增值服务合理取酬；全面实施农技推广服务特聘计划。

④鼓励社会各界投身乡村建设。

建立有效激励机制，支持企业家、党政干部、医生教师等，通过下乡担任志愿者、投资兴业、行医办学等方式服务乡村振兴事业；吸引更多人才投身现代农业，培养造就新农民；加快制定鼓励引导工商资本参与乡村振兴的指导意见，落实和完善融资贷款、配套设施建设补助、税费减免、用地等扶持政策，明确政策边界，保护好农民利益；发挥工会、共青团、妇联、科协、残联等群团组织的优势和力量，发挥各民主党派、工商联、无党派人士等积极作用，支持农村产业发展、生态环境保护、乡风文明建设、农村弱势群体关爱等；加强对下乡组织和人员的管理服务，使之成为乡村振兴的建设性力量。

⑤创新乡村人才培育引进使用机制。

建立自主培养与人才引进相结合，学历教育、技能培训、实践锻炼等多种方式并举的人力资源开发机制；建立城乡、区域、校地之间人才培养合作与交流机制；全面建立城市医生、教师、科技文化人员等定期服务乡村机制；研究制定鼓励城市专业人才参与乡村振兴的政策。

（8）开拓投融资渠道，强化乡村振兴投入保障。

实施乡村振兴战略，必须解决钱从哪里来的问题。要健全投入保障制度，创新投融资机制，加快形成财政优先保障、金融重点倾斜、社会积极参与的多元投入格局，确保投入力度不断增强、总量持续增加。

①确保财政投入持续增长。

建立健全实施乡村振兴战略财政投入保障制度，确保财政投入与乡村振兴目标任务相适应；优化财政供给结构，推进行业内资金整合与行业间资金统筹相互衔接配合，增加地方自主统筹空间，加快建立涉农资金统筹整合长效机制；充分发挥财政资金的引导作用，促进金融和社会资本更多投向乡村振兴；切实发挥全国农业信贷担保体系作用，通过财政担保费率补助和以奖代补等，加大对新型农业经营主体支持力度；加快设立国家融资担保基金，强化担保融资增信功能，引导更多金融资源支持乡村振兴；支持地方政府发行一般债券用于支持乡村振兴、脱贫攻坚领域的公益性项目；稳步推进地方政府专项债券管理改革，鼓励地方政府试点发行项目融资和收益自平衡的专项债券，支持符合条件、有一定收益的乡村公益性项目建设；规范地方政府举债融资行为，不得借乡村振兴之名违法违规变相举债。

②拓宽资金筹集渠道。

调整土地出让收入使用范围，进一步提高农业农村投入比例；严格控制未利用地开垦，集中力量推进高标准农田建设；改进耕地占补平衡管理办法，建立高标准农田建设等新增耕地指标和城乡建设用地增减挂钩节余指标跨省域调剂机制，将所得收益通过支出预算全部用于巩固脱贫攻坚成果和支持实施乡村振兴战略。

③提高金融服务水平。

把更多金融资源配置到农村经济社会发展的重点领域和薄弱环节，更好地满足乡村振兴多样化金融需求；要强化金融服务方式创新，提高金融服务乡村振兴能力和水平；加大中国农业银行、中国邮政储蓄银行"三农"金融事业部对乡村振兴支持力度；明确国家开发银行、中国农业发展银行在乡村振兴中的职责定位，强化金融服务方式创新，加大对乡村振兴中长期信贷支持；推动农村信用社省联社改革，保持农村信用社县域法人地位和数量总体稳定，完善村镇银行准入条件，地方法人金融机构要服务好乡村振兴；普惠金融重点要放在乡村；改进农村金融差异化监管体系，强化地方政府金融风险防范处置责任。

（9）坚持和完善党对"三农"工作的领导。

实施乡村振兴战略是党和国家的重大决策部署，各级党委和政府要提高对实施乡村振兴战略重大意义的认识，真正把实施乡村振兴战略摆在优先位置，把党管农村工作的要求落到实处。

①完善党的农村工作领导体制机制。

各级党委和政府要把农业农村优先发展原则体现到各个方面；健全党委统一领导、政府负责、党委农村工作部门统筹协调的农村工作领导体制；建立实施乡村振兴战略领导责任制，实行中央统筹省负总责市县抓落实的工作机制；各部门要按照职责，加强工作指导，强化资源要素支持和制度供给，做好协同配合，形成乡村振兴工作合力；切实加强各级党委农村工作部门建设，做好党的农村工作机构设置和人员配置工作，充分发挥决策参谋、统筹协调、政策指导、推动落实、督导检查等职能；各省（自治区、直辖市）党委和政府每年要向党中央、国务院报告推进实施乡村振兴战略进展情况；建立市县党政领导班子和领导干部推进乡村振兴战略的实绩考核制度，将考核结果作为选拔任用领导干部的重要依据。

②研究制定中国共产党农村工作条例。

根据坚持党对一切工作的领导的要求和新时代"三农"工作新形势新任务新要求，研究制定中国共产党农村工作条例，把党领导农村工作的传统、要求、政策等以党内法规形式确定下来，明确加强对农村工作领导的指导思想、原则要求、工作范围和对象、主要任务、机构职责、队伍建设等，完善领导体制和工作机制，确保乡村振兴战略有效实施。

③加强"三农"工作队伍建设。

把懂农业、爱农村、爱农民作为基本要求，加强"三农"工作干部队伍的培养、配备、管理、使用。各级党委和政府主要领导干部要懂"三农"工作、会抓"三农"工作，分管领导要真正成为"三农"工作行家里手。制定并实施培训计划，全面提升"三农"干部队伍能力和水平。拓宽县级"三农"工作部门和乡镇干部来源渠道，把到农村一线工作锻炼作为培养干部的重要途径，注重提拔使用实绩优秀的干部，形成人才向农村基层一线流动的用人导向。

④强化乡村振兴规划引领。

制定国家乡村振兴战略规划（2018—2022年），分别明确至2020年全面建成小康社会和2022年召开党的二十大时的目标任务，细化实化工作重点和政策措施，部署若干重大工程、重大计划、重大行动。各地区各部门要编制乡村振兴地方规划和专项规划或方案。加强各类规划的统筹管理和系统衔接，形成城乡融合、区域一体、多规合一的规划体系。根据发展现状和需要分类有序推进乡村振兴，对具备条件的村庄，要加快推进城镇基础设施和公共服务向农村延伸；对自然历史文化资源丰富的村庄，要统筹兼顾保护与发展；对生存条件恶劣、生态环境脆弱的村庄，要加大力度实施生态移民搬迁。

⑤强化乡村振兴法治保障。

抓紧研究制定乡村振兴法的有关工作，把行之有效的乡村振兴政策法定化，充分发挥立法在乡村振兴中的保障和推动作用。及时修改和废止不适应的法律法规。推进粮食安全保障立法。各地可以从本地乡村发展实际需要出发，制定促进乡村振兴的地方性法规、地方政府规章。加强乡村统计工作和数据开发应用。

⑥营造乡村振兴良好氛围。

凝聚全党全国全社会振兴乡村强大合力，宣传党的乡村振兴方针政策和各地丰富实践，振奋基层干部群众精神。建立乡村振兴专家决策咨询制度，组织智库加强理论研究。促进乡村振兴国际交流合作，讲好乡村振兴中国故事，为世界贡献中国智慧和中国方案。

二、乡村振兴与乡村学前教育发展

乡村振兴是实现中华民族伟大复兴的一项重大任务。党的二十大报告提出，全面推进乡村振兴，坚持农业农村优先发展。习近平总书记高度重视乡村振兴，强调"民族要复兴，乡村必振兴"，号召"让乡村振兴成为全党全社会的共同行动"。

党的十八大以来，以习近平同志为核心的党中央坚持把解决好"三农"问题作为全党工作的重中之重，全面打赢脱贫攻坚战，启动实施乡村振兴战略，推动农业农村取得历史性成就、发生历史性变革。党的十九大报告提出实施乡村振兴战略，要求"建立健全城乡融合发展体制机制和政策体系，加快推进农业农村现代化"。乡村振兴战略是新时代做好"三农"工作的总抓手。乡村振兴战略明确了农村在社会主义现代化建设中的重要地位，指出：乡村是具有自然、社会、经济特征的地域综合体，兼具生产、生活、生态、文化等多重功能，与城镇互促互进、共生共存，共同构成人类活动的主要空间。乡村兴则国家兴，乡村衰则国家衰。全面建成小康社会和全面建设社会主义现代化强国，最艰巨最繁重的任务在农村，最广泛最深厚的基础在农村，最大的潜力和后劲也在农村。实施乡村振兴战略，是解决新时代我国社会主要矛盾、实现"两个一百年"奋斗目标和中华民族伟大复兴中国梦的必然要求，具有重大现实意义和深远历史意义。乡村振兴战略明确提出：继续把国家社会事业发展的重点放在农村，促进公共教育、医疗卫生、社会保障等资源向农村倾斜，逐步建立健全全民覆盖、普惠共享、城乡一体的基本公共服务体系，推进城乡基本公共服务均等化。在乡村振兴背景下，城乡融合需要将城市和农村放在同等战略地位进行看待，突出乡村发展的平等性、自主性和内生性，对包括基本公共服务在内的乡村发展提出了更高的要求。《乡村振兴战略规划（2018—2022年）》明确提出要"继续把国家社会事业发展的重点放在农村，促进公共教育、医疗卫生、社会保障等资源向农村倾斜，逐步建立健全全民覆盖、普惠共享、城乡一体的基本公共服务体系"。学前教育是农村基本公共服务的重要组成部分，乡村振兴战略的提出对其产生显著影响。乡村振兴战略的提出，要求破除在封闭体系中发展农村教育的狭隘观念，立足城乡融合发展的现实需求，从社会发展的整体进程中对农村教育加以定位，对农村学前教育提出了新的要求。乡村振兴战略提出要优先发展农村教育事业。对于发展农村学前教育，乡村振兴战略提出：每个乡镇至少办好 1 所公办中心幼儿园，完善县乡村学前教育公共服务网络。在 2021 年年底召开的中央农村工作会议指出，乡村振兴的前提是巩固脱贫攻坚成果，要持续抓紧抓好，让脱贫群众生活更上一层楼；要持续推动同乡村振兴战略有机衔接，确保不发生规模性返贫，切实维护和巩固脱贫攻坚战的伟大成就。我国脱贫攻坚战的全面胜利，为实现城乡共同富裕奠定了坚实基础。进入新发展阶段，坚持巩固拓展脱贫攻坚成果与乡村振兴有效衔接，全面推进乡村振兴，对加快形成以中等收入群体为主体的橄榄型收入分配结构，促进社会公平正义，促进人的全面发展，扎实推进城乡共同富裕意义重大。全面推进乡村振兴是实现全体人民共同富裕的必由之路。我国的低收入人口主要集中在农村，城乡发展不平衡是现阶段发展不平衡不充分问题的表现之一。全面推进乡村振兴，让更多的社会财富惠及农村人口，可以有效扩大农村中等收入群体的规模。与脱贫攻坚相比，乡村振兴的期限更长、难度也更大。从巩固脱贫攻坚成果、推进乡村振兴，到促进共同富裕，既不能等，也不能急，必须立足于我国地区发展不均衡的现状，分阶段有序推进。

党的二十大报告提出，全面推进乡村振兴，坚持农业农村优先发展。党的二十大的决策部署为乡村振兴以及乡村学前教育的发展指明了方向。

在国家乡村振兴战略的背景下，生活富裕是农村居民最关心的问题，各级各类惠农政策的协同实施将加快农村居民收入的增长速度，促使城乡居民收入差距持续缩小。伴随农村居民收入水平的持续提高，他们对农村学前教育服务的消费能力和意愿也将相应增强，其需求水平也将得到快速提高。同时，在城乡居民收入差距持续缩小的发展趋势下，城乡居民对于学前教育服务的需求水平差距也将进一步缩小。为最大限度地满足农村居民对农村学前教育服务的需求，促使农村学前教育迈上快速发展道路，并长期保持城乡学前教育服务供给水平差距不断缩小的发展态势。因此，乡村振兴战略将通过促进农村居民收入增加，改变他们对农村学前教育服务的需求水平，从需求侧对促进农村学前教育服务供给产生显著的间接影响，以此构成了新的发展挑战①。

为满足农村居民的学前教育服务需求水平，农村学前教育需要快速发展，从而保持城乡学前教育服务水平差距不断缩小的发展态势。各级政府也出台了相关的政策，通过学前教育资源向农村的倾斜，从师资配置、基础设施等方面弥补农村学前教育的短板，缩小城乡学前教育的差距，极大地推进了城乡学前教育水平均衡，保持城乡学前教育差距持续缩小的发展态势。

三、乡村振兴战略背景下凉山彝族自治州学前教育发展的机遇

一方面，乡村振兴战略要求转变在封闭体系中发展农村教育的狭隘观念，立足城乡融合发展的现实需求，从社会发展的整体进程中对农村教育加以定位，推进城乡教育一体化。此外，党的十九大围绕"优先发展教育事业"做出了全面部署。2018年中央一号文件《中共中央国务院关于实施乡村振兴战略的意见》进一步提出"优先发展农村教育事业"，指相对于城市教育而言，优先发展农村地区包括学前教育在内的公共教育事业。同时，各级政府也出台了一系列的政策措施，通过向农村倾斜学前教育资源，有针对性地补齐农村学前教育服务的供给短板，为持续缩小城乡学前教育差距提供了强大的制度保障。乡村振兴战略不仅要求农村学前教育实现纵向提升，还要不断缩小城乡学前教育之间的横向差距。这要求落实更多的政策措施，对促进农村学前教育的

---

① 李雪峰. 民族地区农村学前教育服务供给研究：以四川省"一村一幼"建设为例［D］. 成都：西南财经大学，2019.

发展产生直接影响，从而为农村学前教育服务提供了新的发展机遇。另一方面，党的十九大报告提出了实施乡村振兴战略，实施乡村振兴战略就要坚持农业农村优先发展的总方针，按照产业兴旺、生态宜居、乡风文明、治理有效、生活富裕的总要求，建立健全城乡融合发展体系。在国家宏观政策的推动下，农村的经济发展水平、物质文明和精神文明水平等都得到大幅度提升的同时，也为我国农村学前教育发展带来了机遇。

（一）产业发展增加学前教育优质资源的需求

产业兴旺在乡村振兴中具有基础性作用，产业的不断发展，推动农村经济发展，农村经济的发展为当地学前教育发展提供物质基础。凉山彝族自治州学前教育在长期发展中，与其他地区相比，其发展水平相对落后，处于较劣势的状态，其校舍建筑、园内环境创设等各方面与其他地区差距较大。一方面，在乡村振兴背景下，为满足农村对公平和高质量教育的需求，国家对农村学前教育财政支持力度加大。另一方面，在乡村振兴战略下，农村经济迅速发展，农民生活水平提高，具有承担学前教育费用的经济能力，家长对优质学前教育的需求增加。这两方面的作用共同助推了农村学前教育资源配置的优化升级。

（二）生态宜居增加学前教育优质师资的需求

生态宜居是乡村振兴的目的。乡村振兴战略就是要解决"三农"问题，实现农业强、农村美、农民富，吸引农村人才回流、外来人才扎根，使农村的人才队伍壮大和稳定，为乡村振兴提供人才保证。随着乡村经济的发展，大量的外出务工青壮年人才回流以及外来人才扎根，使得彝族聚居区的学前教育对优质师资的需求增加。一方面，这些年轻的父母更加认识到教育的作用，更加重视子女接受教育的质量，对当地学前教育师资的质量要求更加迫切。另一方面，随着当地产业的不断发展及形态的多样化，外来人才扎根，他们也对高质量的师资有迫切需求。另外，随着乡村振兴战略的推进，农村乡镇企事业单位员工的增加，各类专业技术人才进驻农村，他们的下一代也成为农村学前教育的对象，他们也对农村学前教育高质量师资有迫切需求。

（三）乡风文明促进当地学前教育的文化自觉

乡风文明是乡村振兴的灵魂。乡村文化振兴是乡村振兴的重要内容之一，但目前很多乡村本土文化（以下简称"乡土文化"）因被遗弃、被遗忘而失传。首先，乡土文化被误认为是落后文化而被刻意隐藏。大多数人把乡土文化等同于落后文化，鼓励学生"脱离农村""走向城市"，导致村民对乡土文化缺乏自信，不愿传承乡土文化。其次，乡土文化因受众人群减少而面临失传。农村进城务工人员努力创造条件将子女到城市接受教育，农村地区学龄前儿童减少，对乡土文化的了解途径变少，导致乡土优秀文明被逐渐遗忘而失传。乡村振兴战略要求"立足乡村文明，吸取城市文明及外来文化优秀成果，以此来繁荣农村文化，焕发乡风文明新气象"，其实质就是要传承乡风文明，要深度挖掘乡土文化，将乡土文化与农村学前教育内容相融合，建立学前教育内容与乡村生活、儿童经验之间的联系，从而构建与城市平等却不相同的现代乡村特色教育体系①。保留乡土文化之根，补足乡村文化的魅力，引导乡民们从文化寻根走向文化自信，成为农村学前教育课程改革的重要组成部分。

四、乡村振兴战略背景下凉山彝族自治州学前教育面临的挑战

由于凉山彝族自治州学前教育自身发展的基础较弱，在新时代背景下，乡村振兴战略为凉山彝族自治州学前教育的发展带来机遇的同时，也面临各种挑战。

（一）经费不足

学前教育的建设与发展，离不开经费投入，经济基础是支撑乡村振兴的关键。当前，农村学前教育资金投入不足，尤其是经济基础薄弱的地区，影响了农村学前教育体制与机制的健全及正常运行。究其原因，一是目前农村学前教育的经费投入主要由县级政府负责，而县级政府本身财政供给能力有限，维持基本的公共开支都很困难，无法在农村学前教育上投入更多的资金。二在县级政府有限的财力状况下，财力分配上更倾向县城教育，即使是对农村教育的经费投入，也是优先满足中小学义务阶段教育，导致农村学前教育成为弱势中的弱势。三是农村学前教育难以吸引社会资助。由于学前教育具有普惠性和公益性特点，投入和产出不成正比，民办幼儿园优先追求利润，会设法控制办学成本，不愿意在农村学前教育上投入更多的资金。各方面原因造成凉山彝族自治

---

① 孙爱琴，贾周芳. 城镇化背景下农村学前教育发展面临的机遇与挑战 [J]. 西北成人教育学院学报，2016（1）：76-81.

州学前教育的经费投入远不能满足实际需求。

（二）机制不健全

幼儿园硬件建设、幼儿园师资队伍建设和幼儿园质量监督保障等各方面的发展是实现城乡学前教育均衡发展，促进学前教育公平，让每个幼儿享受公平而有质量的教育的重要体现。目前，在党和国家的高度重视下，彝族聚居区学前教育"入园难"等问题得到部分解决，但是"入园近、入好园"等需求没有得到完全满足。原因在于，一是管理机制不健全。幼儿园资金投入波动大，投入的质量和效益评估环节缺失，导致有的幼儿园为迎合上级验收，硬件设施只注重前期投入，后期教学活动开展所需的材料购置、环境创设等资金缺乏，幼儿享受不到公平的教育环境。二是队伍保障机制不到位。虽然幼儿园教师的数量得到适当补充，但由于自然条件、地理条件等的限制，其"量"的补充不足，"质"的保障更令人担忧，缺乏质量优良、相对稳定的农村幼儿教师队伍和管理队伍。三是人才激励机制缺失。由于缺乏激励优秀学前教育师资的机制，师资队伍的质量不高，因此加剧了彝族聚居区学前教育发展的不公平①。幼儿园发展机制的不健全导致其在发展过程中硬件投入、教学质量及师资水平等各方面都得不到有效的保障。

（三）管理不够规范

当地幼儿园多年来受到自收自支、社会力量办园为主体的办园体制影响，学前教育在一定程度上存在定位失当、责任缺失、投入严重不足等诸多困难。有的幼儿园甚至不能很好地贯彻落实《幼儿园工作规程》《幼儿园管理条例》和《3~6岁儿童学习和发展指南》，部分幼儿园管理者还不能把农村地区幼儿园建设与国家乡村振兴战略思想结合起来，同时受谋划建设发展思路、思想觉悟所限，造成举办幼儿园的目的不够明确，过多考虑经济因素，办园思想存在问题。幼儿园发展建设过程中不注重基本制度建设，往往凭举办者主观意志行事，导致常规管理缺乏规范，不能按照国家制定的相关要求开展保教工作，更谈不上制定正确的符合国家要求和时代需要的办园方向及幼儿园长远发展目标规划。管理上缺乏规范导致学前教育的发展具有一定的随意性，教育质量等得不到保障，不能充分发挥在乡村振兴中的积极作用。

---

① 蒋宗珍. 乡村振兴战略下农村学前教育发展：机遇与挑战 [J]. 重庆第二师范学院学报，2021，34（2）：73-76.

（四）师资力量薄弱

凉山彝族自治州学前教育的师资队伍建设一直以来是制约其发展的重要因素。虽然近几年在政府及各方面力量的共同努力下，当地学前教育师资队伍有了一定改善，但是目前仍存在一些问题。一是专业教师数量不够。近几年，政府出台了大量政策增加彝族聚居区学前教育师资队伍，但当地学前教育本来师资数量缺口大，短期内师资队伍的数量仍不能满足当地学前教育发展需求。同时彝族聚居区，特别是当地的农村地区与其他地方相比，各方面发展仍有一定的差距，对教师的吸引力相对较弱，师资队伍的稳定性相对较差。二是师资结构配备不齐。当地学前教育师资队伍中具有幼教专业学历水平的所占比例很低，特别是民办园，由于经费严重缺乏，教师数量都不能满足，更谈不上师资队伍质量，有的民办园仅能配备一位教师，实行包班制，这种状况距离"两教一保"的要求有很大差距。三是专业培训保障不力。由于教师培训经费难以得到保障，而且有的幼儿园地处偏僻，距离城市比较远，所以造成专业教师的提升学习、非专业教师的转岗学习等培训无法足时足量地开展，幼儿园教师的综合素质难以提升，进而造成无法正常开展教研，无法开发实施园本课程，更谈不上进行科学研究，积累科研成果。

（五）学前家庭教育观念缺失

随着农村的产业转型和经济发展，农民的经济条件发生了较大变化。但是，他们对教育的认识并没跟上经济发展的步伐，教育观念相对落后，导致家庭教育的缺失。一方面，很多家长对幼儿教师角色缺乏科学正确的认识，他们认为幼儿教师的职责就是照料幼儿的生活。另一方面，很多幼儿家庭教育以隔代教育为主。祖辈以传统的教养方式及上辈流传下来的教育经验教育孩子，对孩子放任不管或者溺爱。亲子教育的缺失、隔代教养与亲友的代管，使得家庭教育功能退化。家长的这些教育观念使得彝族聚居区学前教育缺乏家庭教育的配合，只靠幼儿教师孤军奋战，教育效果不佳。

在乡村振兴战略背景下解决好彝族聚居区学前教育存在的问题，对于发展当地幼儿园事业及实现乡村振兴目标都具有重要作用。

第九章 乡村振兴战略背景下凉山彝族自治州学前教育发展对策

凉山彝族自治区应以习近平新时代中国特色社会主义思想为指导，全面贯彻党的二十大精神，贯彻落实中央经济工作会议精神，统筹推进"五位一体"总体布局，协调推进"四个全面"战略布局，坚定不移贯彻新发展理念，坚持稳中求进工作总基调，坚持加强党对"三农"工作的全面领导。坚持农业农村优先发展，坚持农业现代化与农村现代化一体设计、一并推进，坚持创新驱动发展，以推动高质量发展为主题，统筹发展和安全，落实加快构建新发展格局要求，巩固和完善农村基本经营制度，深入推进农业供给侧结构性改革，把乡村建设摆在社会主义现代化建设的重要位置，全面推进乡村产业、人才、文化、生态、组织振兴，充分发挥农业产品供给、生态屏障、文化传承等功能，走中国特色社会主义乡村振兴道路，加快农业农村现代化，加快形成工农互促、城乡互补、协调发展、共同繁荣的新型工农城乡关系，促进农业高质高效、乡村宜居宜业、农民富裕富足，为全面建设社会主义现代化国家开好局、起好步提供有力支撑。

乡村振兴战略坚持农业农村优先发展，目标是按照产业兴旺、生态宜居、乡风文明、治理有效、生活富裕的总要求，建立健全城乡融合发展体制机制和政策体系，加快推进农业农村现代化。在本次脱贫攻坚过程中，凉山彝族自治州学前教育得到了迅速发展，总结了经验，在乡村振兴战略的时代背景下，仍存在很多问题，需要不断思考促进彝族自治州学前教育更好的发展。教育是政府、社会、学校及家庭等多方力量共同发展作用的结果，凉山彝族自治州学前教育的发展需要各种教育力量协同作用，共同促进彝族自治州学前教育更好的发展。

一、国家政府层面

实施乡村振兴战略需要高度重视发展农村教育，推动建立以城带乡、整体推进、城乡一体、均衡发展的教育发展机制，需要解决农村地区办学条件差、教师收入低、教学质量不高、城乡和地区之间教育差距大等问题。学前教育是终身教育的开端，学前教育的质量对整个教育体系有着深刻影响。凉山彝族自治州地广人稀、农村人口多、自然条件差、社会经济发展水平低、语言多样、文化多元，发展学前教育的底子薄、起点低、欠账多、困难多。凉山彝族自治州是少数民族的聚集地，凉山彝族自治州教育的发展牵动了当地社会的整体发展。促进学前教育的发展，不仅会扩大学前教育的覆盖面，也为山区儿童的发展创造了条件。

《中华人民共和国学前教育法草案（征求意见稿）》从三个方面对政府在学前教育发展中应承担的责任做出了明确规定。第一，国家普及学前教育，构建覆盖城乡、布局合理、公益普惠的学前教育公共服务体系。第二，国务院和地方各级人民政府应当依法履行职责，合理配置资源，缩小城乡之间、区域之间学前教育发展差距，为学前儿童接受学前教育提供条件和支持。第三，国家采取措施，支持革命老区、民族地区、边疆地区和贫困地区发展学前教育。政府的责任在现实中的具体作用体现在以下方面：

（一）完善法治建设，做好凉山彝族自治州学前教育发展的中长期规划

乡村振兴战略实施需要进一步完善农村社区治理机制，坚持自治、法治、德治相结合，确保乡村社会充满活力、和谐有序。目前，凉山彝族自治州学前教育发展中存在很多困难的根本原因是缺乏法治保障。虽然国家制定了相关的法律、法规用于指导学前教育的发展，但大部分都只是宏观规定，缺乏实施细则，规定较为模糊，效力不高，缺乏约束力。因此，政府必须加快推进学前教育立法进程，为彝族自治州学前教育的发展创造良好的法治环境。同时，由于各地之间经济发展及学前教育的发展存在差距，地方政府要根据法律法规进行细化，制定地方性法规实施细则。各个地区要根据当地学前教育发展需求和当地实际情况，制定具有现实性和可操作性的实施细则。

凉山彝族自治州学前教育是补齐民族地区教育短板，巩固脱贫成效的重要工程，在当前乡村振兴战略背景下具有重要地位。因此，国家层面应继续将发

展和扶持民族地区学前教育作为发展民族地区教育的重点；地方层面还应明确学前教育发展的中长期规划，明确其在巩固脱贫攻坚成果与乡村振兴有效衔接中的准确定位，完善民族地区学前教育发展的政策保障体系，充分发挥学前教育在当地社会全面发展中的重要作用。

法律是维护国家稳定、各项事业蓬勃发展的强有力武器。因此，学前教育也需要完善的学前教育法律来保证适龄儿童接受学前教育的权利，促进学前教育事业普及普惠安全优质发展，规范学前教育实施。学前教育资源、规模不断扩大，幼儿园覆盖率已经能满足大多数幼儿的需求，毛入学率已达到了90%。2010年，我国颁布《国务院关于当前发展学前教育的若干意见》，各级政府部门加大了对学前教育发展的支持。2001年颁布的《幼儿园教育指导纲要（试行）》以及2012年颁布的《3~6岁儿童学习与发展指南》为幼儿园课程的构建提供了蓝图。2018年，在十三届全国人大常委会立法规划中，有《中华人民共和国学前教育法》，说明学前教育的发展会得到进一步保障。2023年6月2日，国务院常务会议讨论并原则通过《中华人民共和国学前教育法（草案）》。《中国教育现代化2035》指出"建设高质量的教师队伍"，《幼儿园工作规程》对幼儿园进行的各项工作做了明确的规定。凉山州以现有的法律为依据，结合当地的法律，打造具有凉山州特色的学前教育法案，将关于学前教育的规章制度、法案融会贯通，保证其承接性和连续性。

（二）建立财政投入长效机制，继续争取资金支持

实施乡村振兴战略要建立投资农村的长效机制。虽然自新农村建设以来，中央和地方政府在农村道路、水利、人居环境整治、美丽宜居乡村建设等方面的投入不断增加，但这些投入主要靠政策推动，具体实施靠项目资金，并没有建立长效的投资机制。没有长效的投资机制，地方和基层政府就不能进行合理的规划和投资。财政投入是教育发展的前提和保障，也是政府履行职能的重要体现。学前教育的公益性和普惠性要求在政府财政投入的保障中体现出来。目前，我国学前教育采取的是"地方负责，分级管理"的体制，由于各个地方财政能力存在差异，很多地方学前教育的财政投入不足，也制约着学前教育的发展。因此，要建立科学有效的财政投入机制，将财政责任重心上移，合理划分各级政府间学前教育的支出责任，明确不同层级的政府承担的经费投入比例。特别是在偏远的地区，应当建立以省级财政为主、市级财政为辅的投入机制。财政投入由省级政府进行统筹，责任重心上移，才能保障这些地区学前教育投入的持续性。尤其对于财力薄弱的民族地区还需中央重点扶持，进一步加

大财政转移支付力度，或采用专项投入的形式，解决园所建设与改造、师资培训、设施设备的投入等问题。因此，一是省级地方政府要积极向中央呼吁，争取更多项目和资金支持，最好是中央政府为贫困地区、民族地区和边远山区设立专项基金，保障民族地区学前教育的财政经费。二是积极加强与省财政厅的沟通，联合省财政厅建立相应的经费保障机制，确保学前教育经费能够长期投入。三是地方政府要积极拓宽资金来源渠道，吸纳社会资金，鼓励和引导社会力量捐资助学，多措并举，筹集学前教育发展资金。四是对于当地私立幼儿园，地方政府应该通过补贴的方式给予财政支持。在我国幼教事业中，民办幼儿园数量大，从某种意义上讲，民办园为地方政府分担了责任，承担了一部分学前教育公共服务供给的职能。因此，地方政府应该在投入大量资金建设公办幼儿园的同时，支持民办幼儿园的发展，通过税收减免等优惠政策，扶持和鼓励其发展，从而丰富学前教育资源，这样做也有利于减轻政府财政负担。

目前，政府及社会各行业对凉山彝族自治州学前教育的发展投入了大量资金，但由于当地学前教育发展基础底子薄，起步晚，投入的资金仍不能充分满足学前教育的发展需求。因此要争取各级、各方的支持，统筹用好经费，统筹教育重点项目，切实加大资金投入，进一步加强学前教育基础建设，增加学前教育学位，改善办学条件，分阶段逐步解决学前儿童入园（点）接受教育及幼教点幼儿热餐、午睡、高寒地区取暖等问题。

第一，政府相关部门增加对当地学前教育发展的资金投入，解决学前教育学位不足以及办学条件差的问题，改变当地学前教育教学的基本设施设备落后及教师培训费用不足等问题。第二，争取帮扶地区对当地学前教育发展的支持资金，用于当地学前教育发展中基础设施的改善以及"学前学普"行动等专项教学活动的开展。第三，加大社会捐助的发动力度，改善村级幼教点设施设备和幼教点教玩具严重不足问题。第四，争取企业的支持。在当地学前教育发展中，由于其偏僻落后的地理位置，其教学的基础条件较差，有的地方通电困难，网络信号弱。因此，一方面，发挥类似电信这类企业的作用，继续加大对当地网络信号的技术支持及资费优惠力度，对学前教育的教师网络使用予以资费减免。另一方面，争取社会其他企业对当地学前教育发展的资金支持，当地教育发展基础差，政府资金有限，因此要充分发挥社会企业的作用，积极争取企业对学前教育发展的资金支持。

（三）健全监督管理体系，充分利用资源建立协同机制

学前教育事业要实现长期的发展，政府必须健全对学前教育的监督管理体系。首先，要不断提升学前教育的管理水平。地方政府应该明确学前教育的管理部门，在省级教育行政部门的统一部署下，地方教育行政部门应该分工明确，责任到人。科学规划，实现学前教育机构的合理布局，在园内基础设施配置上，要严格管理，保证活动设施的安全性。其次，民族地区的民办幼儿园数量较多，但质量参差不齐，在管理上存在政出多门、职责不清的现象。对于数量庞大的民办幼儿园，地方政府要加强指导和监督。一方面，要完善民办幼儿园的审批和登记制度，必须严格审查民办幼儿园的办园资质，包括园所设施建设和师资配备情况，规范民办园的收费标准，实行分类管理、动态监督，防止学前教育过度市场化，促进民办园的健康有序发展。另一方面，地方政府要以公共需求为导向，扶持和鼓励普惠性民办园的发展，适当给予资金补助、税收减免等优惠政策，把引导普惠性民办园的发展纳入政府构建学前教育公共服务体系职责范围之内，引导其走上规范化办园的道路。

一是强化部门联动。加强州、县（市）各单位部门协调，明确责任分工，落实工作职责。二是严格规范执行。严格教学时间、辅导员行为规范、教育教学管理等方面的规范管理和执行落实。三是加强督查考核。加强对幼儿园（点）的管理督导和反馈力度，严格目标考核，确保工作的推进和落实。三是加强与对口帮扶部门的联动。明确帮扶政策、资金规模、使用范围、监管办法、评估方式等，按照原则性与灵活性相结合的原则，健全对口协作帮扶机制，减少不确定性，既解燃眉之急，又着眼中长远发展，推动学前教育的中长期可持续发展。

整合闲置公共资源，解决校舍难题。各县（市）遵循因地制宜原则，充分整合利用富余公共资源，通过改造村委会活动室、学校富余校舍、闲置村小、租用民房、新建等，在全州尚未覆盖学前教育资源的行政村和人口较多、居住集中的自然村设立幼教点。采取"一村一幼""一村多幼""多村一幼"等开办方式，并通过多种形式为幼儿提供午餐。

统筹协调凉山彝族自治州公办与民办学前教育的衔接。在当地幼儿师资严重不足的情况下，根据《国务院关于当前发展学前教育的若干意见》文件精神，鼓励社会力量参与办学，并解决好公办与民办幼儿园之间制度的衔接问题。凉山州应出台政策兴办普惠性民办园，努力做到全州公办与民办幼儿园协调发展，逐步实现城乡一体化，姓"公"姓"民"地位平等化。为此，凉山州各级政府应确立"增量扩公，提高普惠"的指导思想，扩容公办扶持民办，降低就学成本，实现教育惠民，加大当地农村民办学前教育的资助力度。

(四) 加强师资队伍建设，提升师资队伍水平

乡村人才振兴要运用政策、机制、机会等多种方式，使社会各类人才看到乡村希望、看好乡村未来、看见乡村生活，实现真正的"吸引人才到农村"。教师的质量直接影响学前教育的质量，保证高质量师资队伍，必须完善教师准入制度和教师培训制度。在教师准入方面，地方政府应该严格把关，对于公办幼儿园，要提高幼儿教师的准入门槛。对民办幼儿教师，教育部门也要出台相关政策去规范、鼓励民办幼儿园招聘有资质的幼儿教师，保证教师一律持证上岗，不具备幼儿教师资格证的不能从业，防止素质不合格的人员进入学前教师队伍。在教师培训方面，教育行政部门必须高度重视幼儿教师的培训，加大培训力度，提高幼师专业素养。地方政府需建立系统的农村幼儿教师培训制度，扩大受培训教师的规模，并在经费上给予倾斜和保障。在健全培训制度和扩大培训规模的制度框架下，地方教育部门还要根据当地幼教事业的实际问题，积极探索适合当地幼儿老师的培养模式和可行途径，有针对性地对幼儿教师展开培训，培训要符合当地幼儿教师实际情况，要充分重视偏远地区的学前教育对师资需求的独特性，培训方式要与本土幼儿教育相适应。另外，还需要建立培训考核机制，以避免培训流于形式。

由于民族地区幼儿教师紧缺且流动性大，因此，当地师资队伍的建设应从职前和职后两个方面入手。职前师资培训，一是可通过加强民族地区各级各类师范院校学前教育专业建设，并加大投入，专设一定数量的定向培养名额，招收有意愿学习和服务学前教育的人才，为其就业提供保障，确保人才培养"进"和"出"的双向稳定性。二是针对民族地区多元文化和多种语言并存的特点，师资培养课程体系既要符合《幼儿园教师专业标准》，也考虑开设与少数民族文化传承、多元文化教育、国家通用语言与少数民族语言教育等内容相关的课程，为将来幼儿教师身处不同文化背景和语境，面对不同文化背景、不同语言的教育对象，科学、有效地开展学前教育，并适宜地回应当地文化获得前期经验和准备。职后师资培训，应创新培训模式，增强培训针对性和实效性。民族地区幼儿教师的职后培训首先要有充分的政府支持，同时建立有效的培训基地。通过调查发现：民族地区幼儿教师培训缺乏支持、实效性不强。创新民族地区幼儿教师培训模式、增强培训的针对性和实效性，一是地方政府需继续加大对民族地区幼儿教师培训的财政投入，充分调动各级教育部门、各类师范院校、各级优质幼儿园等各方面的参与和协助，使幼儿教师既能"走出去"学习，又能"留当地"培训，为民族地区幼儿教师提供更多的培训机会

和条件支持。二是地方政府还应充分调研，全面了解和分析幼儿教师的需求、困难等现实状况，积极建设民族地区幼儿教师培训基地，联合各层次师范院校专业人员、优秀教师等人员，依据调研结果，有针对性地制订培训计划，制定系统、全面的长期培训内容，使基地成为幼儿教师有效培训、专业成长的重要依托力量。

为了保证学前教育的发展质量，师资水平是学前教育质量的有力保证。幼儿除了在家接受教育之外，幼儿园是幼儿学习和生活的第二场所，学前教育教师是幼儿园教育工作的主要承担者，承担着幼儿保育、教育的双重职责。大量研究表明：幼儿园教师更高的准备水平、更好的教学质量、更优的师生互动与更积极的儿童发展呈正相关。凉山彝族自治州幼儿园教师学历以专科、中专或者高中为主，低职称的教师也占多数，专业化水平也较低。随着"一村一幼"的进行，引进的幼儿教师的学历水平偏低；在凉山彝族自治州，特别是其偏远农村地区，发展好双语教育才能促进学前教育的发展，在幼儿语言关键时期接受普通话的教育，而教师的彝汉双语培训严重缺乏，并且在进行双语教学的教师队伍中，许多教师的普通话水平尚未达到二级甲等。

政府应不断地认识幼儿教师专业性所在，通过提升教师培养层次、制定专业标准和资格考核等方式提高教师的专业性。在此基础上要不断提高学前教育教师的幸福感，一是要提高教师的工资水平；二是要扩充学前教育教师的教师编制，做到同工同酬，对偏远地区的教师发放津贴补助；三是提高教师的社会地位；四是完善教师发展机制，教师是文明的传递者，也是社会风气的建设者，需要建立教师良性补充机制和专业发展体系，保证教师综合能力的提升，并且在此过程中要保证普惠性资源的优先发展；五是完善教师培训体系，加强优秀教师到先进、发达地区学习交流，培养"彝汉双语"全能教师，加强教师之间的交流学习。

（五）构建学前教育公共服务网络

乡村振兴战略主张提升农村基本公共服务水平。建立城乡公共资源均衡配置机制，强化农村基本公共服务供给县乡村统筹，逐步实现标准统一、制度并轨。提高农村教育质量，多渠道增加农村普惠性学前教育资源供给。学前教育不仅要覆盖到面，还要覆盖到点，让所在地区的孩子都能接受适时的学前教育。《乡村振兴战略规划（2018—2022年）》指出"重点攻克深度贫困"，脱贫攻坚资金、脱贫攻坚和脱贫攻坚举措主要用于"三区三州"。完善学前教育公共服务网络，每个乡镇至少要办好1所公办中心幼儿园，努力扩大学前教育资源，城市地区公民办幼儿园要共同发展，乡镇和大村独立建园，小村设分园或联合办园，人口分散地区举办流动幼儿园、季节班，聘请专职巡回指导教师，逐步完善城市、县、乡、村学前教育网络。此外，为了更好地保证学前教育的发展，各地要积极落实"一村一幼"建设，充分发挥"一村一幼"在推广国家通用语言中的作用，为幼儿营造一个"学普、说普"的氛围；坚持"三下乡"的志愿活动，让幼儿园能够覆盖到凉山州每一片农村地区，让每个幼儿都能接受学前教育，让"入园难""入园贵"在一定程度上得到缓解，有效满足边远地区适龄幼儿就近入园的需求。

1. 促进学前教育公平，转变教育观念，回归学前教育的初心

人生百年，立于幼年。学前教育必须回归到教育初心上，为每个孩子能接受公平而有质量的学前教育提供支持。学前教育的初心是培育儿童的社会主义核心价值观，进而促进孩子德、智、体、美、劳全面和谐发展。教育竞争压力不断加大，幼儿园"小学化"倾向越发严重。各级政府和社会、幼儿园的三方资源应充分整合，充分利用新媒体、下乡宣传等方式宣传新的教育理念，革新教师和家长的教育理念，真正做到"幼有所养，幼有所教"。

2. 保障学前教育的机会公平

"入园难""入园贵"已经成为许多家长的难题，学前教育的资源亟待优化。美国的"佩里方案"等多项研究表明，学前教育是一项低投入高回报的事业，因此国家应加大财政的投入，实现学前教育的公益性和普惠性。因此，要充分推动学前教育的发展，让孩子"有园上，上好园"，建设学前教育体制机制，加大教育投入力度，优化教师队伍等。我国已经充分认识到学前教育对人才培养有着深远的影响，2018年，中共中央、国务院颁布的《中共中央 国务院关于学前教育深化改革规范发展的若干意见》提出，到2035年，全面普及学前三年教育，普及率达到100%的指标，为幼儿提供更加充裕、更加普惠、更加优质的学前教育。在发展的过程中，要不断加快普惠性资源的优先发展，为幼儿的发展提供便捷的帮助。我国城乡、东西部学前教育发展存在很大的差异，其中幼儿的入学率差异较大，在少数民族地区，存在学前教育发展不均衡的问题，教师队伍、财政支持、幼儿园建设都优先分配在人口集中的城市；加之由于民族语言的限制，幼儿在接受教育过程中存在困难，因此应提高民族地区教育质量和水平，加大国家通用语言文字推广力度。推广普通话不仅有利于民族事业的发展，也有利于幼儿在学前阶段接受高质量的学前教育，避免孩子听不懂、不会说的情况发生。在凉山彝族自治州州城区的幼儿能够接受优质的教育，偏远山区的幼儿在政府的保障下，如"一村一幼"，在一定程度上解决

了入园的相关问题，有利于促进农村地区学前教育机会均等化。

为了进一步保证幼儿的入园机会平等，政府加大了对民办园的监管，普惠性民办幼儿园成为政府倡导的发展方向，普惠性幼儿园采取"政府限价+补贴"的政策。在实施的过程中，仍然存在扶持力度小的问题，政府要保证其合理利益空间的基础上促进学前教育的持续发展。

（六）提高凉山彝族自治州学前教育发展质量

《中国教育现代化2035》指出，提高教育质量是教育现代化的核心要求。我国学前教育发展的目标已经从2020年的"基本普及学前教育"提升到2035年"普及有质量的学前教育"，我国学前教育的发展将向内涵式的质量提升。只有高质量的学前教育才能为国家人才培养、社会的高质量发展、个体和谐发展带来丰厚的回报；高质量的学前教育发展可以将人力资本最大化。世界上的组织和部分国家已经将学前教育质量纳入了法律，如OECD在2012年、2015年、2017年分别发布的《强势开端》；澳大利亚联邦政府于2012年正式启动《学前教育国家质量框架》；巴西2006年颁布《国家学前教育政策》和《0~6岁儿童教育质量国家标准》以及墨西哥2002年出台《学前义务教育法》等。为了使学前教育的发展更契合我国幼儿的发展，我国针对国际组织和世界部分国家的学前教育质量框架和质量政策进行梳理，结合我国现在学前教育质量发展的现状和存在的问题，探析我国学前教育质量的五维核心要素：家庭（家庭支持、家庭参与），师资（专业资格、工作条件），课程（课程标准、课程连续性），制度（法律政策、经费保障、合作治理），监测（评估系统、数据收集）。学前教育质量以儿童为中心，将学前教育儿童的发展作为培养目标的中心。

首先，可以开展多种形式的教育宣传，更新家长的教育观念。在凉山彝族自治州很多偏远农村地区，许多家长思想观念陈旧，不会愿意幼儿送到幼儿园，自"一村一幼"开展以来，村幼成为大多数幼儿领取免费午饭、娱乐的地方，迟到早退、旷课也是常有的事。因此，可通过广播、村委会的座谈会、标语、国家政策的讲解、大学生志愿者的支教等方式向家长宣传学前教育、"一村一幼"的重要性，根据家长的问题帮助其答疑解惑。其次，加大学前教育经费的投入。在凉山彝族自治州，仍有地区因为经济发展情况，学前教育发展缓慢，资金存在大量缺口，存在教师薪资待遇低、教师培训少、教玩具短缺、园内设施不完善等问题。因此政府要加大专项投入，向学前教育这一板块倾斜，同时可以向社会各界征集资源。最后，建立学前教育质量监管机制。各级政府应该完善各种规章制度，加强学前教育各方面的监管，做到依法而教，成立学前教育质量监察小组，对学前教育质量的隐患进行排查，依法打击破坏学前教育质量的行为。

（七）坚持连续性的学前教育课程，编写地方特色教材

幼儿园课程是幼儿园一日生活当中的主要活动，它可以为保育、教育和幼儿社会化发展提供有利条件，满足幼儿个性发展的需求。学前教育课程是根据幼儿发展的阶段来制定的，要保证课程的科学性、连续性。在制定课程之前必须要先制定一个课程标准，世界上许多国家已经制定了统一的学前教育的标准，如美国的《共同核心标准》，墨西哥的《学前教育课程》等，为幼儿园课程的制定明确了指南针。幼儿的发展具有连续性，也要求课程的制定具有连续性。近年来，幼儿园出现"小学化"倾向，家长、教师和社会拔苗助长式的教育风潮已经严重影响了学前教育课程的连续性。2012 年，我国颁布的《3~6 岁儿童学习与发展指南》，从五大领域出发，明确了从教育目标、发展阶段、教育建议等方面初步构建我国幼儿园的课程框架和学习框架。

我国幼儿园课程已经初步建立了"以儿童为中心"和"以游戏为基本活动"的课程体系，我国在借鉴国内外优秀学前教育课程经验的基础上，正在逐步完善我国学前教育课程体系。为了保证学前教育课程发展的连续性，国家和有关部门应不断加强对学前教育课程制定、实施的监管，规范幼儿园课程建设和管理，对其进行指导，2018 年我国出台的《关于学前教育深化改革规范发展的若干意见》（以下简称《深化改革意见》）指出，学前教育课程需要省级学前教育专家进行审核，此外要加强课程之间的沟通，包括幼儿园和小学的衔接。

各个省份在此基础上因地制宜进行标准的制定，江苏省开展了幼儿园课程游戏化建设项目；浙江省颁发了《关于全面推进幼儿园课程改革的指导意见》。各地也根据当地的特色发展创造性地提出自己的课程，如注重个性化、自主学习的"安吉游戏"课程。在凉山彝族自治州，语言、行为习惯是学前教育主要突破的问题。各级政府部门根据各地实际情况，在国家统一编写的幼儿教材的基础上，加入当地的特色，编写彝汉双语特色幼儿教材。凉山州应该抓好学前教育教材的建设，融入凉山彝族自治州非物质文化遗产、当地优秀的民风民俗，使教材更加契合凉山彝族自治州的学前教育，贴近生活，让幼儿在学习中感受乐趣以及当地特色的文化。

（八）完善当地学前教育发展机制，构建高质量学前教育服务体系

我国虽然在不断制定学前教育的标准、监管体制、入园标准、教师准入制度等，但是尚未健全学前教育质量的监测评价体系及督导问责机制。学前教育管理体制最核心的是"谁来办""谁来管"问题，《深化改革意见》明确"以县为主的学前教育管理体制"，要求"以县为单位制定幼儿园布局规划"。这不仅能保证我国学前教育的科学实施和有效开展，还有利于学前教育质量的提高。

在大数据的时代下，建立起学前教育信息数据平台，掌握学前教育发展的趋势，优化学前教育的信息结构和信息发布机制，建立学前教育信息公开的常态化机制。根据凉山当地互联网的使用情况，打造线上和线下两种方式收集、发布有关学前教育的信息。线上建立信息数据网，以 APP、公众号、小程序、网址等形式呈现；线下可以通过各级政府专门人员走访收集和传播学前教育信息。

学前教育的发展受到多方条件的限制，应建立学前教育风险防范机制。学前教育的发展主要体现在幼儿园上，创办幼儿园要考虑诸多因素，比如：地区幼儿园的数量、地区经济发展水平等，幼儿园的应急机制等。加之，凉山彝族自治州农村和城镇的发展不一致，政府应建立学前教育融合机制，实现城乡优势互补、资源共享、互惠互赢，促进学前教育的城乡融合，使得乡村学前教育新模式走向制度化与系统化。

幼儿教师是促进学前教育发展的中流砥柱，应该保证队伍保障机制和人才激励机制的完善。学前教育教师因为多方面因素，流动性很大，虽然数量能得到适当的补充，但由于凉山彝族自治州地理位置、薪资水平等的限制，其质量却得不到保证，尤其是边远地区的幼儿园，缺乏稳定且高质量的幼儿教师队伍。因此应在偏远农村地区双语教学的推动下，建立"双语教师成长"机制，选聘学历较高且精通彝汉双语的教师，并对"一村一幼"的教师进行培训。

学前教育的发展需要多方力量的广泛参与，其中政府是这些力量的方向标。构建政府为主导、各方力量共同参与的学前教育服务体系，满足大众对学前教育多层次、多样化、个性化的需求，可以通过国家政府政策为宣传引导，政府购买服务，以奖代补、租金减免、公费培训等方式，来促进学前教育发展，并以人民的现实需要为导向推动学前教育精准化的实施。完善教育服务体系，教育不只是在幼儿园中才能进行，在家庭、社会场所皆可。凉山彝族自治州的地域广，山区多，人口分布较稀疏，也难免有些地方幼儿园的创办不足，

除了"三支一扶""特岗教师""三下乡"等方式，政府还可以通过招募志愿者、培训专职教师等对其进行对口支援，向处境不利的区域、家庭、幼儿提供支持和帮助。

政府还可以针对凉山彝族自治州各地区的需求，制定科学育儿家庭指导体系。联合卫健委、教育部、学前教育等相关机构通过亲子活动、家长联系、家长意见或建议反馈等措施开展科学育儿家庭指导体系，对育儿提供全方位的、多样化的指导和培训、模拟演练等，并进行大力宣传，让当地家长重视学前教育，减少幼儿失学率。充分利用互联网对育儿家庭指导的帮助，多渠道搭建科学育儿的传播平台。政府可以借此机会融合当地特色文化打造专属于凉山彝族自治州学前教育的节目、视频、影视作品等，通过大众传媒的力量引起广泛关注。

学前教育作为基础教育的基础，其教育体系在基础教育中发挥着不可替代的作用。纵观历史，我国学前教育机构在奴隶社会已经出现了具有教育意义的机构——庠，后面出现的孺子室、蒙养院、幼稚园、托儿所、幼儿园、早教机构等，这些机构从不同程度上反映出人们对学前教育的认识在不断地提高。我国学前教育要坚持"政府为主导、社会参与、公民办并举"的一主多元的发展思路。

在现有的学前教育机构中，其发展质量也是良莠不齐的，并且存在一些不良风气，豪华幼儿园、省或市级的重点幼儿园……这样的字眼不断出现在大众面前，已经影响了家长对学前教育机构的选择。面对这样的情况，不少政府已经针对社会上的风气做出了处理，山东省颁布的《山东省幼儿园办园条件标准》明确指出，公办幼儿园不得设豪华幼儿园。学前教育机构应该承担起社会责任，遵循学前教育公益性、基础性的原则，将促进幼儿德智体美劳全面和谐发展作为学前教育机构的出发点和落脚点，应保证教育质量均等化，为边远地区、农村地区提供普惠性的学前教育服务。2021 年，中共中央办公厅、国务院办公厅印发《关于进一步减轻义务教育阶段学生作业负担和校外培训负担的意见》（简称"双减"）之后，学前教育机构发生了巨大的变化。许多教培机构已经停止了售卖学前班的课程，转向学前教育发展。双减政策后，国家加大了对学前教育机构的整改，杜绝提前教育和课外超前教育，以普惠园、公办园为主要抓手，将重点放在"在幼儿园院内不断提高学龄前教育质量"的方向。学前教育的目的，是在学习的过程中获得经验、促进自己的身心健康发展，成为一个心理健康、充满学习力的人，成为自己想要成为的人。学前教育机构应该秉持循序渐进、因材施教的理念。

二、社会层面

全面建设社会主义现代化国家，实现中华民族伟大复兴，最艰巨最繁重的任务依然在农村，最广泛最深厚的基础依然在农村。解决好发展不平衡不充分问题，重点难点在"三农"，迫切需要补齐农业农村短板弱项，推动城乡协调发展；构建新发展格局，潜力后劲在"三农"，迫切需要扩大农村需求，畅通城乡经济循环；应对国内外各种风险挑战，基础支撑在"三农"，迫切需要稳住农业基本盘，守好"三农"基础。党中央认为，新发展阶段"三农"工作依然极端重要，须臾不可放松，务必抓紧抓实。要坚持把解决好"三农"问题作为全党工作的重中之重，把全面推进乡村振兴作为实现中华民族伟大复兴的一项重大任务，举全党全社会之力加快农业农村现代化，让广大农民过上更加美好的生活。农民的美好生活离不开高品质的社会教育服务体系。因而，全社会应当为适龄儿童接受学前教育、健康成长创造良好环境。公共博物馆、图书馆、美术馆、科技馆等公共文化服务机构应当提供适合学前儿童身心发展的公益性教育服务，按照有关规定对学前儿童免费或者优惠开放。

（一）资金资助

凉山彝族自治州是全国最大彝族聚居区，也是四川省民族类别和少数民族人口最多的地区，受自然、历史、社会等因素制约，凉山彝族自治州教育基础薄弱，学前教育更是短板。近年来，在政府的倡导和扶持下，凉山州农村学前教育已经逐渐在往好的趋势发展。凉山州作为西部地区的一个少数民族自治州，地处偏远的川西高原，地形闭塞，经济发展相对落后，在发展教育方面一直都存在很大的困难。因此，在社会层面，可以通过社会捐款来辅助解决。通过社会企业、公益慈善机构、爱心人士参与教育扶贫，获得资金、物资，帮助贫困学生完成学业和扶持薄弱学校发展，为凉山彝族自治州学前教育的进步做出贡献。同时，凉山州教育基金会、各县（市）教育资助中心以及项目学校加强对捐赠资金的管理，要切实保护捐赠人、受赠人和受益人的合法权益，保障捐赠资金按规定使用，提高捐赠资金使用效益。要求将捐款单位捐赠的资金数额等通过电视等媒体公之于众，对捐赠资金要做到发放公开、款项数额公开、程序公开、结果公开，自觉接受社会各界监督。

（二）师资援助

凉山彝族自治州学前教育教师的专业化程度低，几乎所有教师都不是来自正规的幼儿教师学校，这些教师虽然拥有一定的文化知识，但不具备幼儿教育的专业知识。一方面，农村的经济发展水平相对较低，所以对于薪资待遇也存在普遍走低的现象，加之政府没有过多的关注和投入，多数幼师没有正式编制，导致一些幼儿教师相关毕业生基本不会投身于农村的学前教育，从而导致大部分农村学前教育的教师基本知识结构和基本技能不够扎实，教育的事业心和责任心不强，整体素质普遍走低，进而影响教学质量。另一方面，在许多农村地区，学前教师被认为只是"看孩子"，不需要太多的知识和能力，只要不让孩子哭闹、保证安全就是完成了学前教师的使命。幼儿教师资源的匮乏使得人们不得不降低对教师的要求，这也极大地影响了学前教育的质量。虽然"一村一幼"从各方面解决了教师的专业化水平和薪资等方面问题，但该计划的学前教师需求量很大，再加上凉山州农村还是相对偏远的地区，很多人都还有着不愿到农村教学的观念，所以愿意在农村做学前教师的人相对较少。因此，我们要多举措吸引学前教育师资。针对学前教师供不应求的问题，寻其根源，最重要的原因在这个职位本身，现下学前教育教师的地位相对较低，薪资等方面与其他阶段教师相比要差一些。从社会层面出发，可以采取以下的方式：通过学前教育组织、协会招募相关学前教育学生、学前教育工作者到凉山州进行学前公益支教活动。例如，索玛花支教是四川省索玛慈善基金会一个重要的公益项目，旨在对教育环境和师资力量薄弱的地区给予支持与帮助。索玛花支教主要是通过网络招募热爱凉山州、热心慈善公益的志愿者到山区支教，给偏远地区的孩子带去希望和正能量。2011年至今，该项目已在四川省凉山彝族自治州木里县、越西县、西昌市、布拖县、美姑县、喜德县及四川省甘孜藏族自治州九龙县等71所山村小学开展长期支教活动，支教志愿者累计达1531名。

（三）基于彝族文化开发本土学前教育课程

凉山彝族自治州位于中国四川省南部，青藏高原东缘横断山脉北段，四川盆地的过渡地带，北起大渡河，南邻金沙江。这里是中国彝族最大的聚居区。凉山彝族千百年来在这片富有古老文化、神奇传说、迷人的自然景观的土地上繁衍生息，传承和保留着中国彝族最古朴、最浓郁、最独特的文化传统，创造了具有凉山自然封闭形态的包括天文、星相、历法在内的独特而优秀的民族文化。因此，从社会层面来看，学前教育组织、机构、学前教育工作者应该将丰富多彩的彝族文化与学前教育相结合，促进基于凉山彝族文化为基础的学前教育本土课程的开发。当前国家大力发展学前教育和民族地区教育，保障学前教育公平，提升学前教育质量是当前发展学前教育的基本导向。在四川凉山彝族自治州的幼儿园中传承民族文化，对地区发展、文化保护和幼儿发展都有重要的意义。我们可以从幼儿园环境创设、教育活动组织、民间游戏开发、师资培养、挖掘课程资源和选择课程内容出发，保护和传承凉山彝族文化。同时，也将有利于构建具有民族地方特色的优秀中华传统文化传承课程，塑造中华民族共同体意识、传承地方优秀文化，对少数民族地区培养具备社会主义核心价值观、中华民族荣辱观、不忘本来、吸收外来、面向未来的少数民族学前幼儿具有深刻的意义，对地方变输送性发展为创造性发展、创新性发展具有巨大的意义。这对贯彻党中央坚持以人民为中心，紧紧围绕社会主义核心价值观，实施中华优秀传统文化传承工程及传承中华文化基因，弘扬中国精神，传播中国价值，不断增强中华优秀文化的生命力和影响力，创造中华文化新辉煌具有划时代的意义和价值。

（四）鼓励兴办民办幼儿园，拓展学前教育资源

凉山彝族自治州幼儿园主要存在以下问题：首先，幼儿园分布不均、布局不合理。因为特殊的地域情况，凉山彝族自治州农村幼儿园主要分布于安宁河流域和西昌市周边的乡镇，少数民族聚居的县份幼儿园的分布较少。分布不均、交通不便，再加上父母可能忙于务农或务工，没有时间接送孩子，这使得部分农村出现了学龄儿童"入学难"、部分学龄儿童无法入学的情况。其次，绝大部分的农村幼儿园都属于民办，民办幼儿园的管理缺少一套系统、规范的机制。民办的幼儿园收费相对要高，这又导致了学龄儿童"入学贵"的问题。此外，在大部分农村幼儿园基地的选择上，有的在公路旁边，有的在闹市区，有的在废品回收站旁等，这些幼儿园的位置很不科学。在公路边、在闹市区和在废品回收站旁的幼儿园，接近污染源，不仅不能提供一个有利的学习氛围，还存在各种安全隐患。最后，办园条件简陋。我国农村的幼儿园的园舍大都是以"家庭自建式"为主，这一特点在凉山州的农村幼儿园体现得更为明显。一个标准化的幼儿园建设需要大量的资金，这对于民办幼儿园来说是非常困难的，部分幼儿园园舍建筑不达标，安全措施不到位，严重威胁着师生的人身安全和教学活动的有效开展。近年来，虽然凉山州政府加大了对学前教育的支出，但是仍存在投入总体不足与分配不均的现象，因此绝大部分的农村幼儿园

空间狭小、条件差，不能为幼儿创造必要的学习生活条件，且公立幼儿园数量少。因此，必须坚持政府主导，社会参与，公办民办并举。为实现"普及"目标，必须积极鼓励、大力支持民办园发展。从 2010 年的 10.23 万所增长到 2019 年的 17.32 万所，民办园发展快、增幅大，充分体现了凉山彝族自治州民办学前教育的重要性。为达到凉山彝族自治州人民群众对学前教育"普及普惠"的期待，就要"调整办园结构"，把发展普惠性学前教育作为重要任务；"鼓励社会力量办园"，加大扶持力度，引导社会力量更多举办普惠性民办园。提升城乡儿童入园率，满足凉山彝族自治州学前幼儿的入园需求，使"入园难"问题得到有效缓解。

（五）充分发挥社会组织的力量，构建流动学前教育社会支持体系

除了提供学前教育支持的正式机构和组织外，还有一些支持来自社区、民间团体、社会志愿者、公益机构等。这些非正式组织通过物质支持、心理关怀、发动募助等形式提供直接或间接的学前教育支持。我国部分地区做出了有益的尝试。如由北京师范大学张燕教授创立的"四环游戏小组"立足于四环农贸社区，为周围的流动儿童提供了各种形式的补偿教育，并通过广泛动员社会力量唤起社会公众对流动儿童学前教育的关注和认识。又如，上海市普陀区长风新村街道的社区家庭教育通过建立专家讲座为主体，以亲子活动为特色，辅以个别咨询、竞赛活动等形式的家庭教育社区指导体系，为学前儿童提供了相当大的学前教育支持。当然，还有一些其他的相关组织或个人对流动儿童的学前教育进行了一定的援助和支持。我们将呼吁更多的社会力量加入捐资助学的队伍中来，关心社会公益事业，勇担社会责任，积极回馈社会，为凉山州教育事业、乡村振兴贡献一分力量，播撒爱的温暖和希望。

学前教育的社会支持体系具有自身的特殊性，解决其问题不能囿于提出简单对策。未来需要重新审视当前的各种相关政策和制度，需要提供一个配套制度框架，特别是在政府的领导下构建完备的社会支持体系平台。该体系结合我国国情和学前儿童群体的身心发展特点、针对学前教育的特殊需求而构建。尽管政府是社会支持行动的主要倡导者，但是由于地区差异性的存在，弱势群体难以从政府方面获得及时有效的社会支持，而民间团体和社区组织却可以发挥接近基层、反应迅速、资源来源多样化的优势，可以针对不同弱势群体的不同情境，为弱势群体提供专业、及时、差异化的服务。因此，民间团体和社区组织可以对政府部门的工作形成有益的补充。如今，社会上已出现了很多幼儿机构、幼儿协会，将这些力量规范地整合起来，让流动儿童更大地受益于社会的

教育支持。

（六）挖掘民族文化，结合乡村"推普"，破除语言障碍

以"扶智通语"为抓手，进一步完善省、市（州）、县、乡、村五级"推普"工作组织机构，建立健全"政府主导、语委统筹、部门支持、社会参与"的管理体制和"大语言文字工作格局"。结合凉山彝族自治州特点，编制具有地方人文特色的普通话学习推广教材，录制音频、视频等电子教学产品，利用微信小程序开发游戏推普产品。研究制定彝族聚居区乡村普通话推广和等级测试奖补政策。组织开展幼儿教师和夜校校长"推普"专题培训，充分发挥凉山彝族自治州"一村一幼"和农民夜校作用，通过诵、读、讲、演、赛等形式开展普通话学习推广活动。努力实现 35 岁以下彝族群众人人能听、25 岁以下人人能说、小学高年级开始在校学生人人能写，全面破除偏远农村地区普通话交流沟通障碍。育心筑梦，形成良好氛围。孩子是未来，村民是关键，他们有了梦想、变化、动能、才华，当地发展才有希望。

大力挖掘《尔比尔节》《玛姆特依》等彝族传世经典文化内涵，着力整合各种资源，设立助学奖学基金，树立品学兼优标兵，表扬尚学重教典型，引领激发彝族群众的内生动力。组织开展"彝族孩子走出大山看世界"公益游学活动，鼓励乡村建立"勤劳致富""尚学重教"等示范户年度评选奖励机制，在孩子们内心深处种下梦想的种子，让"读书好""辍学耻"的认识深入人心，让"尚学重教""比学赶超"的氛围日趋浓厚。促使群众对未来有更多的期盼，从心底产生受教育、重教育、爱教育的思想，产生愿发展、想发展、盼发展的意识，从而形成不断上进、努力奋斗、勇往直前的正向动能和力量。

（七）利用大众传媒，创新管理制度

大众传媒（电视、广播、广告、书籍、报纸、杂志、网络等）向家长传授教育子女的科学知识，这是最直接、最简便的方法。书籍、报纸、杂志是最为传统的传授知识的方法，同时也是最为实用的办法，政府或其他机构可以通过免费向家长发放育儿方面的资料，激励家长去学习相关知识，更好地促进儿童健康成长。随着科学技术的迅速发展，网络也在慢慢普及，这对进行科学知识的宣传带来了更大的便利，它已经突破了时间的限制，家长随时可以查阅关于教育子女的科学知识。

结合大众媒体的使用创新管理制度，对社会力量办园做好规范管理。运用大数据等科学决策工具，加强学前教育资源布局的科学性、规范性、长远性。

制定各项政策扶持、奖补、振兴公办性质幼儿园，发挥公办性质幼儿园优良传统，使其成为事业发展的中坚力量。建立完善的督导评估制度，通过购买服务、综合奖补、减免租金等为普惠性民办园搭建支持平台。科学调控与引导营利性民办园发展，针对低收费、以家庭作坊式形态出现的民办园，在确保其安全条件达标和合理师生比的情况下，灵活规定活动面积、班级数、班额等标准；针对高投入、高收费的营利性民办园，严把入口关。深化幼儿园教师队伍建设改革，实现可持续发展。扩大教师职称改革试点，给予社会力量办园教师有职称晋升的机会。调整财政经费配置结构，切实提高社会力量办园教师的工资收入，保障教师的薪资待遇。通过派驻公办教师、专家讲座、参与研究项目、线上专题培训指导等方式，分阶段、分区域、分层次，加大对社会力量办园教师的能力建设。建立教师荣誉制度，吸引社会力量办园的教师安心从教。社会资源的快速增长也为孩子从硬件上打造了很好的学习环境，整洁的教室、干净的设施、可口的饭菜，都会对孩子体验社会、了解社会起到很好的作用。从幼儿园社会体验发展的角度看，一个良好的、积极的环境意味着一个能够诱发、维持、巩固和强化积极的社会行为的环境。一个良好的环境所指的不是教师直接影响幼儿的行为，而是教师所创造的条件、机会能够影响幼儿活动的方式，通过幼儿的活动方式间接影响幼儿的社会行为。因为我们知道，一个人有怎样的生活方式，他就相应地有怎样的个性和社会品质，而这些都将潜移默化地去影响幼儿今后发展的轨迹。

（八）建设儿童图书流动站

社会对家庭教育的支持除了对家长进行科学知识的传授外，还可以通过建立儿童图书流动站，免费为儿童提供图书，激励家长帮助儿童读书，从小培养孩子养成读书的好习惯，提高儿童未来的听说，写作能力和遵纪守法的自觉性。德国实行的婴儿读书计划，即 1995 年慕尼黑市政府在市内推行了一项婴儿培育和发展实验计划，免费向 9 个月大的婴儿赠送一个礼物包，包中有 1 本故事书、1 本童话诗和一个婴儿图书证，以鼓励家长给孩子讲故事，陪孩子看图书，并到指定的国家婴儿图书馆借阅有关培育婴儿方面的书籍。到 1998 年，慕尼黑大学医学研究所通过研究指出，在婴儿时期开始接触书本，不但能提高儿童的听说、写作能力，而且还能减少儿童在成长过程中所产生的违法乱纪行为，降低少年犯罪率，为儿童创造一个健康、温暖、舒适的成长环境。

三、学校层面

教育可以斩断穷根，教育精准扶贫更是提高凉山彝族自治州人口素质、实现可持续发展的根本举措。学前教育是基础教育的重要组成部分，是我国学校教育和终身教育的奠基阶段，对于幼儿一生的发展具有不可替代的重要价值，幼教事业是一项功德无量的奠基工程。凉山彝族自治州大力实施教育精准扶贫是全面建成社会主义现代化强国的基础，而学前教育发展至关重要。

（一）构筑内培为主、外引为辅的师资队伍建设机制

大力发展凉山彝族自治州学前教育，是一个宏伟工程，这期间师资队伍建设是关键。政府要着力构建"内培为主、外引为辅"的机制，培养大批"下得去、留得住、干得好"的彝汉双语师资队伍。一是要提高学历层次的培养，增强彝汉双语幼儿教师的综合素质；二是加大师资的培训力度，既可以联合外地高校进行定单培训，也可以充分利用当地高校优质资源，培养能满足凉山学前教育需要的彝汉双语幼儿师资；三是培育彝汉双语幼儿教学名师，选派优秀教师到先进、发达地区学习交流和定岗锻炼，培养彝汉双语"全能全科"优秀教师；四是积极开展支教活动，依靠当地高校和凉山籍大学生利用寒暑假到凉山彝族自治州的农村幼儿教学点开展教学服务工作；五是营造良好的环境，提供更多优惠政策，引进学历高、专业强的幼儿教师，充分发挥其专业特长，促进当地学前教育快速发展。

（二）编写特色鲜明的学前教育乡土教材

在凉山彝族自治州的偏远农村地区发展学前教育，重点在于学生行为习惯的养成和语言障碍的突破。各级教育部门和有关学校要切实针对农村学前教育实际情况，在选用国家统一编写的幼儿教材的基础上，组织彝汉双语专家持续编写具有民族特色的乡土教材。"要清醒认识到，少数民族幼儿同样应得到优等教育，少数民族孩子同样是祖国的花朵，从本质上说，他们与其他孩子别无二致，从小培养教育好他们，是国家的需要，是全社会的责任。"教育行政部门应下大力气抓好农村地区学前教育教材建设，特别是在地方乡土教材的编写中，要把丰富多彩的凉山非物质文化遗产内容精选到课本之中，真正编写出一些内容好、绘画好、语言好的教材，创新教材的实用性、愉悦性和艺术性，让

教材更加适合当地幼儿教育，让彝族幼儿感到教材贴近生活、贴近实际、贴近环境，感到学习是一件有趣、快乐的事，做到阳光教育铸就阳光品质。

（三）规划师资成长制度，完善学前教育持续性发展机制

为快速推进学前教育的发展，起点是先解决孩子们的语言问题，聘用懂彝汉双语的师资是非常有必要的。但聘用的这些人员大多数存在学历层次、文化素质偏低的问题，如何提高这些人员的素质以适应未来学前教育发展的需要应该提上议事日程。在身份界定上，要给予其稳定发展的状态；在培训方面，要求每年完成相应的培训学时数、培训内容；在专业技能方面，要有激励措施促其成长；在考核方面，要构建公平的考核指标，做到奖罚分明、合情合理；在评定职称方面，要与专业教师评定制度相衔接；在福利待遇方面，要尽可能地完善政策，让他们感受到组织的温暖，想方设法增强他们的教师使命感、责任感和荣誉感。

凉山彝族自治州学前教育建设不是一个短期的行为，而是一个漫长的发展历程。要想获得持续发展的动力，对于发展机制加以完善应为必然。也就是说，在完成好当前任务的同时，要着眼未来规划凉山彝族自治州学前教育，使其形成良性循环机制。一是依托当地高校采取3+2模式培养具有专业幼儿保教知识的大专生，同时还可打通中专与大专的连接路径，实现中专升大专；二是以地方性、民族性的特点争取幼儿教师证"国考"的自主考试权，尽快提升师资的素质；三是尽快完善寄宿制学校的建设，在实现"一村一幼"的基础上提前选点规划，围绕几个村建立一个中心幼儿园，逐步打破混班制，实现按年龄分班教学；四是进一步让每位教师明确学前教育的教学目的、培养定位，使学前教育真正做到不流于形式，获得持续发展的动力。

（四）定期开展家长教育活动，提高家长对学前教育的重视度

在农村，由于经济发展相对落后，人口众多、人均生产总值不高、农民文化水平较低、对幼儿教育的重要性认识不够等，决定了幼儿教育理念很难形成像城市那样的认同感。凉山彝族自治州的很多偏远地区农村家长学前教育意识比较薄弱。虽然"一村一幼"计划的实施极大地改善了州内农村学前教育现状，但是据统计，农村家长学前教育意识淡薄的仍不在少数；在整个大环境下，受少数民族文化、自身文化程度、价值观等多方面因素影响，对于学前教育重要性的意识仍旧相对淡薄，导致有的地区幼儿园幼儿入园率相对较低。所以，要增强当地农村家长学前教育意识。针对大部分农村家长学前教育意识比

较淡薄的问题，可以采取以下方式：首先，发放针对个体和大众的传播材料，如传单、折页、小册子等可供个人阅读观看的材料，可直接入户发放或者存放在人群较为聚集的场所；通过大众的传播材料和传播媒介进行宣传，如宣传标语和横幅、报纸、广播、电视等，用图或者表格等方式，减少整体的字数，在利用文字材料的同时结合声像材料和影像材料，效果更为直观。为村里人普及学前教育，组织相关活动，加深家长对于幼儿学前教育重要性的认识。其次，举办学前教育相关知识讲座。大多数人通过上述传播方式，已大致能意识到学前教育的重要性，但也不排除有仍不重视的现象，举办学前教育相关知识讲座，由专人为其讲述，能让更多的人意识到学前教育的重要性并愿意采取行动，效果更佳。

为了提高家庭教育的质量，幼儿园应当定期开展家长教育活动，向家长传授保健学、心理学、教育学等方面的基本的教育子女的科学知识，培养父母教育子女的能力，增长家长的科学文化知识，缩小家长文化程度之间的差距，为每个儿童的平稳健康发展打下坚实的基础。如给家长讲解"爱抚能使宝宝机灵健康"的道理；给家长讲解怎样合理搭配儿童的饮食，才能使儿童健康成长；给家长讲解母乳喂养的好处；等等。同时，开展家长教育活动也为每位家长提供了良好的交流平台，有经验的家长可以把自己在教育子女过程中的良好经验介绍给其他家长，或者把出现的问题讲解出来，大家共同想办法来解决。广泛开展家长辅导班，由于家长的文化背景、文化程度参差不齐，为了更好地促进儿童的健康成长，社会为文化程度差或在育儿方面需要提升的家长开设家长辅导班是很有必要的。辅导班是家长在闲暇时间自愿参加的一种辅导家庭教育的教育机构，目的是解决家庭教育中出现的疑难问题或困惑。或者是对于家庭教育中普遍存在的问题开展专题讲座，并且组织家长进行讨论。帮助家长了解儿童的年龄阶段及成长特点，对于普遍存在的问题，鼓励家长用积极的态度给予关注。由于偏远山区地广人稀，人口分布零散，不利于对家长进行集中培训，因此，考虑地区实际状况，因地制宜实施了家庭助手计划。家庭助手计划主要是政府、社区或慈善机构把经过专门培训的社会志愿者组织起来，分派到贫穷及落后的农村或山区进行的一项义务服务。其目的是改善贫穷地区的家庭教育的质量，转变家长的教育观念，为家长灌输科学的育儿知识，并且给家长以具体指导，帮助他们解决家庭教育中的疑惑，提高教养质量。

四、家庭层面

学前儿童家庭教育是我国整个教育事业的重要组成部分，它在儿童的发展过程中起着非常重要的作用。家庭教育应该从学前儿童开始，因为婴幼儿时期是人生发展的基石，是身体和智力迅速发展的时期，也是品德、性格开始形成的重要阶段。家长是孩子的首任老师，也是孩子终身的老师，对孩子的成长起着特殊的、不可替代的作用。学前儿童家庭教育发生在家庭日常生活中，对出生至入学前的儿童进行的是一种潜移默化的早期教育，是"人之初"的启蒙教育，对儿童的健康成长具有重要而深刻的影响。父母或者其他监护人应当依法履行抚养与教育儿童的责任，尊重学前儿童身心发展规律和特点，创设良好家庭环境，科学开展家庭教育。

（一）转变观念，树立正确的儿童观、教育观

凉山彝族自治州因经济发展落后，教育发展迟滞，偏远农村的家长不懂如何教育孩子，教育观、儿童观出现偏差。因此，家长在与幼儿沟通时要改变过去错误的观念，保证自己的情绪稳定平和。平和的情绪和态度会让孩子感受到放松和真诚，进而与家长全身心地进行沟通。面对孩子犯错时不要轻易地被情绪控制，不能严厉地批评或指责，可采取讲道理、书面契约、互相写信等文明有趣的交流方式，让孩子在心理上感觉到被尊重。这样的方式可以锻炼孩子的表达能力，彼此之间树立平等沟通的意识。进行亲子沟通时，家长要积极用心倾听幼儿的想法或者疑问，做一个好的倾听者。在倾听过程中观察孩子的情感、言语表达，试着理解孩子当前的感受。当孩子同你进行交流时，要学会及时回应孩子的每一句话，不仅是言语上的及时回应，还包括眼神交流或肢体回应。家长要充分对孩子"高要求、高回应"，这样会让孩子感受到充分的参与感和被尊重感。与孩子沟通时，要学会换位思考，切勿先入为主。首先，应先倾听孩子的心声，及时了解他们的想法。其次，可与孩子共同探索学习，促进自身的思想内容与孩子同步。理解孩子的感受，接受孩子的想法，这是建立平等、和谐、有效对话的根本前提。在交流中减少以家长身份进行的说教或纠正，树立平等的意识，与孩子像朋友一样针对问题展开讨论或商量，让孩子充分感受到平等与重视。

（二）加强自我学习，提升家长的家庭教育能力

家庭教育是孩子成人的基础教育，而家长是家庭教育的责任主体和终身施教者。在这个"后喻时代"，家庭教育呈一种"双螺旋"结构。家长实施科学合理的家庭教育的关键在于家长自身要具备合格的教育素质、丰富的家庭教育知识。家长要充分做到"学习家长，超越家长"，激发自我学习的内驱力，同时提升自身教育素养，从而获得科学的育儿观和教育方法。

家长要学会充分利用网络资源和大众传媒资源，或寻求学校和社区的帮助。另外，家长还要花费充足的时间和精力通过网络资源和大众传媒资源学习全面的家庭教育知识，这样会潜移默化地增强家长的责任意识。一是家长可积极参加线上线下家庭教育主题的专家讲座；二是家长可与老师及其他家长沟通交流，充分了解如何规划幼儿课余时间的方法，互相借鉴学习，以此弥补自身的教育盲区，学会针对孩子的身心发展和个性合理地规划时间。除此之外，家长可以深入研读中国教育学会编撰的"家庭教育百科全书"——《家庭教育指导手册》，不断丰富自己的家庭教育知识体系，更好地树立科学的家庭教育观念，为孩子提供科学合理的家庭教育。

（三）增强家长的责任意识，提升陪伴质量

（1）家长自身要转变观念。学前教育中的亲子陪伴不是单纯地陪着孩子，在家看管孩子，而是要尽职尽责地发挥主导作用。专心用心、及时回应的陪伴是做到有效陪伴的重要前提。家长要充分认识到在家庭教育中的责任与义务，增强自身的责任意识，明白言传身教对孩子成长发展的重要影响。改变亲子陪伴方式，可以每天确定一些专属的陪伴时光：亲子陪伴的时间和氛围在一定程度上会影响陪伴质量。在周一至周五，家长可以规定自己主动专心地陪伴孩子一个小时，周末可以增加陪伴时长至两个小时，这个时间段只属于亲子之间的专属时光，作为一个同伴陪着孩子做喜欢的事情，只陪伴，不设限。养成这样的陪伴习惯，会在无形中增加孩子的安全感和幸福感，让"陪着"变成有意义的"陪伴"。

（2）以孩子为本，提升陪伴品质。家庭教育要以孩子为本，家长要站在孩子的角度看待他们的世界，享受陪伴孩子的过程，从而提高亲子陪伴的品质。家长在陪伴孩子的专属时光中仔细观察孩子的行为、表情以及情绪的变化，并思考孩子的这些变化传达出的信息，学会感受孩子的情绪，能够促进家长理解孩子的世界和想法，增强孩子内心被接纳的满足感，从而进行有效的亲

子陪伴。同时，家长在亲子陪伴过程中面对孩子的需求要及时回应，家长的积极回应能及时给予孩子帮助和安抚，促进孩子建立安全感以及发展思维能力。在陪伴过程中要把握时机，让孩子做主导，家长不要过多地在言语或者行动上干涉孩子的玩耍或者学习过程，学会适当退出，这样可以有效助力孩子专注力的培养。

（3）寓教于乐，促进有效陪伴。彼此都愉悦的基础上建立有效的亲子陪伴，寓教于乐，提升陪伴质量。因此，家长可以考虑两种方式：一是定期制定有主题的陪伴。家长可以定期组织丰富有趣的家庭主题活动，全身心地陪伴孩子，如爬山、露营、参观博物馆或游览图书馆等活动，在这个过程中要引导孩子感知这些活动带来的收获，培养孩子的审美情趣和探索能力。另外，居家时可陪伴孩子观看陶冶情操的电视或者玩孩子喜欢的游戏，一同探讨里面的人物、故事或者情节；可以和孩子一起做手工、做运动、做劳动等，培养孩子的动手能力和自主意识。这些做法都能很好地让彼此乐在其中，是有效陪伴的最好开端。二是开展有效的亲子阅读（使用各种绘本）。首先，在亲子阅读中，家长要发挥孩子的自主性，将选择读本的权利交给孩子，这样能够有效地调动孩子的积极性。其次，把翻书权也交给孩子。幼儿都具有强烈的好奇心，在阅读时他可能会对某一页或某张图片产生兴趣，家长要充分保证孩子能够了解感兴趣的部分，有意识地培养孩子独立选择和探索的能力。再次，家长还可以通过游戏化、角色扮演等方式同孩子一起阅读读本，在日常生活中复刻读物中的人物情景，促进孩子充分体验读物内容，激发孩子的阅读兴趣。在亲子阅读中，家长还可以采取问答方式，和孩子交流读后感。最后，家长每天都要坚持亲子共读，日积月累，孩子会逐渐养成良好的阅读习惯。

（四）家长树立榜样，培养孩子的良好习惯

幼儿时期是培养好习惯的关键时期。当几十位诺贝尔奖得主聚会之时，记者问一位荣获诺贝尔奖的科学家："请问您在哪所大学学到您认为最重要的东西"？这位科学家平静地说："在幼儿园，在幼儿园学到什么？学到把自己的东西分一半给小伙伴；不是自己的东西不要拿；东西要放整齐；吃饭前要洗手；做错事要表示歉意；午饭后要休息；要仔细观察大自然。"这位科学家出人意料的回答，直接明了地讲明了儿时养成良好习惯对人一生具有决定性的意义。

现代家庭对子女卫生习惯的培养重在两个方面：一是健康的饮食习惯，二是良好的作息习惯。应该注意让孩子从小养成良好的饮食卫生习惯，按时进

餐，不暴饮暴餐，少吃零食，不偏食。尤其是要注意从小培养孩子健康的饮食观，让孩子从小形成饮食有节、均衡营养的好习惯。良好的饮食习惯，将伴随孩子一生。作息时间混乱是现代人生活的误区，这一点孩子也不可避免地受到影响，因此要养成良好作息时间的习惯。

为人父母者，在孩子幼年阶段，不仅要注意孩子的早期教育，更要注意激发孩子爱学习、爱看书的兴趣，这对培养孩子良好的学习习惯极为有益。据美国教育专家的研究，如果在学前阶段，孩子的学习能力没有得到充分发展，那么孩子将来入学后很可能就会学习能力低下，跟不上学校学习的进度。

（五）保护孩子的好奇心、自尊心，学会与孩子交流

首先，要保护孩子自然流露的好奇心。对他们的提问、质疑、探索甚至不同意见要给以支持和鼓励，为孩子表现好奇心和满足好奇心提供机会。比如，孩子会经常提出一些令人捧腹或瞠目结舌的傻问题，为什么月亮晚上不睡觉？公鸡为什么不下蛋？男孩和女孩为什么不上同一个厕所？……面对这些问题，如果家长不置可否，甚至取笑孩子，那么孩子会感到自己不该提这些问题，否则会显得自己很傻，慢慢地，孩子会将这些"傻问题"都埋藏在心里，为了不犯傻，即使遇到自己不知道的问题也憋着不问，这样就抹杀了孩子的好奇心。其次，家长要用榜样来激发孩子的好奇心。家长要从自己做起，对周围的事物自己首先要有极大的兴趣，不要在孩子面前装着无所不知的样子，对自己不懂的问题要积极与孩子一起探究，这样孩子才会在家长的熏陶下对周围的事物保持强烈的好奇心。家长还可以通过讲科学家的故事来激发孩子的好奇心。最后，要通过适当的方式如提问、追问等，激发孩子的好奇心。家长和孩子可以相互提问题，这样可以迫使双方去不断地阅读书籍，不断开拓眼界，知识不断丰富，这种方式可以很好地满足孩子的求知欲，并从中获得巨大的乐趣。

理解尊重孩子。被尊重被关爱是人的基本心理需求之一，当一个人觉得被理解、被尊重的时候，他的内心是温暖的、安全的、放松的，没有疑虑、没有孤独感。因此，"理解、尊重孩子"能够有效地拉近家长与子女之间的心理距离，缩小"代沟"。把自己的真实感情告诉孩子。家长在与孩子说话时，准确地向孩子传达出内心的想法、愿望，使孩子能够感觉到父母"批评""教育"中所包含的关爱和善意是非常重要的，这可以减少由于父母"言辞不妥"而引发孩子的抵触情绪。人在情绪平静、心理稳定时相对理智。耳语要比正常音量的表达更令人信服，更容易打动人。因为仅就耳语的姿态而言，就已经表明两人之间的一种特殊的亲密关系了。学会倾听。很多时候家长应该冷静下来，

倾听孩子的想法，而不是要求孩子按照自己的意愿来办事，这样不利于培养幼儿的自主能力。只有真正尊重并理解了孩子，亲子沟通才会更加顺利，才更有利于保护孩子的自尊心和好奇心。

民族要复兴，乡村必振兴。《中共中央 国务院关于全面推进乡村振兴加快农业农村现代化的意见》把乡村建设摆在社会主义现代化建设的重要位置，全面推进乡村产业、人才、文化、生态、组织振兴，充分发挥农业产品供给、生态屏障、文化传承等功能，走中国特色社会主义乡村振兴道路，加快农业农村现代化，加快形成工农互促、城乡互补、协调发展、共同繁荣的新型工农城乡关系，促进农业高质高效、乡村宜居宜业、农民富裕富足。综上所述，为了更好地促进我国学前教育发展，首先，国家应制定并完善有关学前教育方面的法律法规，并加快推进学前教育立法建设，同时将农村的学前教育统筹纳入当地经济社会发展的整体，并以立法的形式明确各级政府的责任，使我国的学前教育做到"有法可依""依法执教""依法治教"。其次，各级政府应加大力度对当地农村学前教育进行多种形式的支持和投入，使农村学前教育的发展能够得到尽可能足够的财政支持。优化学前教育资源，合理财政资金投向，加强监督管理。再次，政府应积极推进多元化的办园模式。同时，为了保障农村学前教育的健康发展，政府教育部门也要加强对学前教育机构的教育监管。最后，要优化农村幼儿师资队伍，增加专业幼儿教师以及保育人员的数量。完善师资政策，优化师资队伍，提升学校质量，创建幼儿园品牌形象。

参考文献

一、书籍

[1] 中共中央党史和文献研究院. 习近平扶贫论述摘编 [M]. 北京：中央文献出版社，2018：139.

[2] 十八大以来重要文献选编（上）[M]. 北京：中央文献出版社，2014：70.

[3] 冯增俊，陈时见，项贤明. 当代比较教育学 [M]. 2 版. 北京：人民教育出版社，2015：109.

[4] 张民选. 国际组织与教育发展 [M]. 上海：上海教育出版社，2010：239.

[5] 姚永强. 乡村振兴背景下中国农村教育发展 [M]. 北京：社会科学文献出版社，2021：6.

[6] 黄人颂. 学前教育学 [M]. 北京：人民教育出版社，2016：47-48.

[7] 中国超常儿童追踪研究协作组. 智蕾初绽 超常儿童追踪研究 [M]. 西宁：青海人民出版社，1983：19.

二、硕博论文

[1] 李雪峰. 民族地区农村学前教育服务供给研究：以四川省"一村一幼"建设为例 [D]. 成都：西南财经大学，2019.

[2] 李淑雯. 民族地区教育精准扶贫政策价值实现程度及其影响因素研究 [D]. 桂林：广西师范大学，2011.

[3] 高悦竹. 农村教育精准扶贫问题研究 [D]. 长春：吉林财经大学，2017.

[4] 张兴沙. "凉山彝族文化"初中语文校本课程开发研究 [D]. 南充：西华师范大学，2017.

［5］廖钰. 21 世纪以来经合组织学前教育政策文本研究 ［D］. 金华：浙江师范大学，2021.

三、期刊论文

［1］孙爱琴，贾周芳. 城镇化背景下农村学前教育发展面临的机遇与挑战 ［J］. 西北成人教育学院学报，2016（1）：76-81.

［2］蒋宗珍. 乡村振兴战略下农村学前教育发展：机遇与挑战 ［J］. 重庆第二师范学院学报，2021（34）：73-76.

［3］雷经国. 贫困县乡村学前教育精准扶贫政策研究进展及其发展趋势 ［J］. 当代教育论坛，2020（2）：116-121.

［4］赵晨，陈思，曹艳，等. 教育精准扶贫："一村一园"计划对农村儿童学业成绩的长效影响研究 ［J］. 华东师范大学学报（教育科学版），2020（2）：114-125.

［5］马立超. 教育精准扶贫政策体系建设的成效、困境与突破：基于政策设计的分析视角 ［J］. 当代教育科学，2020（6）：92-96.

［6］刘长庚，郑品芳. 论习近平精准扶贫思想对教育精准扶贫实践的指导 ［J］. 湖南大学学报（社会科学版），2018（6）：1-6.

［7］朱成晨，闫广芬，朱德全. 乡村建设与农村教育：职业教育精准扶贫融合模式与乡村振兴战略 ［J］. 华东师范大学学报（教育科学版），2019（2）：127-135.

［8］何丕洁. 对职业教育精准扶贫问题的思考 ［J］. 教育与职业，2015（30）：5-7.

［9］陈恩伦，陈亮. 教育信息化观照下的贫困地区教育精准扶贫模式探究 ［J］. 中国电化教育，2017（3）：58-62.

［10］马史火，李芳. 凉山彝区幼儿园本土课程资源的开发与利用研究：以凉山彝区"一村一幼"辅导员的玩教具制作为例 ［J］. 西昌学院学报（社会科学版），2019（4）：109-113.

［11］杜栋. "紧紧扭住教育这个脱贫致富的根本之策"：学习习近平教育扶贫相关论述的体会 ［J］. 党的文献，2018（2）：30-37.

［12］庞丽娟，韩小雨. 中国学前教育立法：思考与进程 ［J］. 北京师范大学学报：社会科学版，2010（5）：14-20.

［13］陈纯槿，柳倩. 学前教育对学生 15 岁时学业成就的影响：基于国际学生评估项目上海调查数据的准实验研究 ［J］. 学前教育研究，2017（1）：

3-12.

　[14] 汤颖，邬志辉. 贫困地区早期教育扶贫：地位、挑战与对策 [J].
中国教育学刊，2019（1）：74-78.

　[15] 康翠萍，邓锐. 民族地区学前教育政策回顾与新时代发展构想 [J].
中南民族大学学报（人文社会科学版），2009（11）：72-76.

　[16] 赵俊超，张云华. 学前推广普通话是民族地区发展的战略举措 [J].
开放导报，2019（8）：45-47.

　[17] 董潇，等. 少数民族脱贫地区学前教育机制探索：基于四川布拖县
的调研 [J]. 农村工作通讯. 2021（15）：51-52.

　[18] 阿汝洛日. "学前学普"从"破题"到"深耕" [J]. 中国民族教
育，2021（5）：30-32.

　[19] 张凤，边仕英. 凉山"一村一幼"实施中的问题分析与对策建议
[J]. 西昌学院学报（社会科学版），2018（6）：106-107.

　[20] 朱家雄. 制定与实施促进社会公平与和谐的早期教育政策：国际经
合组织早期教育政策专题调查报告及其启示 [J]. 教育导刊（下半月），2006
（12）：4-6.

　[21] 王洁，李召存. 国际学前教育发展规划政策性文件述评及启示 [J].
幼儿教育·教育科学，2016（9）：50-56.

　[22] 关少化. 教育2030行动框架与幼儿教育 [J]. 早期教育：教科研
版，2016（6）：32-35.

　[23] 张妮妮，赵慧君，刘仲丽. 芬兰学前师资培养课程的理念与实践
[J]. 外国教育研究，2015（4）：45-54.

　[24] 霍力岩，孙蔷蔷，陈雅川. 中国与OECD国家学前教育发展的比较
研究 [J]. 基础教育，2017（14）：23-32.

　[25] 刘霞. 广州市学前教育发展：现状、经验与未来展望 [J]. 教育导
刊（下半月），2012（10）：22-25.

　[26] 沈慧洁，刘霞. 彰显幼儿本体关注教育过程：《广州市示范性幼儿园
建设指导意见》解读 [J]. 教育导刊（下半月），2006（2）：23-26.

　[27] 庞丽娟，等. 论学前教育的价值 [J]. 学前教育研究，2003(1)：18-23.

　[28] 马芝兰. 关于幼儿教育对中小学教育质量作用的调查 [J]. 教育研
究，1983（6）：15-18.

　[29] 孙爱琴，贾周芳. 城镇化背景下农村学前教育发展面临的机遇与挑
战 [J]. 西北成人教育学院学报，2016（1）：76-81.

［30］易莉，李娜，沈良杰．凉山彝区学前教育现状及思考［J］．西昌学院学报（社会科学版）2020（4）：115-119.

［31］王钢，等．幼儿教师政府支持、组织支持和胜任力对职业幸福感的影响：职业认同的中介作用［J］．心理与行为研究，2018（6）：801—809.

［32］龙红芝，袁会敏．近十年来我国民族地区学前教育发展的成就、经验与反思［J］．当代教育与文化，2021（1）：109-116.

［33］赵建武．"三区三州""一村一幼"学前教育发展成效及建议［J］．中国民族教育，2021（5）：38-41.

［34］孙慎先．武城县人大：推进学前教育发展 让更多孩子"有园上""入好园"［J］．山东人大工作，2021（2）：41.

［35］黄瑾，熊灿灿．我国"有质量"的学前教育发展内涵与实现进路［J］．华东师范大学（教育科学版），2021（3）：33-34.

［36］余强．墨西哥《学前义务教育法》的制定与实施及其对我国的启示［J］．学前教育研究，2010（11）：17-23.

［37］林媛．民办幼儿园教育质量现状调查：以 M 市为例［J］．教育观察，2020（12）：118-120.

［38］刘焱，郑孝玲．关于普惠性学前教育公共服务属性定位的探讨［J］．教育研究，2020（1）：4-15.

［39］罗妹，李克建．基于全国 428 个班级样本的学前教育质量城乡差距透视［J］．学前教育研究，2017（6）：13-20.

［40］虞永平，朱佳慧．（2018）．尊重学前教育规律是推进幼儿园课程改革的根本问题：南京师范大学虞永平教授访谈录［J］．江苏幼儿教育，2018（2）：4-6.

［41］朱莉雅，唐爱民．我国学前教育"一主多元"供给机制的运行困境及其优化［J］．当代教育论坛，2020（3）：12-19.

［42］BENNETT J S. The persistent division between care and education［J］. Journal of early childhood research, 2003, 1（1）：21-48.

［43］BENNETT J. New policy conclusions from starting strong II an update on the OECD early childhood policy reviews［J］. European early childhood education research journal. 2006, 14（2）：141-156.

四、统计年鉴

［1］凉山州教育局．2014 年度凉山州教育局基础教育、中等职业教育综

合统计报表［Z］．2014-12-31．

［2］美姑县地方志编纂委员会. 美姑县志（1991—2009）［M］．北京：方志出版社，2017．

［3］广州市地方志编撰委员会. 广州市志卷十四：教育科学卷［Z］．广州：广州出版社，1999：18．

后　记

　　本书是西昌学院"两高"人才计划项目"大小凉山深度贫困彝区散居学龄前儿童教育现状研究与对策思考——以凉山州美姑等三县'一村一幼'教育为例"的最终成果。

　　教育是立国之本，是民族振兴的基石。理论及实践都证明：只有发展好教育，才能促进社会政治、经济、文化等各方面的发展。对于凉山彝族自治州来说，教育不仅是其脱贫的重要方式，在国家实施乡村振兴战略的背景下教育也是实现乡村振兴目标的重要保证。而在整个教育体系中，学前教育具有基础性的奠基作用。凉山彝族自治州的社会发展具有其特殊性，当地学前教育的发展基础薄弱，即使经历了教育精准扶贫，其学前教育的发展仍然落后于其他地区。如何弥补当地学前教育发展短板，发挥学前教育的基础性作用，这是在当前乡村振兴背景下，需要思考的问题。本书的很多资料来源于凉山彝族自治州的布拖、昭觉、美姑、金阳、雷波五县，因为这几个地区是凉山彝族自治州经济发展相对落后地区，学前教育的发展在全州也处于较落后水平，其发展具有典型性和代表性。本书概括了民族地区农村学前教育发展的基础及存在的问题，并借鉴国内外其他地区农村学前教育发展的经验，提出了农村学前教育振兴发展的新路径，力图丰富民族地区农村学前教育发展的相关研究，为教育行政部门发展农村学前教育提供参考。

　　本书历时两年多，搜集了大量有关凉山彝族自治州学前教育发展的资料，并撰写了相关的研究论文，这些为本书的写作打下了坚实的基础。本书构想、框架及内容设计由易莉、沈良杰负责。具体章节写作分工如下：第一、二、三、四、八章由易莉撰写，第五章由张凤、易莉撰写，第六、七章由张凤撰写，第九章由易莉、沈良杰、张凤撰写。感谢凉山州教育局和体育局的黄静老师和杨文娟老师为本书的写作提供了大量的资料。

　　农村学前教育的发展是一项长期系统的工程，对于凉山彝族自治州农村学前教育的研究需要不断深入下去。凉山彝族自治州很多偏远地区学前教育起步晚，搜集的资料非常有限，受制于学术水平、研究水平等因素，本书还存在很多不足之处，恳请各位专家和读者提出宝贵意见，以便我们在将来的研究中将宝贵的意见转化为学术实践，对民族地区农村学前教育进行更加深入、全面研究。

易莉

2022 年 10 月于西昌